OTTO FENICHEL

HYSTERIEN UND ZWANGSNEUROSEN

BIBLIOTHEK KLASSISCHER TEXTE

WISSENSCHAFTLICHE BUCHGESELLSCHAFT
DARMSTADT

OTTO FENICHEL

HYSTERIEN UND ZWANGSNEUROSEN

PSYCHOANALYTISCHE SPEZIELLE NEUROSENLEHRE

WISSENSCHAFTLICHE BUCHGESELLSCHAFT
DARMSTADT

Unveränderter reprografischer Nachdruck 1993
der Ausgabe Wien 1931

Die Deutsche Bibliothek – CIP-Einheitsaufnahme

Fenichel, Otto:
Hysterien und Zwangsneurosen: psychoanalyt. spezielle Neurosenlehre / Otto Fenichel. – Unveränd. reprograf. Nachdr. d. Ausg. Wien 1931. – Darmstadt: Wiss. Buchges., 1993
(Bibliothek klassischer Texte)
ISBN 3-534-06395-3

Bestellnummer 06395-3

Gedruckt auf säurefreiem und alterungsbeständigem Werkdruckpapier
Druck und Einband: Wissenschaftliche Buchgesellschaft, Darmstadt
Printed in Germany

ISBN 3-534-06395-3

Inhaltsverzeichnis

Einleitung

Die Neurosenlehre ist für die praktische Psychoanalyse das, was die Pathologie für die klinische Medizin ist: Die zwar induktiv aus praktischer Erfahrung gewonnene, aber der weiteren Praxis nunmehr zu Grunde zu legende wissenschaftliche Basis. Sie will die Gesetzmäßigkeiten von Ätiologie, Gestaltung und Verlauf der Neurosen verstehen und damit einer kausalen Therapie und Prophylaxe dienen; da die Neurosenlehre das relativ ausgebauteste Stück der psychoanalytischen Psychologie überhaupt darstellt, wird eine genauere Reflexion über sie auch der nichtärztlichen allgemeinen Psychologie von Bedeutung sein. — Man darf aber von solcher Neurosenlehre nichts verlangen, was der Mediziner von der Pathologie auch nicht verlangt. Das Streben nach „Gesetzmäßigkeit" läßt sie nur formulieren, was von allgemeiner Bedeutung ist, und vergewaltigt so in einem gewissen Sinne die Einmaligkeit des Einzelfalles; dafür ermöglicht sie dem Praktiker eine allgemeinere Orientierung, ohne daß dieser vergessen darf, daß diese Orientierung allein zur Behandlung des Einzelfalles nicht ausreicht.

Die Psychoanalyse sieht in der Neurose das Ergebnis eines Konfliktes zwischen dem Triebleben und einem ihm widersprechenden Teil der Persönlichkeit, der den Trieben durch die von ihm ins Werk gesetzte Abwehr eine pathologische Form aufnötigt. Die Analyse interessierte sich zunächst für dieses Triebleben, das aus der Verdrängung zu befreien ihre wesentliche Aufgabe war. Sie entdeckte dabei die ungeheure Welt des Unbewußten, fand mit ihrer Trieblehre die biologische Grundlage der Psychologie und rechtfertigte ihre dynamisch-ökonomische Auffassung des Seelenlebens. Nach heftigen Kämpfen um diese Fragen sind heute wenigstens die Autoren der engeren psychoanalytischen Schule von der Richtigkeit der Ansichten Freuds überzeugt.

Dann kam die andere Frage nach der Natur des „Verdrängenden", jenes triebwidersprechenden Teiles der Persönlichkeit. Wie kommt der Mensch dazu, sich seinen eigenen Trieben, die ihm bei ihrer Befriedigung Lust versprechen, hindernd in den Weg zu stellen? Freud meinte von jeher, daß keine eingeborene Moral und kein göttlicher „Wille zu Höherem" oder ähnliche naturwissenschaftlich unfaßbare Jenseitsdinge plötzlich in das biologische Geschehen hineinspuken, sondern daß nur äußere Not, aus der Außenwelt stammender Zwang eine solche Wirkung entfalten kann. Im „Über-Ich" hat sich solche triebfeindliche Außenwelt einen intrapsychischen Vertreter geschaffen. Danach widerspricht also das Ich den Trieben deshalb, weil es die Folgen fürchtet, die — letzten Endes immer real — die Außenwelt bei Triebbefriedigung über es verhängen würde. Was für eine Außenwelt ist da aber gemeint? Die, die während der Kindheit erlebt wurde, während die pathogenen Verdrängungen vorfielen? Oder eine phylogenetische Vergangenheit, die schon verinnerlicht wurde und in der Organisation des seelischen Apparates bereits organischen Niederschlag gefunden hat („zweizeitiger Ansatz des Sexualtriebes", Neigung zur Über-Ichbildung)? Beide Arten von Außenwelt sind bis zu einem gewissen Grade beteiligt. Freud, der Entdecker des kindlichen Seelenlebens, ist gewiß vor dem Verdacht gesichert, die Ontogenese der Triebkonflikte zu unterschätzen. Und doch hat auch er den Versuch gemacht, manche biologische Voraussetzungen der Neurosen überhaupt, z. B. den erwähnten „zweizeitigen Ansatz", durch phylogenetische Hypothesen zu erklären. — Aber noch nicht ganz entschieden ist die Frage nach der relativen Bedeutung dieser beiden Faktoren. Einige Autoren glauben, daß die biologischen Momente, z. B. die physiologische Unfähigkeit des Kindes, seine Triebe ohne äußere Hilfe selbst zu befriedigen, und dadurch bedingte „Urphantasien", die unabhängig sind vom realen Erleben der Kinderzeit, in der Neurosenätiologie die ausschlaggebende Rolle spielen. Wir halten diese Ansicht für falsch und gefährlich. Freilich können Erlebnisse der Kindheit nur bei Gegebenheit einer bestimmten, phylogenetisch erworbenen Struktur des seelischen Apparates zu Neurosen führen, — aber dennoch sind, und gerade das war die Entdeckung der Psychoanalyse, die Neurosen Folgen eben dieser Erlebnisse. Der Ödipuskomplex mag in der Urmenschheit zum ersten Male aufgetreten sein. Die Menschen, die heute an ihrem Ödipuskomplex kranken, haben ihn in ihrer Kindheit in einer bestimmten und nur von ihnen erlebten Form wirklich erlebt. Die praktische Psychoanalyse lehrt uns, wo das Über-Ich, das weitere pathogene Triebabwehren verlangt, entsteht: Nicht an den Versagungen, die aus der Unzulänglichkeit der kindlichen Natur erwachsen, sondern an denen, die die Eltern oder Erzieher verbal oder durch ihr Benehmen setzen. Und diese triebfeindlichen Erziehungsmaßnahmen wieder repräsentieren triebfeindliche Forderungen der Kulturwelt, und zwar, wie wir gleich hinzufügen müssen, in den heutigen, realen Neurosen, die wir zur Behandlung bekommen, der heutigen Kulturwelt mit allen ihren heutigen Erscheinungen. Freilich hatten, so weit unsere Erfahrung reicht, andere Kulturen auch Neurosen, aber andere Neurosen, weil sie eben auch andere Triebversagungen forderten. Das Tabu, dessen heutiges Auftreten wir als „Zwangsneurose“ diagnostizieren, ist in anderen Kulturen normal, eine „Teufelsneurose im siebzehnten Jahrhundert“, wie sie Freud einmal untersuchte[1], wäre nach einem heutigen diagnostischen Schema nicht zu erfassen, — und wir können sogar beobachten, wie gegenwärtig die Neurosenbilder sich ändern, offenbar parallel zu Änderungen in der Gesellschafts- und Moralstruktur. Denn es ist die jeweils herrschende Moral, die sich in der Einzelseele gegen die Triebe richtet, und die Moral ist eine relative Größe, abhängig von der Gesellschaftsstruktur. Hier ist die Stelle, wo der Psychologe seine Inkompetenz eingestehen und zugeben muß, daß die Neurosenätiologie keine rein individuell-medizinische Angelegenheit ist, sondern einer soziologischen Ergänzung bedarf: Wie könnte etwa der Ödipuskomplex voll verständlich werden ohne Berücksichtigung von Geschichte und Funktion der Familie?

Dieser Punkt wurde gerade deshalb hier etwas breiter erörtert, weil im Folgenden sehr wenig davon die Rede sein wird und er dennoch nicht vergessen werden darf. Es wird von ihm aus verschiedenen Gründen nur wenig die Rede sein. Erstens repräsentiert gerade er das heute noch dunkelste Gebiet innerhalb der Neurosenlehre; die großartigen Entdeckungen Freuds auf dem Gebiete des individuellen Seelenlebens des Neurotikers dagegen sind gesichert und sollen in ihrer gesicherten Form ausführlich dargestellt werden. Zweitens sind sie auch für den einzelnen Arzt praktisch nicht belangvoll, der auf dem Gebiete der Einzeltherapie mehr leisten kann, als mit Versuchen zur Gesellschaftsänderung. (Aber die Frage der Neurosenprophylaxe der Massen ist ein Problem, das des Nachdenkens der Psychoanalytiker schon wert wäre.) Drittens aber befassen wir uns mit den Fragen der speziellen Neurosenlehre, — und gerade für dieses Gebiet ist das gesellschaftliche Moment weit weniger bedeutungsvoll, denn die Entscheidung darüber, ob eine Hysterie oder eine Zwangsneurose auftritt, ist, wenn auch nicht nur von konstitutionellen, sondern auch von erlebnismäßigen Faktoren, nur relativ wenig von der Differenz verschiedener Moralen oder gesellschaftlicher Strukturen abhängig.

Das Folgende soll auch kein Lehrbuch der Psychoanalyse darstellen, sondern (zusammen mit dem gleichzeitig erscheinenden Buche des Verfassers über

---

1) Freud: Eine Teufelsneurose im siebzehnten Jahrhundert (Ges. Schr., Bd. X).

„Perversionen, Psychosen, Charakterstörungen") nur ein Lehrbuch einer psychoanalytischen Disziplin, der speziellen Neurosenlehre. Eine spezielle Pathologie setzt zweierlei voraus und ist selbst Voraussetzung eines Dritten. Sie kann nur auf einer Forschungstechnik und einer allgemeinen Pathologie aufbauen — und sie kann nicht schon selbst eine umfassende, das Pathologische mitberücksichtigende Biologie darstellen. So müssen auch wir voraussetzen die Kenntnis sowohl der psychoanalytischen Technik als auch der allgemeinen Neurosenlehre und können nicht geben eine theoretische Psychologie („Metapsychologie" nach dem Ausdruck Freuds). Was den ersten Punkt, die Technik, anlangt, ist zu sagen: Wer nie eine Analyse erlebt hat, wird das, was im Folgenden auseinandergesetzt wird, zwar dem Sinne nach verstehen, er wird es aber unglaubwürdig und „weit hergeholt" finden, noch um einen Grad mehr, als wenn er psychoanalytische Krankengeschichten liest. Im Gegenteil wird die recht aufmerksame Lektüre solcher Krankengeschichten noch der beste Weg sein, eigene fehlende Erfahrungen zu ersetzen, aber auch dem Erfahreneren ebenso die wichtigste Ergänzung zur Lektüre dieses Buches sein, wie der Besuch klinischer Vorlesungen und die Lektüre klinischer Mitteilungen die wichtigste Ergänzung des Studiums der Pathologie ist. — Für die allgemeine Neurosenlehre bin ich in der glücklichen Lage, ein ausgezeichnetes Buch nennen zu können, dessen gründliche Kenntnis gewiß die folgende Lektüre sehr erleichtern wird: Freuds „Vorlesungen zur Einführung in die Psychoanalyse". — Ich denke als Leser am ehesten an den angehenden Analytiker, der in einer „Pathologie" über die Krankheit, die er zu behandeln hat, nachlesen möchte, und der bei der bisherigen Zerstreuung der „analytischen Pathologie" in der gesamten Literatur keine leichte Aufgabe hat. Aber ich hoffe, der Nichtanalytiker wird sich ebenfalls über die Resultate psychoanalytischer Forschung informieren können und auch der schon länger tätige praktische Analytiker sich manches langwierige Nachschlagen von Spezialliteratur erübrigen können.

Noch einmal sei betont: Die folgenden Untersuchungen stellen das Typische dar. Dieses Typische kennt die Neurosenlehre nur formal, nicht inhaltlich. Die durch die Worte „Ödipuskomplex" oder „Kastrationsangst" repräsentierten psychischen Realitäten sind unendlich mannigfaltig. Wir geben nur den Rahmen, der durch tausenderlei Spezifitäten ausgefüllt sein kann. Wenn man auch in Fachausdrücken schon beschreiben kann, was in der Seele jedes Neurotikers vor sich geht; wie es vor sich geht, das realisierende Moment, hängt davon ab, was der Mensch tatsächlich an Einzelerlebnissen erlebt hat und wie er darauf reagierte, was wieder abhängt von seiner Konstitution und sämtlichen jeweils noch früheren Erlebnissen. Deshalb hat sich trotz aller Fortschritte der Neurosenlehre an der historischen Forschungsarbeit in jeder einzelnen Psychoanalyse und den durch sie bedingten Schwierigkeiten nichts geändert.

Bevor wir nun beginnen, möchten wir einmal radikal die Möglichkeit einer speziellen Neurosenlehre überhaupt in Frage stellen:

Eine spezielle Neurosenlehre setzt spezielle Neurosen voraus, für die unbewußte Inhalte oder psychische Mechanismen oder beide spezifisch verschieden sind; ihrer praktischen Anwendung müßte in jedem Falle eine Diagnosenstellung vorangehen. Nun ist zu fragen: ist der Psychoanalytiker überhaupt in der Lage, aus der Symptomatologie und dem Verlaufsbild oder aus den analytisch aufgedeckten spezifischen Inhalten oder Mechanismen die Diagnose einer bestimmten Neurosenform zu stellen und praktischen Vorteil daraus zu ziehen? Nun ist ja die Diagnostik und die spezielle Pathologie überall nur relativ gültig, kein wirklicher Fall stellt eine typische Krankheitsindividualität so dar, wie sie im Lehrbuch geschildert ist. Man zögert nicht, trotzdem die theoretische und praktische Bedeutsamkeit der speziellen Pathologie und der Diagnostik anzuerkennen, weil man weiß, daß zwar einzelne Züge abweichen können, im Großen und Ganzen aber die einzelnen Krankheitsformen doch bei den verschiedenen Fällen gleiche typische Eigenschaften haben. Schon nicht mehr so sicher ist dies in der Psychiatrie, wie es die Unterscheidung zwischen Zustandsbild- und Krankheitsdiagnose zeigt. Die letztere ist oft strittig, vielfach müssen wir einen einheitlichen Namen für ganze Gruppen von Krankheiten anwenden, weil wir zwar wissen, daß innerhalb dieser Gruppen sehr verschiedene Zustands- und Verlaufsformen, also verschiedene Krankheiten, vorkommen, eine Typisierung dieser einzelnen Formen aber noch willkürlich wäre, z. B. die noch nicht in allgemein anerkannter Weise unterteilte Gruppe der Schizophrenien. Man hat das Gefühl, daß die realen Fälle und die theoretische Krankheitsbeschreibung um so weniger zusammenpassen, je weniger man somatische, je mehr man psychische Krankheiten in Betracht zieht. Daß bei den Neurosen die Färbung des typischen Krankheitsbildes durch atypische individuelle Züge am stärksten ist, beweist schon die Uneinigkeit der Forscher in der Systematisierung und Bezeichnung der einzelnen Neurosenformen. Aus einleuchtenden praktischen Gründen hat da die Psychoanalyse — abgesehen von der theoretischen Grundeinteilung: Aktualneurose—Psychoneurose, über deren Berechtigung erst später die Rede sein kann — je nach dem Verhalten des Kranken die „Übertragungsneurosen“ den „narzißtischen Neurosen“ gegenübergestellt. Kann sie überhaupt diese beiden großen Gruppen noch unterteilen? Ist es nicht in Wahrheit vielmehr so, daß die realen Fälle nicht nur atypische individuelle Züge tragen, sondern jedesmal nebeneinander Inhalte und Mechanismen, die man traditionsweise verschiedenen Krankheiten zuschreibt? Gibt es überhaupt reine Hysterien, Angsthysterien, Zwangsneurosen? Oder hat nicht jeder reale Hysteriefall phobische und zwangsneurotische Züge und umgekehrt? Hat uns nicht Freud selbst gelehrt, daß am Grunde jeder Zwangsneurose ein konversionshysterischer Kern[2] und am Grunde jeder Neurose überhaupt eine Kinderphobie liege[3]? Und vor allem: Hat sich nicht in den letzten Jahren ein Wandel im Bilde der psychischen Krankheiten vollzogen? Zwingt uns nicht das Material, das wir in unserer Praxis zu sehen bekommen, anzunehmen, daß Hysterien und Zwangsneurosen, wie sie Freud zu Beginn seiner Forschungen sah, heute kaum mehr vorkommen, dagegen Fälle, die man als „Charakterstörungen", „Fehlentwicklung der Persönlichkeit" oder dergleichen bezeichnet, kurz Fälle, in deren Krankheit das Ich einbezogen ist, immer mehr und mehr überwiegen? Muß man da nicht fragen: Wozu überhaupt eine Diagnostik? Gibt es vielleicht keine spezielle Neurosenlehre, sondern nur eine Lehre spezieller Mechanismen innerhalb der allgemeinen Neurosenlehre?

Wir glauben das nicht. Vor allem deshalb nicht, weil es, wenn auch selten, doch noch typische Neurosen gibt. Es ist eine in der psychoanalytischen Forschung gebräuchliche Methodik, von der auch wir häufig genug Gebrauch machen werden, zum Verständnis komplizierter Phänomene zu gelangen, indem man zuerst einen an sich zwar seltenen, aber leichter durchschaubaren Repräsentanten untersucht, um das Verständnis der seltenen einfachen Fälle für das der häufigeren komplizierten auszunutzen. Man denke etwa daran, wie die Sinnhaltigkeit der Fehlhandlungen an dem gewiß nicht häufigen Typ von Fehlhandlungen besonders demonstrabel wird, dessen Sinn sich ohne Analyse ganz von selbst versteht. In Bezug auf Inhalte und Mechanismen der meisten realen, zur Behandlung kommenden Fälle sind die typischen Neurosenformen solche seltene leichter durchschaubare Typen, nach deren Erfassung man erst an das Studium der atypischen Formen herangehen kann. In diesem Sinn werden wir vom Einfacheren zum Komplizierteren übergehen, und die Symptom- resp. Inhalt- und Mechanismenbilder, die wir beschreiben, sollen nicht behaupten, daß sie immer oder auch nur häufig in solch isolierter Form in der Wirklichkeit vorkommen. Wir legen auf unsere Systematik also hauptsächlich einen heuristischen Wert.

---

2) Freud: Aus der Geschichte einer infantilen Neurose (Ges. Schr., Bd. VIII, S. 517).

3) Freud: Hemmung, Symptom und Angst (Ges. Schr., Bd. XI, S. 89).

I. KAPITEL

Hysterie

Die Hysterie ist das k l a s s i s c h e Forschungsobjekt der Psychoanalyse. An ihr wurde die Methode der Psychoanalyse entdeckt, erprobt und ausgebaut; an ihr entstanden die Grundzüge der analytischen Theorie; ihrer Eigenart ist die Technik am besten angepaßt und auf ihrem Gebiet erzielt sie auch heute noch ihre großen therapeutischen Erfolge. Das Studium ihrer Phänomene überzeugt von der Richtigkeit der psychoanalytischen Neurosenlehre und erst auf ihrer Grundlage wird das Studium auch anderer Objekte ermöglicht.

Die klinische Pathologie der Hysterie setzen wir als bekannt voraus. Ebenso das Wissen um die Ratlosigkeit, mit der die Medizin vor F r e u d ihren Phänomenen gegenüberstand. Hier versagten die großartigen Triumphe des materialistisch-biologischen Denkens in der Medizin und manch therapeutisches Vorgehen machte den Eindruck, als ob die materialistisch-biologischen Ärzte sich dafür an den Kranken rächen wollten. An einzelnen Stellen, die mehr in halbernster mündlicher Tradition als in wissenschaftlichen Büchern vertreten wurden, zeigten sich Ahnungen des wahren Sachverhaltes. So nimmt z. B. die Geschichte von der Hysterika, die in Ohnmacht fällt, um von ihrem Manne einen neuen Hut zu erhalten, die analytischen Lehren von der Sinnhaltigkeit der Symptome und vom sekundären Krankheitsgewinn vorweg, d. h. davon, daß die Symptome zum Vorteil der Persönlichkeit ausgenutzt werden. Allerdings nennen wir heute einen solchen Krankheitsgewinn „sekundär“, weil wir wissen, daß er sich erst nach ausgebildetem Symptom einstellt, nicht aber für die Entstehung des Symptoms überhaupt verantwortlich gemacht werden kann. Die Meinung wieder, man müsse Hysterikern nur die Heirat anraten, dann werde schon alles gut werden, die zweifellos grundfalsch ist, nimmt die analytische Lehre von dem Zusammenhang zwischen Hysterie und Sexualität vorweg, die zwar längst vor der

Analyse schon bekannt war (Krankheitsname, C h a r c o t[1]), aber nicht ernst genommen wurde.

Der historische Ablauf der grundlegenden Entdeckungen ist wohl bekannt. B r e u e r hat den Fall Anna O. behandelt. Die Kranke erzählte Erinnerungen, die sie im Wachzustand nicht oder nicht mit allen Details erinnerte, die also ihrem Ich nicht voll zur Verfügung standen. Das Erleben, dessen Gedächnisspur eine solche Sonderstellung in der Psyche einnahm, hieß ein „traumatisches". Wenn es mit Affekt wieder erinnert wurde, schwand das Symptom. Dieses war sinnvoll, drückte eine Fixierung an das Trauma aus (indem es z. B. eine in der traumatischen Situation vorgekommene Innervation total oder partiell wiederholte, die mit dem Bewußtwerden des Traumas zum Verschwinden gebracht werden konnte[2]). Ein einfaches Beispiel aus B r e u e r und F r e u d, „Studien über Hysterie": „Ein Mädchen, das in qualvoller Angst an einem Krankenbette wacht, verfällt in einen Dämmerzustand und hat eine schreckhafte Halluzination, während ihr der rechte Arm, über der Sessellehne hängend, einschläft: Es entwickelt sich daraus eine Parese dieses Armes mit Kontraktur und Anästhesie." Die Theorie zur Erklärung dieses neuentdeckten Sachverhaltes lautete: Das Erlebnis des Traumas war kein vollständiges. Wenn wir uns die seelischen Vorgänge als nach dem Schema des Reflexapparates ablaufend vorstellen, müssen wir sagen, der durch das Trauma gesetzte Reiz ist nicht voll „abgeführt" worden, die Erinnerung ist nicht oder nicht voll bewußt, der Affekt ist „eingeklemmt". Das wird aufgehoben durch die in der Kur erfolgende „Abreaktion".

Gleich hier sei bemerkt: Diese Theorie gilt eigentlich noch heute in vollem Umfange für eine bestimmte Gruppe von Hysterien, die traumatischen Neurosen. Wir meinen, der seelische Apparat hat die Aufgabe, die an ihn herankommenden Reize zu „bewältigen", d. h. abzuführen oder auf eine hier nicht näher zu besprechende Weise zu binden und dadurch unschädlich zu machen. Hier zu erklären, was unter „binden" zu verstehen ist, würde zu weit führen; jedenfalls heißt es: entsprechende seelische Energiequantitäten als Gegenkraft bereitstellen. Wenn nun die Funktion des seelischen Apparates versagt, weil im traumatischen Erleben eine übergroße Summe von Reizen ihn plötzlich überschüttet, so sucht er diese notwendige Bindung in den Symptomen noch nachträglich zu leisten, z. B. indem der Neurotiker immer wieder seinen Unfall agiert oder von ihm träumt, um ihn so allmählich „abzureagieren".

Den Komplikationen einer gewöhnlichen Hysterie erwies sich aber eine so

---

1) Siehe F r e u d: Zur Geschichte der psychoanalytischen Bewegung (Ges. Schr., Bd. IV, S. 418).

2) B r e u e r und F r e u d: Studien über Hysterie.

einfache Theorie als nicht gewachsen. Zunächst erhob sich das Problem: Nicht bei jeder Hysterie sind die „traumatischen Erlebnisse" von so gewaltigem Schockcharakter wie etwa eine Granatverschüttung. Oft sind es Erlebnisse, die für andere Menschen oder unter anderen Umständen als höchst banal gelten würden. So mußte man fragen: Unter welchen Umständen wirkt ein Erlebnis als „Trauma" und bleibt in der Psyche in so verhängnisvoller Weise isoliert? Breuer meinte, daß da nur solche Erlebnisse in Betracht kommen, die den Organismus in einem besonders sensibilisierten, einem sogenannten hypnoiden Zustand treffen. Das war eine Ad-hoc-Annahme, denn keine sonstigen Erfahrungen sprachen für die Existenz solcher besonderen Zustände. Freud vertrat dagegen eine andere Auffassung, die die Grundlage der psychoanalytischen Lehre werden sollte: die dynamische. Er meinte, Erlebnisse bleiben in der Psyche dann isoliert, wenn im Ich des Kranken eine besondere Kraft sie aktiv abzuwehren sucht. Diese besondere Kraft will an das Erlebnis nicht denken. Es ist unangenehm und wird deshalb tendenziös ausgeschaltet, verdrängt. Wir haben also einen Konflikt zwischen den zum Bewußtsein hinstrebenden Erinnerungen und den gegen sie gerichteten verdrängenden Kräften des Ichs vor uns. Das Symptom muß als Anzeichen und Erfolg eines solchen Konfliktes verstehbar werden. Eine Bestätigung für diese Auffassung, nach der die hysterische Amnesie die Folge eines tendenziösen Nicht-Wissen-Wollens ist, brachte die Entdeckung Freuds vom tendenziösen Vergessen als Fehlhandlung und der Möglichkeit, es durch Psychoanalyse aufzuheben[3].

Ich kann darauf verzichten, die Entwicklung der Psychoanalyse, das Aufgeben der Hypnose und die Einführung der freien Assoziation an Hand der Hysterie einzeln zu schildern. Grundlegend ist nur, daß sich als „anstößig", als verdrängungswürdig weniger äußere Vorgänge als innere erwiesen, daß ein Erlebnis nur dann als Trauma perzipiert wird, wenn es etwas „Inneres", eine anstößige Triebregung repräsentiert. Diese Triebregung ist es, die mit dem verdrängenden Ich im Kampf liegt. Die Verdrängung ist aber kein einmaliges Ereignis. Der Weiterbestand der verdrängten Regung im Unbewußten — und zwar unter Ausschluß von der Organisation der Persönlichkeit und ihrer Weiterentwicklung, ist die Grundannahme der Psychoanalyse, die an dieser Stelle nicht bewiesen werden kann[4]; sie wird im Verlauf unserer Erörterungen verständlicher werden. Der Trieb, auch der, dessen repräsentierende Vorstellungen verdrängt sind, strebt immer mit einer gewissen Kraft seiner Besetzung zur Motilität, zum Bewußtsein hin (ist also bei der psychoanalytischen Arbeit unser Bundesgenosse). Ein Gegendruck strebt mit ungefähr gleich

---

3) Siehe Freud: Zur Psychopathologie des Alltagslebens (Ges. Schr., Bd. IV).

4) Siehe Freud: Das Unbewußte (Ges. Schr., Bd. V, S. 495 ff.).

großer Kraft, der Gegenbesetzung, ihm entgegen und verhindert seine Bewußtwerdung. (Diese Gegenbesetzung macht sich in der Psychoanalyse als „Widerstand" bemerkbar.) Das hysterische Symptom ist dann ein Kompromiß zwischen diesen kämpfenden Kräften: nach gewissen, durch analytische Deutungsarbeit rückgängig zu machenden Entstellungen, gelingt es dem Verdrängten, sich doch durchzusetzen, „aus der Verdrängung", die somit „mißlingt", „wiederzukehren". Manche Symptome drücken mehr diesen (entstellten) Befriedigungscharakter aus, andere mehr den Anspruch der verdrängenden Kräfte; bei manchen, vielleicht bei den häufigsten, sind beiderlei Ansprüche gleichzeitig vertreten. Nehmen wir hiefür gleich ein paar Beispiele:

Das Erröten bei der leisesten Erwähnung sexueller Themata drückt zunächst die Triebabwehr aus, denn es sagt: das ist mir unangenehm, ich schäme mich, damit will ich nichts zu tun haben. Zweitens aber verrät es dem Zuschauer deutlich die sexuelle Regung, die eigene Triebbeteiligung, also gerade das, was hätte vermieden werden sollen. Oder: Eine Patientin bekommt in Gesellschaft, die für sie unbewußt eine sexuelle Versuchung bedeutet, Stuhldrang, der sie zwingt, das Zimmer zu verlassen. Sie wehrt damit erstens die Situation, die ihr unangenehm ist, deutlich ab, denn sie verläßt ja das Zimmer; zweitens aber lehrt die Analyse, daß der Stuhldrang für viele Kinder eine Situation ist, die ausgesprochen erotischen Lustcharakter trägt; regrediert die Patientin im Symptom auf dieses kindliche Anzeichen der Erregung, so zeigt sie damit, daß Erregung in ihr ist, schafft sich also auf diese entstellte Art doch die verpönte sexuelle Lust.

So ist die Hysterie also der Ausdruck eines Konfliktes. Wollen wir die Hysterie verstehen, so müssen wir also hintereinander beide betrachten: die verdrängten und die verdrängenden Kräfte.

Die grundlegende Erfahrung über die verdrängten Kräfte ist die über ihre sexuelle Natur. Bei dieser Gelegenheit ein Wort zu dem der Psychoanalyse so häufig vorgeworfenen „Pansexualismus". Freud hat nie gesagt, daß alle seelischen Regungen des Menschen aus der Sexualität ableitbar seien. (Woher kämen denn die verdrängenden Tendenzen?) Er hat aber wohl gesagt, daß die Neurose, speziell die Hysterie, immer einen verdrängten sexuellen Inhalt hat[5]. Allerdings hat die Psychoanalyse, wie bekannt, dabei den Umfang des Begriffes „sexuell" erweitern müssen. Es läßt sich aber leicht zeigen, daß sie das durchaus legitim getan hat. Wie durfte Freud, fragt man, den Begriff der Sexualität, der in der deutschen Sprache etwas ganz Bestimmtes, mit Fort-

---

5) Freud: Vorlesungen zur Einführung in die Psychoanalyse (Ges. Schr., Bd. VII, S. 308).

pflanzung und Genitalem Verbundenes bedeutet, auf Organsensationen ausdehnen, die nichts mit Fortpflanzung und Genitalem zu tun haben? Darauf ist mit der Gegenfrage zu antworten: Warum rechnete man auch vor Freud die Perversionen, die auch nichts mit Fortpflanzung und häufig auch nichts mit dem Genitale zu tun haben, zur Sexualität? Weil sie zum Orgasmus führen, im Erleben phänomenologisch dem sexuellen Leben des Normalen entsprechen und beim Kranken in jeder Beziehung an Stelle des Sexuallebens getreten sind. Allerdings hat man sich auch mit Perversionen ungern abgegeben. Das mußte sich aber ändern, als die Psychoanalyse neben dieser „Dyssexualität" eine „Präsexualität" entdeckte, die ihr inhaltlich glich und die von Bloch bewiesene allgemeine Verbreitung perverser sexueller Neigungen unter allen normalen Menschen verständlich machte. Warum besteht nun aber die Psychoanalyse darauf, diese „Präsexualität", das, woraus später die Sexualität wird, auch schon zur Sexualität zu rechnen? Aus zwei Gründen. Erstens wegen der Unmöglichkeit, zwischen der Sexualität des Erwachsenen und ihren infantilen Vorstufen eine scharfe Grenze zu ziehen; nicht nur Orgasmusfähigkeit, auch ausgesprochen genitale Vorgänge wie Erektion können sich, besonders bei der Hysterie, an nichtgenitalen Körperstellen, den erogenen Zonen, abspielen. — Zweitens, weil man sich aus bestimmten Gründen gegen diese Namengebung wehrt, nämlich aus einem Widerstand heraus, der nicht an das reale eigene „sexuelle" Erleben der Kinderzeit erinnert werden will, dessen Erlebensqualität wirklich dem späteren Sexualleben außerordentlich ähnlich ist. Die Psychoanalyse hat aber theoretisch und praktisch Interesse daran, die Übereinstimmungen hier mehr zu betonen als die Differenzen.

Wenn wir also sagen, die Hysterie beruhe auf verdrängten sexuellen Triebregungen, so muß man alle perversen, richtiger infantil sexuellen Triebregungen dazurechnen. Die Entdeckung: ‚Das pathogen Verdrängte ist sexuell' muß ergänzt werden: ‚Das pathogen Verdrängte ist infantil', was eine bessere Ausdrucksweise für die alte Formel ist: ‚Die Hysteriker leiden an Reminiszenzen'. Ich erinnere daran, daß das häufige Symptom des Globus hystericus, wie die Analyse des Falles Dora von Freud bewies[6], einen unbewußten Fellatiowunsch spiegelt. Sexuelle Sensationen spielen sich im Halse (z. B. Blutungen, die Deflorationsphantasien entsprechen), im Kopfe (z. B. Hyperämie, die einer Erektionsphantasie entspricht) und an anderen Organen ab. Wir sprechen von einer „Verlegung von unten nach oben" und sehen in ihr eine Technik der Entstellung, die durch Kindheitserlebnisse, durch infantile Sexualität ermöglicht wird.

---

6) Freud: Bruchstück einer Hysterieanalyse (Ges. Schr., Bd. VIII).

Heranzuziehen zum Verständnis der Hysterie ist ferner die Kindheitsamnesie. Wir haben gehört, daß die hysterischen Amnesien, ebenso wie das tendenziöse Vergessen, Verdrängungen sind. (Das „Entfallen" eines bekannten Namens oder Wortes ist überdies das beste Beispiel für das unmittelbare Erleben der Existenz des Unbewußten. Man weiß, daß man den Namen weiß, kann ihn aber trotzdem nicht reproduzieren.) Nun wundern wir uns viel zu wenig über die Tatsache, daß wir alle mehr oder weniger unsere Kindheit vergessen. Ein etwaiger Mangel in der Ausbildung der Gedächtnisfunktion kommt nicht in Betracht.

Die von Freud entdeckten rätselhaften Deckerinnerungen beweisen die tendenziöse Natur der Auswahl der übriggebliebenen Kindheitserinnerungen [7]. Die Kindheit wird vergessen um der in ihr spielenden Sexualität willen, die tendenziös vergessen werden soll. Das Fortbestehen oder Wiedererwachen der infantilen sexuellen Regungen und des Verdrängungskampfes um sie sind das wichtigste Moment in der Ätiologie der Neurosen. Die hysterische Amnesie ist so eine Neuauflage der infantilen.

Wieder kann es hier nicht der Ort sein, Existenz, Inhalt und Entwicklung der infantilen Sexualität im Einzelnen zu schildern oder gar zu beweisen; ihre (prägenitalen und autoerotischen) Eigenarten, ihre in langer Arbeit von Neurosenanalysen entdeckte Entwicklung (prägenitale Organisationsstufen, Ödipuskomplex, Latenzzeit, Pubertät [8]) brauchen heute in einer speziellen Neurosenlehre nicht mehr abgeleitet, müssen vielmehr für sie vorausgesetzt werden.

Für die Hysterie interessieren uns besonders diejenigen infantilen sexuellen Regungen, die auch im engsten Sinne schon sexuell, nämlich genital, sind. Daß auch beim kleinen Kinde bereits das Genitale als Quelle sexueller Regungen eine nicht zu unterschätzende Rolle spielt, beweist die allgemeine Verbreitung der Onanie. Ursprünglich ist sie rein autoerotisch, später kommen Objektphantasien dazu; noch später wird sie wesentliche Repräsentanz und Exekutive der sexuellen Regungen des Kindes überhaupt. Dies Letztere spielt sich, wie uns Freud gezeigt hat, etwa im vierten bis sechsten Lebensjahre ab. Wir sprechen dabei von der phallischen Organisationsstufe der Libido, die schon weitgehend der endgültigen genitalen Organisation der Erwachsenen entspricht, freilich auch in einigen wichtigen Punkten sich von ihr unterscheidet [9]: Nämlich erstens darin, daß sie sozusagen nur ein männliches und kein weibliches Genitale kennt, — was später verständlich werden wird. Zweitens dadurch, daß sie narzißtisch, d. h. besonders beim Knaben durch die Liebe zum eigenen

---

7) Freud: Über Deckerinnerungen (Ges. Schr., Bd. I); ferner Zur Psychopathologie des Alltagslebens (Ges. Schr., Bd. IV).

8) Freud: Drei Abhandlungen zur Sexualtheorie (Ges. Schr., Bd. V).

9) Freud: Die infantile Genitalorganisation (Ges. Schr., Bd. V).

Genitale mehr als durch die zum Objekt charakterisiert ist, so daß bei einem Konflikt, der entweder Organ oder Objekt bedroht, zweifellos dieses aufgegeben und jenes behalten wird. Drittens dadurch, daß diese Frühblüte der menschlichen Sexualität zum Untergang bestimmt ist. Bezüglich der Frage, wie dieser sich abspielt und welche Konsequenzen er hat, müssen wir hier wiederum auf Freud verweisen [10]. — Aber was Objektliebe, Eifersucht, zärtliche wie sinnliche Sehnsucht anbelangt, so unterscheidet sich das Kind dieser Zeit viel weniger vom Erwachsenen, als man gewöhnlich annimmt. Und welche Objekte sind es, die zum Ziel dieses frühgenitalen Begehrens werden? Nach den Erfahrungen der Psychoanalyse, wie bekannt, die Eltern oder deren Stellvertreter. Die phallische Organisationsstufe der Libido fällt zusammen mit dem Höhepunkt des Ödipuskomplexes. Der Satz Freuds, daß der Ödipuskomplex der Kernkomplex der Neurosen sei, gilt in ganz besonderem Maße für die Hysterie; Hysteriker haben ihre infantile Objektwahl entweder nie überwunden oder sind so weit an dieselbe „fixiert" geblieben, daß sie nach irgendwelchen Enttäuschungen des späteren Lebens auf dieselben wieder zurückgreifen müssen. Weil ihnen so alle Sexualität Repräsentant verbotener Inzestliebe wird, setzen sie die ursprünglich dem Ödipuskomplex geltende Verdrängungsneigung gegen jede Sexualität ein, so daß sie dadurch in ihren pathogenen Konflikt geraten. Sie sind charakterisiert dadurch, daß sie gleichzeitig im Unbewußten die hartnäckigste Objektbindung und Sehnsucht und in höherer Schicht die oft anderen bewußten Wünschen widersprechende Ablehnung sexueller Regungen in sich tragen.

Dazu kommt noch eines: Die Hysterie ist bekanntlich bei Frauen viel häufiger als bei Männern. Das hängt damit zusammen, daß die weibliche Sexualentwicklung komplizierter ist. Auch die Frauen haben eine aktive, man könnte sagen, männliche Sexualität, die an der Klitoris zentriert ist. Diese muß zugunsten der passiv-weiblichen, an der Vagina konzentrierten Sexualität überwunden werden. Das geschieht oft nicht oder nicht in genügendem Maße. Die Klitorissexualität wird festgehalten, entweder aus konstitutionellen Gründen, oder wenn sie durch Erlebnisse besonders stark geworden ist, oder endlich wenn der vaginalen Sexualität besondere Hindernisse (Verdrängungen etwa, wenn sie Repräsentant der Ödipuswünsche geworden ist) entgegenstehen. Dies kann nun Ausgangspunkt verschiedener Konflikte werden, nicht nur darum, weil solche aktiven Sexualwünsche gleichzeitig vorhandenen passiven widersprechen, sondern auch deshalb, weil das aktiv-sexuelle Mädchen dem penisbesitzenden aktiv-sexuellen Knaben gegenüber stark benachteiligt ist, was zu den bekannten Phänomenen des „Penisneides" führen muß. Dieser spielt im

---

10) Siehe Freud: Der Untergang des Ödipuskomplexes (Ges. Schr., Bd. V).

Unbewußten der Hysterika ebenfalls eine große Rolle. Freilich deckt er oft, besonders wenn er bewußt oder dem Bewußtsein nahe ist, nur den unbewußten Wunsch „ich möchte vom Vater geliebt werden", aber das wirkliche Verhältnis von Penisneid zu Ödipuskomplex ist nicht immer völlig klar. Freud hält es für wahrscheinlich, daß es typischerweise einen ganz frühen, vor allem Ödipuskomplex etablierten, rein narzißtischen Penisneid gibt, der vielmehr (neben anderen Umständen) die Entwicklung des weiblichen Ödipuskomplexes erst einleitet [11]. Wenn dagegen die analytische Erfahrung lehrt, daß häufig ein bewußtseinsnaher Penisneid dazu dient, den tief verdrängten Ödipuskomplex abzuwehren („Flucht aus der Weiblichkeit", Horney [12]), so ist offenbar ein solcher Penisneid nicht identisch mit dem von Freud gemeinten ursprünglich narzißtischen und die Schichtenlage zwischen Penisneid und Ödipuskomplex mag eine komplizierte sein. Weitere Komplikationen kommen daher, daß sich Maskulinität und Klitoriserogeneität, Femininität und Vaginal- bezw. Analerogeneität keineswegs immer, wie wir es der Einfachheit halber bisher angenommen haben, entsprechen, so daß die Klitorisonanie auch femininen Phantasien Abfuhr verschafft.

Der Ödipuskomplex und mit ihm die infantile Sexualität ist bekanntlich zum Scheitern verurteilt. Physiologische Unzulänglichkeit (der kleine Sohn kann mit der Mutter kein Kind zeugen, die kleine Tochter dem Vater keines gebären) und Außenweltsverbote wirken zusammen. Der Wunsch wird scheinbar aufgegeben und erscheint erst in der Pubertät wieder. Wie uns Freud aufmerksam gemacht hat, ist dieses Scheitern der infantilen Sexualität oft die führende Ursache der später bei Neurotikern häufigen Minderwertigkeitsgefühle [13]. Dies ist der oft erwähnte „zweizeitige Ansatz" des menschlichen Sexuallebens. Dazwischen liegt die „Latenzzeit", die das gleichzeitig mit dem Untergang des Ödipuskomplexes gebildete „Über-Ich" entwickelt und ausgestaltet, d. h. die der Triebunterdrückung dienenden Kräfte — Ekel, Scham, Charakter überhaupt — ausbildet [14]. Der ideale Grenzfall wäre der, daß die ganze vorher am Ödipuskomplex gebundene Libido in dieser Arbeit aufgeht. In Wahrheit bleibt wohl bei jedem Menschen ein Stück der alten Inzestbindungen zeitlebens im Unbewußten bestehen. Wir sagten bereits, daß wir uns vorstellen müssen, daß die Menschen, bei denen das stärker der Fall ist, die an den Ödipuskomplex „fixiert" sind, für Neurosen prädisponiert sind. Die Pubertätsentwicklung nimmt dann meist, wie unter einem Wieder-

---

11) Freud: Einige psychische Folgen des anatomischen Geschlechtsunterschiedes (Ges. Schr., Bd. XI).

12) Horney: Flucht aus der Weiblichkeit. Int. Z. f. Ps.-A. XII (1926).

13) Freud: Jenseits des Lustprinzips (Ges. Schr., Bd. VI, S. 207).

14) Freud: Drei Abhandlungen zur Sexualtheorie (Ges. Schr., Bd. V, S. 51).

holungszwang, den gleichen Verlauf wie die sexuelle Frühzeit. Wenn die Loslösung damals nicht voll geglückt ist, so glückt sie dann meist auch nicht. Die Frage, wovon ein solches Mißglücken aber damals abhing, wird so zum entscheidenden Problem der Ätiologie der Hysterie. Neben konstitutionellen Momenten, über die noch an anderen Stellen zu reden sein wird, kommen hiefür fixierende Erlebnisse in Frage, d. h. außerordentliche Befriedigungen oder außerordentliche Versagungen oder außerordentliches Abwechseln von beidem; die Hysterieanalyse fördert Unmengen verschiedenster derartiger „traumatischer" Kindheitserlebnisse zu Tage, deren unbewußte Wiederholungen die krankheitsveranlassenden „Traumen" des späteren Lebens meist darstellen. Übrigens ist natürlich für die Hysterie nicht nur Fixierung am Ödipuskomplex, sondern, damit untrennbar verbunden, seine besondere Unterdrückung, die Fixierung an der inzestverbietenden Kastrations- bezw. Liebesverlustangst charakteristisch (s. später). Gewöhnlich sind es ja dieselben Eltern, die sowohl besondere Gewährung als auch (an anderen Stellen oder zu anderen Zeiten) besondere Verbote in Bezug auf die Ödipuswünsche der Kinder setzen, nämlich die selbst neurotischen, die ihre eigenen Ödipuswünsche und -befürchtungen an ihren Kindern ausleben. Wir finden unter den Hysterikern häufig die ewigen Muttersöhnchen, — oder die Frauen, die keinen Mann wollen, aber in steter Ehrfurcht zu ihrem Vater aufsehen, — oder endlich, da ja besonderen Ödipuswünschen besondere Unterdrückungen entsprechen müssen, Typen, die „zuviel Latenzzeit haben", die sich auch in und nach der Pubertät keine sexuelle Betätigung gestatten und, weil für sie jede sexuelle Regung den Inzest bedeutet, zu Sexualablehnung, Ekel vor der Sexualität oder Frigidität gelangen. Kommen dann später im Leben des Erwachsenen reale Sexualansprüche, so kann zweierlei geschehen: Ist die Fixierung groß, so läßt der Betreffende den Anspruch erst garnicht an sich herankommen. Ist sie geringer, so greift er erst, wenn er im realen Sexualleben Enttäuschungen erlitten hat, auf den alten Inzestwunsch zurück. Wir begegnen hier zum ersten Male dem für die Neurosenlehre so wichtigen Begriff der „Regression", d. h. dem Umstand, daß der Mensch dazu neigt, nach Enttäuschungen frühere Befriedigungswege neu zu aktivieren. Viele Menschen wollen nach Enttäuschungen besonders gezärtelt werden, wie sie es als Kinder wurden. Es ist die infantile Sexualität, auf die der in der erwachsenen Sexualität Enttäuschte zurückgreift. Welcher Teil der infantilen Sexualität dabei der bedeutendste wird, hängt von den jeweiligen „Fixierungsstellen" ab. Bei der Hysterie ist es der der phallischen Periode angehörige Ödipuskomplex. Dieser durch Regression aktivierte Ödipuswunsch muß dann von der Persönlichkeit neu verdrängt werden; zur Enttäuschung (äußere Versagung) kommt die Verdrängung (innere Versagung). Wir haben also die ätiologische Reihe: Fixierung am Ödipuskomplex—Enttäuschungen der Realität — Regression — neuerlicher Verdrängungskampf — Symptombildung. Weil der erste Punkt dieser Reihe sich in der Kindheit abspielt und der entscheidende ist, kann nur die Analyse der Kindheit als kausale Analyse der Hysterie (und jeder Neurose) betrachtet werden.

Nach so breiter Erörterung der verdrängten Kräfte nun noch einiges über die verdrängenden: Das Verbot der Ödipusregungen ist dem Kinde von außen durch die Macht seiner physiologischen Grenzen und — wichtiger — durch die Macht seiner erziehenden Umgebung aufgedrängt worden. Die Frage, ob dabei jenen biologischen oder diesen sozialen Gründen mehr Bedeutung beizumessen sei, die in letzter Zeit wieder Gegenstand wissenschaftlicher Erörterungen geworden ist (Freud hat stets diese Ansicht vertreten [15], englische Autoren verteidigen jene [16]), scheint zunächst nur von theoretischem Interesse. Das ist aber ein großer Irrtum, denn von der Entscheidung dieser Frage hängt es ab, ob die Neurosen naturgegebene biologische Fakten sind oder eine soziale Erscheinung, entstanden aus den gegen das Triebleben des Einzelnen gerichteten Ansprüchen der jeweiligen gesellschaftlichen Institutionen, die ihrerseits von der Soziologie zu ergründen sind. Wir meinen, die analytische Erfahrung beantwortet diese Frage eindeutig im Freudschen Sinne. Das reale Erleben des Kindes mit den von den Eltern gegebenen Erziehungsversagungen, deren Vorgehen dabei von gesellschaftlichen Fakten diktiert ist, gibt den Ausschlag sowohl für die ersten Triebabwehren als auch für die spätere Entstehung des „Über-Ichs", das für Art und Inhalt der weiteren Triebabwehren verantwortlich ist. Die biologischen Fakten, vor allem die lange Hilflosigkeit des menschlichen Säuglings und der „zweizeitige Ansatz" des menschlichen Sexuallebens, ermöglichen diese äußere Einwirkung.

Der Mensch, der seinen Ödipuskomplex verdrängt hat, hat also ein von außen kommendes Verbot akzeptiert. Er sorgt selbst für seine Exekutive. Warum tut er das? Wenn das wirklich aus einem rein inneren „Gewissenskonflikt" entsteht, so wird eine solche Motivierung zweifellos nicht die älteste sein, sondern eine, die genetisch reduzierbar ist auf die Angst vor äußeren Folgen, die die Befriedigung des Triebes durch das von außen gesetzte Verbot mit sich brächte. Das Kind verdrängt seine Sexualität, weil es Angst vor ihren Folgen hat. Es kann hier nicht ausgeführt werden,

---

15) Von diesem Standpunkt aus scheint uns Hemmung, Symptom und Angst (Ges. Schr., Bd. XI) geschrieben. Vgl. noch: Die kulturelle Sexualmoral und die moderne Nervosität (Ges. Schr., Bd. V).

16) Vgl. z. B. Searl: Die Gefahrsituationen des unreifen Ich. Int. Z. f. Ps.-A. XVI (1930), aber auch den „Aphanisis"begriff von Jones (Die erste Entwicklung der weiblichen Sexualität. Int. Z. f. Ps.-A. XIV, 1928), alle neueren Arbeiten von Melanie Klein und andere Arbeiten.

daß und warum diese Angst so häufig den bewußten oder unbewußten Vorstellungsinhalt einer gewaltsamen Beschädigung des Genitale hat und so als sogenannte „Kastrationsangst" auftritt. Der weibliche „Kastrationskomplex", sollte man meinen, könnte als Motiv der Verdrängung nicht in Betracht kommen, denn der Glaube, einen Penis verloren zu haben, kann nie die dynamische Kraft einer für die Zukunft gültigen Drohung besitzen. Oft weist die Analyse nach, daß Mädchen andere analoge „Genitalbeschädigungsängste" haben, z. B. die vor dem Zerrissen- oder Gespaltenwerden. Trotzdem bleibt der merkwürdige Befund, daß auch Mädchen oft fürchten, die Sexualbefriedigung werde das Abschneiden oder Wegnehmen eines Körperteiles (eines phantasierten Penis) zur Folge haben, wozu wohl die prägenitalen „Kastrationsvorbilder", Entwöhnung und Stuhlverlust, das Ihrige beitragen[17]. Dahinter steht die Angst, nach Triebbetätigung von den Personen der Umgebung nun nicht mehr geliebt und in kindlicher Hilflosigkeit allein gelassen zu werden (Liebesverlustangst). Das Problem, woher es kommt, daß bei den meisten Hysterien nicht nur der Inhalt der Ödipuswünsche und nicht nur der unbewußte Inhalt dieser Angst, sondern auch die Angst selbst unbewußt bleibt, werden wir im Kapitel Angsthysterie erörtern. Auch den Nachweis des genetischen Zusammenhanges zwischen Gewissensangst und Kastrations- resp. Liebesverlustangst werden wir besser bei der Zwangsneurose als bei der Hysterie besprechen.

Das hysterische Symptom erschien uns also als Kompromißbildung zwischen verdrängtem Ödipuskomplex, der sich in entstellter Form durchsetzt, — und verdrängenden Kräften. Freilich darf man sich dies nicht so vorstellen, als ob das Symptom bei der Analyse diesen seinen letzten Gehalt ohne weiteres kenntlich werden ließe. Zwischen die ältesten Ödipusphantasien und die Symptome des erwachsenen Hysterikers schieben sich alle möglichen Zwischengebilde ein, die man in ihrer analytischen Bedeutung gewiß nicht unterschätzen darf. Hier ist vor allem wichtig das für das Seelenleben der Hysteriker bedeutungsvolle Gebiet der — vielleicht auch schon zum Teil unbewußten — Tagträume, die dem sexuell ablehnenden Patienten die sexuelle Befriedigung ersetzen und — die Abkömmlinge alter Ödipusphantasien sind. Der Weg von diesen zu jenen geht über die Onanie und die Onaniephantasien. Die frühinfantile Onanie ist die Exekutive der Ödipus-Sexualität. Ängste, die dieser gelten, verschieben sich auf die Betätigung. Deshalb erweist sich der Kampf um die Onanie oft als unbewußter Inhalt hysterischer Symptome. — Manche Krämpfe, rhythmische Muskelkontraktionen, Symptome der sensiblen Sphäre erweisen sich so als „Onanieäquivalente", als Ersatz und Abwehr von Onanie-

---

17) Siehe Stärcke: Der Kastrationskomplex. Int. Z. f. Ps.-A. VII (1921), und Alexander: Kastrationskomplex und Charakter. Int. Z. f. Ps.-A. VIII (1922).

impulsen. Das häufigste „onanieäquivalente“ Konversionssymptom ist das Bettnässen der Kinder.

Die infantile Enuresis nocturna bietet der analytischen Forschung immer noch eine Reihe ungelöster Probleme. An ihrer Natur als Sexualäquivalent kann allerdings kein Zweifel sein. Ursprünglich ist sie — wie die psychologisch wohl analoge Incontinentia alvi — eine autoerotische Betätigung, die dem Kinde urethral- bezw. anal- und hauterotischen Lustgewinn bringt. In Analysen findet man noch Erinnerungen an diese Sensationen, die etwa in mancher Ejaculatio praecox, in der Sperma und Urin unbewußt gleichgesetzt werden, neurotisch wieder auferstehen. — Wenn das größere, sonst schon reinliche Kind aber auf diese alte Lust wieder zurückgreift (und nur dieser Fall interessiert als eine Art Konversionssymptom), so handelt es sich nicht mehr um Autoerotik. Begleitende Träume und die damit verbundenen Schuldgefühle, die die infantile Enuresis in der Regel ebenso der Verdrängung anheimfallen lassen wie die infantile Onanie, beweisen ihre Verwandtschaft mit dieser. Sie ist wie die Onanie motorische Abfuhr sexueller Spannungen, erscheint als erster Onanieersatz; gelegentlich ist ein für diese Ersatzbildung verantwortliches Onanieverbot (oder äquivalentes Erleben) nachweisbar, gelegentlich nicht. In diesem Sinne hat die Gleichsetzung der späteren Pollutionen und des kindlichen Bettnässens, das von Knaben in der Pubertätszeit — bewußt oder unbewußt — so oft vorgenommen wird, einen wahren Kern: Beide Erscheinungen sind ihrer psychischen Funktion nach Versuche, die Onanielust ohne die Onanieschuld zu genießen. Insofern sie gegen den Willen des die Sexualität unterdrückenden Ichs erfolgen, sind es neurotische Symptome. Wie die Onanie kann auch die Enuresis den verschiedensten Sexualwünschen Abfuhr geben. Wie diese ist sie in der Blütezeit des Ödipuskomplexes vor allem Exekutive seiner Regungen. Insofern alte urethral- und hauterotische Erregungen dabei Ausdruck genitaler Triebtendenzen werden, begegnen wir hier dem Mechanismus der Regression, der uns noch viel beschäftigen wird. Zwischen der tief verdrängten Schicht des Ödipuskomplexes und dem manifesten Symptom liegen — wie bei der ausgebildeten Hysterie — alle möglichen „intermediären“ Sexualwünsche. Interessant ist, wie häufig gerade das Bettnässen Ausdruck von Sexualphantasien auch des anderen Geschlechtes wird, also femininer Tendenzen des Jungen und maskuliner des Mädchens. Mädchen mit besonderer Betonung der Urethralerotik stehen fast stets unter der Herrschaft eines Penisneides, ihr Symptom gibt dem Wunsche Ausdruck, so zu urinieren wie sie es am Knaben bewundern. — Aber auch bei Jungen findet man häufig die umgekehrte Auffassung, daß Inkontinenz eine „weibliche“ Angelegenheit sei und daß sie im „ziellosen“ Urinieren weibliche Lust ersehnen. Mit dieser passiven Perzeption der Inkontinenz geht die der vorhin erwähnten Regression entsprechende infantile Hand in Hand: Wenn man das Bett beschmutzt wie ein Baby, so liegt häufig darin der Wunsch, wieder Baby sein zu dürfen [18]. Häufig tritt das Symptom auch nach der Geburt eines kleinen Geschwisterchens auf [19].

Das Einkoten im späteren Alter ist ein selteneres Vorkommnis als das Einnässen, offenbar trotz analogen Aufbaues als häufiges, ausgesprochen neurotisches Geschehen nur bei einer bestimmten Intensität der Analerotik möglich, was dazu stimmt, daß es in der Anamnese späterer Zwangsneurotiker häufiger ist als in der späterer Hysterien.

---

18) Siehe z. B. Baudouin: Ein Fall von Bettnässen. Z. f. ps.-a. Päd. III (1929).

19) Eine analytische Aufdeckung kindlicher Enuresis wird geschildert von Freud in: Bruchstück einer Hysterieanalyse (Ges. Schr., Bd. VIII, S. 73 ff).

— Von der onanistischen Betätigung verschiebt sich die Abwehr dann weiter auf die sie ersetzenden Entwicklungsprodukte, die Tagträume.

Manchmal kann die Analyse in mustergültiger Weise aufdecken, wie das Tagträumen, ursprünglich dazu bestimmt, die Onanie zu unterdrücken, seine Funktion wechselt und zum entstellten Ausdruck der alten wiederkehrenden Onaniephantasien wird [20]. Manchmal werden bestimmte Tagträumereien und Phantasiebereiche der Analyse lange entzogen, sei es, weil der Patient sie „vergißt", sei es, weil er diese „schönen" Gedanken nicht preisgeben will. In solchen Fällen enthalten sie oft den Schlüssel zum Verständnis des Ödipuskomplexes. Das war z. B. bei einer Patientin der Fall, die phantasierend „Ekstasen" erlebte, deren Verlust sie befürchtete. Nach der Aufdeckung der in der Vorstellung, die Analyse werde ihr etwas Gutes rauben, enthaltenen Kastrationsangst kam die Erinnerung an ähnliche „Ekstasen" der Pubertätszeit — und schließlich die, daß die Sensationen dieser von aller Sinnlichkeit so entfernten Ekstase identisch waren mit denen der wieder erinnerten frühkindlichen Onanie. — In der Pubertät und gelegentlich auch später findet man oft phantastisch ausgestaltete Interessengebiete, mit denen der Betreffende wie mit einer „überwertigen Idee" fast unausgesetzt lustvoll-tagträumend beschäftigt ist, Sport, Technik, Krieg, Verkehrswesen usw. Es sind meist Abkömmlinge der Ödipus-Onaniephantasien.

Eine Patientin empfindet eines Tages heftige Schmerzen in einem Finger. Sie sagt, sie hätte das Gefühl, als sei sie mit einem Messer geschnitten worden. Sie liebt einen abwesenden Vetter, der Medizin studiert, und entwickelt die Phantasie, der Betreffende hätte vielleicht gerade im Seziersaal eine Leiche geschnitten, was sie in ihren Schmerzen zu fühlen bekomme. Diese primitive, dem magischen Denken entsprechende Phantasie ist ein bewußter Tagtraum. Der unbewußte Teil des Tagtraumes ist die symbolische Gleichsetzung von Schneiden und Sexualverkehr, von Messer und Penis. Ganz unbewußt ist ferner der in der Analyse sehr deutlich gewordene Umstand, daß der Vetter eine Ersatzperson für den Vater ist. — Derselben Patientin wurde übel, so oft sie mit ihrem Vater allein zu Hause blieb. Das war die Abwehr der Ödipusversuchung.

Eine Patientin klagt eines Tages über Erbrechen und heftige Übelkeit. Als Ursache läßt sich nur ermitteln, daß sie Fisch gegessen hatte. Daran knüpfen sich allerhand Tagträume über die Grausamkeit, Tiere zu essen, insbesondere Fische, weil Fische eine „Seele" hätten. Der Vater dieser Patientin war gestorben, das Essen der Leiche, das Hinübernehmen seiner Seele in den eigenen Körper, deckt die unbewußte Phantasie von der sexuellen Vereinigung mit ihm.

Man kann dann auch sagen, das Symptom, Ausdruck des verdrängten Triebes, ist die entstellte Sexualbefriedigung des Hysterikers, dem eine echte Sexualbefriedigung unmöglich ist, was in manchen Symptomen, etwa in einer Urticaria, die ständiges Jucken verursacht, oder in gynäkologischen Störungen, die häufige vaginale Untersuchungen nötig machen, besonders deutlich wird. Selbstverständlich tragen die zwischen Ödipuskomplex und hysterisches Symptom eingeschalteten Phantasien keineswegs immer genitalen Charakter. Als Zwischenglieder zwischen genital-sexuellem Ödipuswunsch und scheinbar harmlosem Tagtraum sind fast regelmäßig im Kindheitserleben wurzelnde

---

20) Anna Freud: Schlagephantasie und Tagtraum. Imago VIII (1922).

Sexualphantasien aus dem Bereich aller möglichen Sexualkomponenten zu finden: Homosexuelle, prägenitale, sadomasochistische, exhibitionistische, schautriebhafte, muskel-, gleichgewichts-, hauterotische. Wenn wir sie hier als prinzipiell nicht bedeutungsvoll kurz abtun können, so kann das der praktische Analytiker keineswegs. Sie dürfen bei der Analyse keinesfalls „übersprungen" werden, ihre breite Eruierung und Durcharbeitung erfordert im Gesamtverlauf der Hysterieanalyse vielleicht mehr Zeit und Aufmerksamkeit als die Ödipus-Grundlage. Da sie deren Entwicklungsprodukte darstellen und die Spezifität der Symptome determinieren, kann eine sie überspringende Deutung der Ödipuswünsche dynamisch diese in Wirklichkeit gar nicht erreichen, müßte also therapeutisch unwirksam bleiben.

Der Ödipuskomplex selbst in seiner jeweiligen durch die speziellen Kindheitserlebnise bedingten Form ist ja nur durch Analyse dieser „Zwischengebilde" zu eruieren. Und wir dürfen niemals vergessen, daß dem Begriff „Ödipuskomplex" unendlich viele, mannigfaltige, durch Konstitution und Erleben geformte, für jeden Menschen nur jeweils einmalige, in langwieriger historischer Forschung zu eruierende psychische Realitäten entsprechen[21]. Das Verhältnis der Zwischengebilde zum Ödipuskomplex kann dem der Tagreste zu den unbewußten Traumwünschen bei der Traumarbeit verglichen werden.

Wir haben gesagt, daß sich die — letzten Endes genital gemeinten — Sensationen der hysterischen Symptome an allen Organen abspielen können, entsprechend der allgemeinen Erogeneität aller Organe. Das bedingt die Vielgestaltigkeit der Hysterie, die bekanntlich „alle Krankheiten nachahmen kann". Ferenczi spricht von einer „Genitalisierung der Organe", z. B. wenn ein Finger oder der ganze Körper „erigiert" wird[22]. Besonders häufig und interessant ist dabei die Gruppe der „oralen und analen hysterischen Symptome": Hunger, Appetitlosigkeit, Erbrechen, Stuhlbeschwerden und dergl. Nun wissen wir, daß in der Entwicklung der Libido vor der genitalen eine anale, eine orale Stufe durchlaufen wurde. Ist dann die Hysterie bis auf diese Stufe regrediert? Ja und nein. Gewiß wird die Wahl des „genitalisierten Organs" neben anderem auch abhängen von analen oder oralen Fixierungen und doch werden wir bei der Besprechung der Zwangsneurose und Melancholie begreifen lernen, warum wir hier nicht eigentlich von einer Regression sprechen können: Die Erwerbungen der genitalen Organisationsstufe, die genitalen Beziehungen zu den (phantasierten) Objekten, gehen nicht verloren; sie werden nur gleichsam in Prägenitales „übersetzt". Die prägenitale Fixierung gibt nur den Ausschlag dafür, wo sich genitale Vorgänge abspielen. Die Vorgänge selbst bleiben

---

21) Fenichel: Spezialformen des Ödipuskomplexes. Int. Z. f. Ps.-A., XVII (1931).
22) Ferenczi: Hysterie und Pathoneurosen, S. 17.

aber doch eigentlich genital, so daß der Terminus Ferenczis durchaus zu Recht besteht.

Weniger als über die typischen Inhalte der hysterischen Symptome können wir über ihre typischen Mechanismen sagen. Hier ist manches noch unklar. Charakteristisch ist bekanntlich, daß das Symptom sich im körperlichen Bereiche abspielt; diesen „Sprung" aus dem Psychischen ins Körperliche nennen wir „Konversion". Wir können durch den Gedanken, daß das Symptom eine entstellte Sexualbefriedigung und jede Sexualbefriedigung ein körperliches Phänomen ist, ferner durch den, daß die körperliche Abfuhr einer seelischen Spannung das Wesen jedes, auch des normalen Affektes ausmacht[23], uns die Möglichkeit einer solchen Konversion etwas näher bringen, ohne sie jedoch wirklich zu verstehen. Ihre Voraussetzung ist die durch die Verdrängung des Ödipuskomplexes erforderliche Abwendung von der Realität und Zuwendung zur Phantasie, jene Ersetzung der realen Sexualobjekte durch die phantasierten Vertreter der infantilen Objekte, die wir „Introversion" nennen. Ihr entspricht das völlige Nach-innen-gewendet-Sein der Hysteriker, das sich eben auch darin zeigt, daß in den Symptomen an Stelle von nach außen gerichteten Handlungen (Alloplastik) nach innen, in den eigenen Körper gesandte Innervationen treten (Autoplastik). So kann es dazu kommen, daß die Phantasien der Hysteriker in realen körperlichen Funktionsänderungen entstellten plastischen Ausdruck finden; Ferenczi spricht von „hysterischer Materialisation"[24] und hat sie uns etwas näher gebracht durch den Nachweis, daß alles Phantasieren wie alles Vorstellen und Denken überhaupt mit entsprechenden Körperinnervationen Hand in Hand geht, daß das Handlungen ersetzende Denken Handlungsansatz, „Probehandeln" ist. Das Wenige, was wir über die Mechanismen der Konversion wissen, hat Freud in seinem Buche „Hemmung, Symptom und Angst" zusammengefaßt[25]: Die Konversionssymptome stellen permanente oder intermittierende Besetzungsvorgänge dar, die an die Stelle gehemmter infantiler Sexualregungen getreten sind. Sie sind mit ihnen assoziativ verbunden. Der Zusammenhang ist in der Regel der, daß das Symptom einen Teil aus dem ganzen zu Grunde liegenden Komplex darstellt, so daß man den Eindruck gewinnt, als ob sich die infantil-sexuelle Energie auf einen kleinen Teil verschoben und konzentriert hätte. Im einzelnen sagt Freud: Der hysterische „Schmerz war in der Situation, in welcher die Verdrängung vorfiel, tatsächlich vorhanden" gewesen.

---

23) Felix Deutsch hat versucht, den Weg, der von dieser „normalen" zur hysterischen Konversion führt, zu klären. Siehe seine Arbeit: Zur Bildung des Konversionssymptoms. Int. Z. f. Ps.-A., X (1924).

24) Ferenczi: Hysterie und Pathoneurosen. S. 23.

25) Freud: Hemmung, Symptom und Angst (Ges. Schr., Bd. XI, S. 51).

Ein Patientin leidet an rechtsseitigen Bauchschmerzen. Sie wiederholt damit die Sensationen einer Appendicitis, die sie als Kind durchgemacht und die ihr gleichzeitig besondere Zärtlichkeit von Seiten ihres Vaters und „Kastrationsangst" gebracht hatte.

„Die Halluzination war damals Wahrnehmung":

Eine Patientin leidet an einer quälenden Halluzination von Metallgeschmack. Es stellt sich heraus, daß sie als Kind den Wasserleitungshahn direkt in den Mund zu nehmen pflegte, um zu trinken. Damals war der Metallgeschmack Wahrnehmung gewesen. Diese Gewohnheit deckte die auf den Vater zielenden unbewußten Fellatiowünsche.

„Die motorische Lähmung ist die Abwehr einer Aktion" (letzten Endes der infantilen sexuellen Handlungen). Die Kontraktur ist ein Verschiebungsersatz für eine intendierte, aber gehemmte Muskelinnervation. Der Krampf ist ein Affektausbruch (sexuelle Handlung) ohne Kontrolle des Ichs.

So kann der auf einen Körperteil beschränkte Krampf, wie erwähnt, die Erektion darstellen. Man darf aber nicht übersehen, daß der Muskelkrampf nicht nur den Durchbruch unterdrückter Regungen bedeutet, sondern gleichzeitig die Unterdrückung selbst. Ein allgemeiner oder spezieller Hypertonus kann in unspezifischer Weise einfach besagen: Ich habe etwas zu unterdrücken. Ferenczi hat gezeigt, wie dieser „Unterdrückungskrampf" z. B. von einer Verschiebung der Funktion der Analsphinkteren auf die gesamte Muskulatur ihren Ursprung nehmen kann[26]. Wir kommen darauf bei Besprechung der Hemmungen zurück.

Immer also macht es den Eindruck, als sei durch eine Art Verdichtung die ganze Besetzung der anstössigen Triebregung bei der Symptombildung auf ein kleines Stück, das durch die innervierte Körperstelle repräsentiert ist, zusammengedrängt worden[27]. Daß die hysterischen Symptome sich in jeglichem Körpergebiet manifestieren können, ist eine Folge der allgemeinen Erogeneität im menschlichen Körper, einer Tatsache, die mit der Auffassung, daß die zu Grunde liegenden körperlichen Vorgänge innersekretorischer Natur seien, gut übereinstimmt. Aber auch alle diese Fragen nach der „Organlibido" wollen wir zunächst noch verschieben.

Gerade weil an der Konversion so vieles noch rätselhaft erscheint, ist es verlockend, bei der Formulierung, in ihr trete Autoplastik an Stelle von realitätsangepaßter Alloplastik, an größere theoretische Perspektiven zu denken. Wenn man sich dabei des unsicheren und spekulativen Charakters bewußt bleibt, ist es erlaubt, daran zu erinnern, daß nach Lamarcks Auffassung die Entwicklung der Arten durch „direkte Anpassung" erfolgen kann, das heißt dadurch, daß der Körper sich autoplastisch an die von der Außenwelt diktierten Bedürfnisse anpaßt. Nach dem berühmten Beispiel bekam die

---

26) Ferenczi: Zur Psychoanalyse von Sexualgewohnheiten. Int. Z. f. Ps.-A., XI, 1925, S. 13.
27) Freud: Die Verdrängung. (Ges. Schr., Bd. V, S. 477).

Giraffe ihren langen Hals, um auf die hohen Bäume langen zu können. Die hysterische Konversion schiene dann ein letztes Überbleibsel dieser autoplastischen Anpassungsfähigkeit der Tiere.

Wir müssen nun noch ein paar Begriffe erörtern, die für hysterische Mechanismen wichtig sind, die aber noch nicht Erwähnung finden konnten.

1) Das somatische Entgegenkommen: Die Psychoanalyse hat nie behauptet, alle Phänomene der Neurosen wären „nur psychisch“, ist ja doch die Libido selbst als ein Korrelat hormonaler Stoffe vorzustellen. Für die körperlichen Konversionssymptome kann der Körper nicht gleichgültig sein. Werden z. B. in einem hysterischen Symptom genitale Wünsche dargestellt, indem sie auf nichtgenitale Körperstellen verschoben werden, so stünden ja unendlich viele Körperstellen dafür zur Verfügung. Was bestimmt nun die Auswahl der Körperzone, an der das Symptom sich manifestiert? Nun, oft genug auch Psychisches. Wir haben sowohl davon gesprochen, wie orale Symptome auf der regressiven Anziehung beruhen, die von oralen Fixierungen ausgeht, als auch davon, wie im allgemeinen die Organwahl von den Zufälligkeiten der historischen Kindheit abhängt. Daneben können hier aber auch rein somatische Faktoren in Betracht kommen. Es ist klar, daß sich ein Symptom dort am ehesten durchsetzen wird, wo ein locus minoris resistentiae vorliegt. Der vasomotorisch Labile wird vorzugsweise vasomotorische Symptome, der stark Myope Augensymptome produzieren usw. Auf die Beziehung der sogenannten Organneurosen kommen wir später zu sprechen. Sicher aber ist eine durch somatische Determination lokalisierte Hysterie das, was man „psychogenen Überbau organischer Krankheiten“ nennt. Und wenn die Lokalisierung etwa durch eine orale Fixierung erfolgte, so dürfen wir auch nicht vergessen, daß eine solche zwar zum Teil durch Erlebnisse während der oralen Phase der Libidoentwicklung gesetzt wird, zum anderen Teil auf konstitutioneller Erhöhung der oralen Sexualität beruht, also ebenfalls auf einem somatischen Entgegenkommen.

2) Die hysterische Identifizierung. Neben den direkten Gefühlsbeziehungen zu Objekten, Liebe und Haß, gibt es noch eine zweite Möglichkeit von Beziehungen zwischen einem Subjekt und Objekten, die Identifizierung, die Angleichung des eigenen Ichs an das Vorbild des anderen, die durchaus unbewußt und praktisch meist als Ersatz für eine verloren gegangene eigentliche Objektbeziehung eintritt. Solche Identifizierungen spielen bei der Hysterie in mehrfacher Form eine große Rolle.

a) Am verständlichsten ist die „Identifizierung auf Grund des gleichen ätiologischen Anspruchs“. Daß die Hysterie alle Krankheiten nachahmt, war stets bekannt. Was aber bewegt sie dazu? „Die Sucht aufzufallen“ kann uns nicht wirklich etwa eine Epidemie von chorea maior erklären. Wenn aber, nach dem Beispiel Freuds, die Anfälle des ersten Mädchens im Pensionat nach einem Liebesbrief aufgetreten sind, so versteht man, wenn dann auch alle anderen Mädchen Anfälle produzieren: Sie wollen auch Liebesbriefe bekommen. Sie sagen sich gleichsam, wenn man von einem solchen Anlaß Anfälle bekommen kann, dann bekommen wir auch welche, denn wir wollen den gleichen Anlaß haben[28]. Die Identifizierung erfolgt hier, weil das Objekt einen längst ersehnten Wunsch erfüllt bekommen hat, also „auf Grund einer rezenten Gemeinsamkeit", ohne daß vorher zu dem betreffenden Objekt irgend welche Beziehungen bestanden haben müssen. Warum aber bekommen die Mädchen Anfälle, also Schmerzen, Leidenssymptome? Hier müssen wir uns daran erinnern, daß das Symptom ja ein Kompromiß darstellt. Es muß auch den verdrängenden Kräften Genüge tun. Diese Kräfte sind es, die etwa sagen: Du wolltest so glücklich sein wie die X... — nun sei zur Strafe so unglücklich wie die X...! Es geht so zu wie in der Sage von Midas, der bestraft wird, indem er durch das ihm gewährte viele Gold zugrundegeht. Immerhin sei hier bemerkt, daß die beiden Bedeutungen der hysterischen Symptome, eine Triebbefriedigung und eine Strafbefriedigung darzustellen, nicht gleichwertig erscheinen, sondern, daß der entstellte Befriedigungscharakter überwiegt. Von reinen Hemmungssymptomen abgesehen (z. B. Impotenz — siehe später —) scheint es keine hysterischen Symptome zu geben, die nur die verdrängenden Kräfte befriedigen und nicht den Trieb. Dagegen ist es wahrscheinlich, daß es umgekehrt triebbefriedigende Symptome gibt, denen aber keine Strafbedeutung zukommt; man denke etwa an die sogenannten hysterischen Stigmata, von denen der Patient selbst nichts weiß.

b) Vom gleichen Typ ist die hysterische Identifizierung mit dem glücklichen Rivalen. Freuds Patientin Dora bekommt denselben Husten, den ihre unbewußte Rivalin, Frau K., hatte[29]. Die Analyse wies den Ödipuskomplex nach; sie liebte den Vater und wäre gerne an Stelle der Geliebten des Vaters. Nun heißt es wieder wie bei Midas: Du wolltest selbst die Geliebte des Vaters sein; sei sie nun dort, wo sie leidet. Die Identifizierung in der Schuld ist so der Index für die intendierte Identifizierung im Triebverlangen. So wird dieser Fall identisch mit dem Mechanismus, den Freud als „entlehntes Schuldgefühl" bezeichnet hat[30]. Nach dem gleichen Typus identifizieren sich hysterische Mädchen häufig mit ihrer Mutter, wobei dann nicht eine gefühlsindifferente Person auf Grund einer rezenten Gemeinsamkeit nachgeahmt wird, sondern gerade die, an deren Stelle zu sein einem

28) Freud: Massenpsychologie und Ich-Analyse (Ges. Schr., Bd. VI, S. 305).
29) Freud: Bruchstück einer Hysterieanalyse (Ges. Schr., Bd. VIII, S. 37—39).
30) Freud: Das Ich und das Es (Ges. Schr., Bd. VI, S. 395).

alten tiefen Triebwunsch entspricht, nur durch den Einfluß des Schuldgefühls an einer anderen Stelle als ursprünglich beabsichtigt.

c) Ein anderer Typus von hysterischer Identifizierung ist schwerer zu verstehen. Es kommt vor, daß die am Ödipuskomplex erkrankte Hysterika sich nicht mit der Rivalin Mutter, sondern mit dem geliebten Vater identifiziert. Das ist eine tiefere Angelegenheit, zu deren vollem Verständnis uns erst das analytische Studium der Melancholie führt. Hier nur so viel: Wird man gezwungen, ein Objekt aufzugeben, so versucht man den Verlust dadurch wettzumachen, daß man sich mit ihm identifiziert[31]. Übernimmt die Hysterika die Krankheit des Vaters, so beweist sie uns, daß sie vergebens danach strebt, sich von ihm zu lösen.

Die Hysterie einer Patientin ahmte jahrelang eine Tuberkulose nach. Ihr Vater hatte als junger Mann eine Tuberkulose durchgemacht. Sie selbst hat den Beruf des Vaters ergriffen und war der manifesten Homosexualität sehr nahe.

Eine solche Identifizierung mit dem andersgeschlechtlichen Elternteil bietet natürlich gleichzeitig Gelegenheit zur Befriedigung des „negativen Ödipuskomplexes", wird durch konstitutionelle Erhöhung der Bisexualität erleichtert und wird uns als „geschlechtliche Fehlidentifizierung" in den folgenden Kapiteln öfter begegnen[32].

d) Es gibt aber auch „multiple" Identifizierungen. Die Hysterika kann gleichzeitig oder nacheinander verschiedene Personen, mit denen sie sich nach den Typen a, b oder c identifiziert hat, darstellen. Besonders die Anfälle stellen oft ganze Dramen dar.

Klassisch dafür ist das Beispiel der Patientin von Freud, die mit der linken Hand sich das Kleid herunterzureißen, mit der rechten es aber festzuhalten sucht; so identifizierte sie sich gleichzeitig mit dem vergewaltigenden Mann und der überfallenen Frau[33]. Ein etwas komplizierteres Beispiel ist der folgende Fall, der allerdings nicht einem hysterischen Anfall, sondern einem onanistischen Spiel entnommen ist: Ein Patient tanzt erst nackt vor einem Spiegel, bekommt dann Stuhldrang und den Einfall, er könnte im Zimmer defäzieren, worauf die Ejakulation eintritt. Seinen Einfällen nach stellte der Tanz ein Paar im Geschlechtsverkehr dar, der Stuhldrang aber die Regungen eines zusehenden Kindes. So hatte er sich mit drei Personen gleichzeitig identifiziert[34].

---

31) Siehe Freud: Trauer und Melancholie (Ges. Schr., Bd. V) und Das Ich und das Es (Ges. Schr., Bd. VI).

32) Einen einfachen Fall einer hysterischen Identifizierung von diesem Typus beschreibt Heinrich: Ein Fall von Identifizierung in der Zahnheilkunde. Int. Z. f. Ps.-A., XIV, 1928.

33) Freud: Hysterische Phantasien und ihre Beziehung zur Bisexualität (Ges. Schr., Bd. V, S. 253).

34) Allgemeines über die hysterischen (und die narzißtischen) Identifizierungen siehe Fenichel: Die Identifizierung. Int. Z. f. Ps.-A., XII (1926).

3) Sekundärer Krankheitsgewinn: Wenn nun die hysterischen Symptome ausgebildet sind, wie verhält sich dann das Ich dazu? In widersprechender Weise. Einerseits sucht es den Verdrängungskampf, den es gegen die infantile Sexualität führt, gegen deren Abkömmling, das Symptom, fortzusetzen. Es sucht dann das Symptom vom übrigen Gefüge der Persönlichkeit zu trennen, will von ihm nichts wissen, empfindet es als ichfremd, besteht darauf, daß es organisch sein muß und nichts mit der Seele zu tun hat. Diese Verhaltungsweise macht sich in der Kur natürlich als Widerstand bemerkbar.

Eine Patientin, die erst während der analytischen Kur „passagèr" konversionshysterische Symptome produzierte, versuchte in einer ganz merkwürdigen Weise diese Symptome zu verleugnen oder zu vernachlässigen. Sie habe zwar mehrere Tage nichts gegessen und erbrochen, ohne organisch krank zu sein, aber das könne doch nicht von Bedeutung oder Interesse sein, das wäre „nur so". Sie kann nicht glauben, daß diese „gleichgültige Angelegenheit" „schon" ein hysterisches Symptom sein soll.

Soweit ein solches Verhalten des Ichs Erfolg hat, sind außer den Symptomen selbst keine Erscheinungsformen der erfolgten Verdrängung mehr bemerkbar, der Affektbetrag scheint wirklich verschwunden und das Verhalten des Kranken gegen seine Symptome ist das, das nach Freud von Charcot *„la belle indifférence des hystériques"* genannt worden ist[35]. Damit hängt zusammen, daß der ganze hysterische Prozeß gelegentlich mit der Symptombildung zum Stillstand kommt. Das gelingt nicht immer. Auch außerhalb des Symptoms bleibt oft die Gegenbesetzung des Ichs nachweisbar.

Wenn das Symptom die Form eines hysterischen Schmerzes angenommen hat, so ist es nicht nur von innen her, also etwa durch unbewußte Versuchungssituationen mobilisierbar, sondern auch von außen her durch Berührung der schmerzempfindlichen Stelle. Die Gegenbesetzung des Ichs muß dann die besondere Form einer Achtsamkeit vor einer solchen Berührung annehmen. Es gibt auch charakterliche Gegenbesetzungen, „Überkompensationen" bei der Hysterie. So wird eine hysterische Mutter, die ihre Kinder unbewußt haßt, eine ganz besondere kompensierende Zärtlichkeit diesen Kindern gegenüber entwickeln (mit der sie dann eventuell realiter die Kinder sehr quält). Diese Zärtlichkeit bleibt aber dann diesem einen Objekt, den Kindern, gegenüber isoliert und führt nicht etwa, wie bei der Zwangsneurose, zu einer bleibenden Veränderung des gesamten Verhaltens der Person im Sinne großer Güte und Zärtlichkeitsneigung[36]. In vielen Fällen macht sich die Gegenbesetzung des

35) Freud: Die Verdrängung (Ges. Schr., Bd. V, S. 476).
36) Freud: Hemmung, Symptom und Angst (Ges. Schr., Bd. XI, S. 100).

Ichs als Angst bemerkbar; wir werden im nächsten Kapitel untersuchen, wovon das abhängen mag.

Andrerseits aber sucht das lustgierige Ich die Symptome, wenn sie nun schon einmal da sind, so viel wie möglich auszunutzen. Wenn es schon leiden muß, so möchte es wenigstens so viel wie möglich dabei herausschlagen. Es folgt damit nur seiner eigentlichen Funktion, die darin besteht, die verschiedenen, von allen Seiten an es herankommenden Forderungen möglichst gleichzeitig zu befriedigen[37]. Die Psychoanalyse leugnet nicht die Rentenneurose und nicht „die um eines neuen Hutes willen in Ohnmacht fallende Frau“; sie glaubt auch, daß aus Rente und Hut, aus Hoffnungen, die nicht aufgegeben werden wollen, schließlich Widerstände erwachsen können, die sich unter Umständen einer Heilung stärker entgegensetzen als die ursprünglichen Widerstände.

Sie muß aber nach dem Gesagten bei der Ansicht bleiben, daß keine Rentenerwartung eine Hysterie erzeugen kann, und spricht deshalb vom sekundären Krankheitsgewinn, im Gegensatz zum primären, der darin liegt, daß durch die Krankheit ein Ausweichen vor dem Ödipuskomplex ermöglicht wird. Die Ansicht, die Rentenerwartungen erzeugen die Hysterie, vergleicht Freud mit Recht mit der Behauptung, ein Soldat habe sich im Kriege eigens ein Bein abschießen lassen, um eine Rente zu erhalten[38].

Haben wir so Allgemeines über Genese und Mechanismen der hysterischen Symptome erfahren und dürfen wir mit Recht ablehnen, Spezielles zu sagen, weil die spezielle Mannigfaltigkeit unendlich ist und nur einzelne ausführliche Krankengeschichten darüber belehren können, wie die aufgezeigten Mechanismen in der vollen Wirklichkeit aussehen, so bleibt doch noch die Frage offen nach den typischen Symptomen der Hysterie, d. h. danach, daß so häufig bei Menschen verschiedenster Art und verschiedenster Vergangenheit dennoch gleichartige Symptome auftreten. Man könnte fragen: Ist das nicht ein Widerspruch gegen die analytische Lehre von der so extrem individuellen Determinierung der Symptome?

In der Dora-Analyse[39] führt Freud das Symptom eines hysterischen Mutismus auf die Abwesenheit des Geliebten zurück und fragt, ob man nun in jedem Falle von Mutismus auf die Abwesenheit eines Geliebten schließen dürfe. Die Antwort lautet natürlich: Nein. Dasselbe Symptom könne aus verschiedenen Prämissen entstehen und die Frage bleibt, wieso verschiedene

---

37) Die Darstellung dieses widerspruchsvollen Verhaltens des Ichs findet sich bei Freud: Hemmung, Symptom und Angst (Ges. Schr., Bd. XI, S. 35 ff.).

38) Freud: Hemmung, Symptom und Angst (Ges. Schr., Bd. XI, S. 36).

39) Freud: Bruchstück einer Hysterieanalyse (Ges. Schr., Bd. VIII).

Prämissen so oft doch zu dem gleichen Resultat führen. Allgemein gibt es zwei Möglichkeiten zur Antwort: Einerseits kann die typische Natur des Resultates die Folge des Krankheitsprozesses selber sein, der ja bei den verschiedenen Individuen der gleiche ist. Das beste Beispiel dafür wird uns etwa das Zweifeln und Grübeln als Äußerungen des Krankheitsprozesses der Zwangsneurose abgeben. Andrerseits ist es zwar richtig, daß die Symptome von der individuellen Historik abhängen, aber es gibt eben Historik, die alle Menschen der verschiedensten Art und des verschiedensten Milieus gleichermaßen mitzumachen haben. Typische Symptome könnten dann etwa solche sein, die ihr Gepräge durch den Inhalt des Kampfes um den Ödipuskomplex erhalten, ohne daß die spezielle Form gerade dieses einen Ödipuskomplexes dem Symptom einen bleibenden Stempel aufgedrückt hätte. Alle „typischen" Symptome tragen auch individuell variable Detailzüge, die der Variabilität der individuellen Historik entsprechen. Ich darf nun noch einige typische Symptome der Hysterie, soweit sie bis jetzt psychoanalytische Aufklärung gefunden haben, besprechen.

1) Der hysterische Anfall ist nach Freud die pantomimische Darstellung eines Tagtraumes, der letzten Endes der Abkömmling der infantilen Ödipusphantasien ist. Anfälle sind „ins Motorische konvertierte Tagträume". Sie sind deutbar wie Träume, ihr eigentlicher Sinn ist entstellt durch die gleichen Mechanismen, die in der Traumentstellung wirksam sind wie Verdichtung, Verschiebung, Darstellung durch das Gegenteil, Darstellung durch ein Kleinstes, Umkehrung in der Zeitfolge, mehrfache Identifizierungen. Sie verraten oft deutlich, daß sie eigentlich sexuelle Befriedigungen sind. Sie enden gelegentlich in orgasmusähnlichen Zuständen, die Bewußtseinslücke im Höhepunkt des Anfalls wird von Freud dem kurz dauernden Bewußtseinsverlust im Höhepunkt des normalen Orgasmus gleichgesetzt, so daß der ganze Anfall als Koitusäquivalent bezeichnet werden darf, allerdings oft bei Frauen stärker durchsetzt mit männlichen (klitoriden) Zügen[40].

Eine Patientin bekommt auf dem Höhepunkt des Anfalls Zucken der Arme, das das Zucken des Penis bei der Ejakulation darstellt.

2) Der arc de cercle ist nach Freud die antagonistische Innervierung des Koitus, also eine Darstellung des Geschlechtsverkehrs durch das Gegenteil, entsprechend der gleichzeitigen Einwirkung der verdrängenden Kräfte[41]. Spätere Autoren haben mit Recht hinzugefügt, daß in ihm auch männliche

---

40) Siehe Freud: Allgemeines über den hysterischen Anfall (Ges. Schr., Bd. V).

41) Siehe Freud: Allgemeines über den hysterischen Anfall (Ges. Schr. Bd. V S. 256).

Strebungen (Versuch, einen versteckten Penis herauszupressen)[42] und weibliche (Geburtsdarstellung)[43] ihren Ausdruck finden.

3) Hysterische Traumzustände[44] sind ein den Anfällen sehr verwandtes Gebiet. Es fehlt nur die „pantomimische Darstellung"; der Tagtraum, Abkömmling der zum Ödipuskomplex gehörigen infantilen Onanie, bricht als solcher, als Phantasie so weit durch, daß er den Patienten aus der Wirklichkeit entrückt. In manchen Fällen macht sich die geheime sexuelle Bedeutung der Absence direkt bemerkbar, indem der Kranke an ihr eine Art wollüstigen Genuß findet. In anderen ist der Einfluß der verdrängenden Mächte äußerlich bemerkbarer als der Durchbruch der verdrängten: Erstens indem die motorische Abfuhr, die der hysterische Anfall sich verschaffte, hier gesperrt ist, zweitens indem gegen den mobilisierten Tagtraum eine neue Verdrängungswelle einsetzt, die ihn oft dem Bewußtsein so weit entzieht, daß der Patient selbst über das im Traumzustand Erlebte überhaupt nichts auszusagen weiß und nur eine Bewußtseinslücke empfindet. Hier schließen also die hysterischen Bewußtseinsstörungen an[45], die regelmäßig dem aktuellen Verdrängen eines mobilisierten Abkömmlings der infantilen Sexualität entsprechen. Das passagère Ausschalten des gesamten Bewußtseins, der äußeren und der inneren Wahrnehmung, die Ohnmacht, ist sozusagen eine generalisierte Verdrängung, vielleicht das archaische Vorbild der Verdrängung überhaupt; diese kann ja als eine Art Bewußtseinsverlust aufgefaßt werden, bei der nicht mehr alle, sondern nur mehr bestimmte innere Wahrnehmungen dem Bewußtsein entzogen sind, und bei der das abwehrende Ich schon gelernt hat, eine Dauerarbeit zu leisten[46].

Inhaltlich können die mit Traumzuständen und Bewußtseinsstörungen einhergehenden Triebdurchbrüche so mannigfaltig sein wie eben die den hysterischen Symptomen zugrundeliegenden infantilen Phantasien überhaupt. Aus dieser Mannigfaltigkeit hebt sich dreierlei als typisch heraus: Erstens kann eine passagère Bewußtseinstrübung den Orgasmus und damit eine Koitusphantasie darstellen. Zweitens kann sie einem (gegen sich und in tieferer Schicht auch gegen andere gerichteten) Todeswunsch Ausdruck verleihen. Drittens

---

42) E. Weiß: Zum psychologischen Verständnis des arc de cercle. Int. Z. f. Ps.-A. X. (1924).

43) Barbara Lantos: Analyse einer Konversionshysterie im Klimakterium. Int. Z. f. Ps.-A. XV. (1929).

44) Siehe Abraham: Über hysterische Traumzustände. Klinische Beiträge zur Psychoanalyse. Wien 1921. S. 53 ff.

45) Vgl. Landauer: Die Bewußtseinsstörungen. In Federn-Meng: Das psychoanalytische Volksbuch. Stuttgart 1926.

46) Fenichel: Über organlibidinöse Begleiterscheinungen der Triebabwehr. Int. Z. f. Ps.-A. XIV. (1928), S. 62, Fußnote.

kann sie infolge des Eindrucks, den sie erweckt, Anlaß zu allerlei sekundären Gewinnen bieten.

Auf die Fälle der sogenannten „Hysteroepilepsie" kommen wir später noch zu sprechen.

4) Hysterische Sehstörungen sind einmal von Freud zum Gegenstand einer eigenen kleinen Arbeit gemacht worden [47]. Ein hysterisches „ich kann nicht sehen" bedeutet ein „ich will nicht sehen", deutet also auf einen verdrängten Schau- oder Zeigetrieb. Von der Strafseite aus gesehen, bedeuten sie also ein: Weil du Verbotenes schauen wolltest, darfst du überhaupt nichts mehr sehen.

5) Die Hemianästhesie steht (nach Ferenczi [48]) einerseits besonders im Dienste des Verdrängenden; der Ausfall der Sensibilität erleichtert die Unterdrückung von Erinnerungen, die diese Körperteile zum Gegenstand haben. Sie dient aber andrerseits gleichzeitig dem Verdrängten, denn gerade die Unempfindlichkeit ermöglicht die vom Ich unbemerkte, insgeheime sexuelle Ausnutzung. Die hysterischen Sensibilitätsstörungen im allgemeinen sind den negativen Halluzinationen gleichzuachten. Es sind Verdrängungen innerer Wahrnehmungen, so wie jene äußerer.

6) Das gleiche gilt für die hysterischen Lähmungen, die als Hemmungen der sexualisierten Motorik ebenso entsprechen wie die Sensibilitätsstörungen der sexualisierten Sensibilität. Ist diese Lähmung, wie so häufig, mit einem gesteigerten Tonus verbunden, so sagten wir bereits, daß darin gleichzeitig eine Sicherung gegen die unerwünschte sexualisierte Motorik, und ein entstellter Ausdruck der sich dennoch durchsetzenden sexualisierten Motorik selbst dargestellt sein können. Hierher gehören die hysterischen „Onanieäquivalente". Historische Umstände oder somatisches Entgegenkommen bestimmen dann, wo sich Anästhesien oder Lähmungen lokalisieren. Der Umstand, daß dies angeblich links häufiger geschieht als rechts, wurde von Ferenczi dahin erklärt, daß die linke Körperhälfte unbewußten Einflüssen deshalb a priori zugänglicher sei als die rechte, weil sie für das bewußte Ich weniger bedeutungsvoll sei [49]. Dazu kommt die symbolische Bedeutung von rechts und links, auf die Stekel hingewiesen hat [50].

7) Analoges gilt für die Gesichtsfeld-Einschränkung. Das periphere Sehen hat weniger Ichbedeutung als das zentrale und wird deshalb eher sexualisiert [51].

---

47) Freud: Die psychogene Sehstörung in psychoanalytischer Auffassung (Ges. Schr. Bd. V).

48) Ferenczi: Hysterie und Pathoneurosen. S. 34 ff.

49) Ferenczi: Hysterie und Pathoneurosen. S. 36.

50) Stekel: Die Sprache des Traumes.

51) Ferenczi: Hysterie und Pathoneurosen. S. 39.

8) Das Fehlen des Rachenreflexes ist nur ein Sonderfall der hysterischen Sensibilitätsstörungen. Es gilt dafür dasselbe, was wir für jene sagten: Sie ermöglichen und verhindern gleichzeitig die Materialisation nach oben verlegter sexueller Phantasien. Der Globus hystericus ist eine „Materialisation" der Fellatio-Phantasie [52].

9) Fragen wir uns endlich nach den hysterischen Überfunktionen, d. h. danach, wieso dem Hysteriker in seiner Symptomatik Innervationsfähigkeiten und Körpersensationen zur Verfügung stehen, die dem normalen Erwachsenen nicht zugänglich sind. Es scheint dabei eine Regression zu archaischeren Zuständen vorzuliegen, wie sie auch beim Kind noch teilweise vorhanden sind. Es ist kein Zweifel, daß bei der normalen Entwicklung zum Erwachsenen Körperfähigkeiten verlorengehen, die dem Hysteriker (allerdings nicht seinem bewußten Ich) wieder zur Verfügung stehen. Ferenczi bemerkt mit Recht, daß die Erziehung nicht nur im Erlernen neuer, sondern auch im Verlernen „übernormaler" Fähigkeiten besteht [53]. Das kann natürlich nichts anderes heißen, als daß die Verdrängung der Autoerotik die Körperfähigkeiten mit sich in die Verdrängung reißt, durch die jene ermöglicht wurde. Am deutlichsten wird das kenntlich an jenen „körperfremden" Typen, die, in Motorik wie Tiefensensibilität gehemmt, überhaupt kein rechtes Verhältnis zu ihrem Körper mehr finden können. Bei ihnen ist das „Körperliche" verdrängt, weil körperlich und infantil-sexuell für sie gleichbedeutend geworden ist. Es ist kein Widerspruch, wenn gelegentlich Personen, die in ihrem Bewußtsein ihrem Körper so grenzenlos fremd gegenüberstehen, in ihrer hysterischen Symptomatik übernormale Körperfähigkeiten zu dokumentieren scheinen, deren Psychogeneität sie dann umso mehr vor sich leugnen können.

Der Bemerkung, die Fellatiophantasie sei bedeutsam für die hysterische Symptombildung, sei noch ein kleines Stück Theorie beigefügt, das ebenfalls erst bei einer Untersuchung der Melancholie ganz verständlich werden kann. Die Fellatiophantasie ist im Unbewußten der Hysterika ungemein häufig. Die Analyse erweist, daß sie der euphemistische Ausdruck für die anstößigere Phantasie ist, den Penis abzubeißen. Diese Phantasie ist reichlich überdeterminiert. Bei den einzelnen Fällen scheint den einzelnen Bedeutungen verschiedenes relatives Gewicht zuzukommen [54]. Sie bedeutet: erstens — den nach oben verlegten Koitus, zweitens — die Rache am beneideten, penisbesitzenden Mann, drittens — über die orale Schwängerungsphantasie — die

---

52) Siehe Freud: Bruchstück einer Hysterieanalyse (Ges. Schr. Bd. VIII. S. 47).

53) Ferenczi: Hysterie und Pathoneurosen. S. 17.

54) Siehe Fenichel: Introjektion und Kastrationskomplex. Int. Z. f. Ps.-A. XI (1925), und Feigenbaum: A Case of Hysterical Depression. Ps.-a. Review XIII (1926).

Schwängerung, viertens — eine Identifizierung mit dem Mann: „Ich habe nun den Penis, den ich dir geraubt habe.“ In diesem Sinne entspricht die Phantasie einer Partialeinverleibung des Objektes, was nach Abraham ein archaisches Sexualziel ist[55], zu dem die Hysteriker dabei regredieren. Diese Phantasie „nun habe ich den Penis“ ermöglicht die Unterbringung aller männlichen Strebungen. In dieser, offenbar für das weibliche Geschlecht charakteristischen partiellen Regression zum Oralen nach dem Scheitern des Ödipuskomplexes sieht Sachs einen bedeutsamen Zug, der manche Differenzen zwischen dem weiblichen und männlichen Über-Ich zu erklären vermag[56].

Nun wird aber der Partner durch diese Phantasie penislos gemacht. Die mit dem Ödipuswunsch so eng verbundene Phantasie von der eigentlichen genitalen Vereinigung war aber das anstößige Moment, das der Hysterika jede reale Liebe unmöglich machte. Sie darf nach Abraham nur unter „Genitalausschluß“ lieben[55]. Diese Liebesbedingung sucht sich die Hysterika durch die Abbeißphantasie zu erfüllen.

Es ist noch einiges über Verlauf und Prognose der analytischen Therapie bei der Hysterie zu sagen. Die Prognose ist durchaus günstig, und zu den allgemeinen Prinzipien der analytischen Therapie ist für die Behandlung der Hysterie so gut wie überhaupt nichts Spezielles hinzuzufügen, denn für die Behandlung dieser Krankheitsfälle ist diese Therapie ursprünglich bestimmt und in ihrer klassischen Form unverändert brauchbar. Auch was die Übertragung anbelangt, ist nur zu bemerken, daß sie ja ebenfalls an Hysterikern entdeckt wurde, daß das eigentliche banale Verkennen der psychoanalytischen Situation im Sinne einer vergangenen bedeutungsvollen Bindung hier am deutlichsten vorkommt und nach Überwindung der Widerstände typischerweise relativ leicht zur Einsicht gebracht werden kann. Der unbewußte Inhalt (der Ödipuskomplex) bestimmt meist direkt die Form der Übertragung. Bei den typischen Fällen ist der Verlauf der Behandlung insofern ein erfreulicher, als man in der Reaktion der Patienten auf die Deutungen, an den Wandlungen ihrer Übertragung und Symptomatik während der fortschreitenden Kur (Mitsprechen der Symptome) meist ein untrügliches Kriterium für den Gang der Analyse an der Hand hat. Man kann sich vorstellen, daß individuelle Komplikationen aller Art (Charakter, Alter u. dgl.) diese an sich so günstige Situation unangenehm komplizieren können. Im allgemeinen gibt also eine Hysterie die Indikation zur psychoanalytischen Behandlung. Kontraindikation geben nur alle die Momente, die, von der Diagnose abgesehen, überhaupt einer analytischen Behandlung entgegenstehen. Überall dort, wo sofortige Hilfe nottut, oder wo umge-

55) Abraham: Versuch einer Entwicklungsgeschichte der Libido.
56) Sachs: Über einen Antrieb bei der Bildung des weiblichen Über-Ichs. Int. Z. f. Ps.-A. XIV (1928).

kehrt der komplizierte Apparat der Analyse nicht brauchbar scheint, weil einfachere Mittel zum Ziele führen können, in den selteneren Fällen, wo die Hysterie der zweckmäßigste Ausweg aus einem unangenehmen realen Konflikt zu sein scheint, bei besonders starken sekundären Gewinnen, bei vorgeschrittenem Alter und dgl. — wird man sich natürlich die Indikation gründlich zu überlegen haben. Lehnt man sie ab, so sind andere psychotherapeutische Maßnahmen angezeigt. Sowohl wegen Mangels eigener Erfahrung als auch wegen des prinzipiellen Unterschiedes zwischen psychoanalytischer = kausaler und anderer = symptomatischer Therapie werden wir über Indikation und Aussichten nichtanalytischer therapeutischer Maßnahmen hier und im Folgenden uns nicht äußern. Prinzipiell kann hiezu nur Folgendes gesagt werden: Theoretisch kann die Psychoanalyse von solchen Maßnahmen zunächst die Hypnose verstehen [57], sodann nach ihrem Vorbilde die ihr verwandten Suggestionsmethoden (sie argwöhnt, daß alle „eigenen Rezepte" der Psychotherapie verkappte Suggestionsmethoden sind). Aus diesem Verständnis kann sie praktische Konsequenzen ziehen. Sie lauten: Der Hypnose und Suggestion sind die infantil fixierten übertragungsfähigsten Patienten am zugänglichsten. Am besten also die Hysterien, weit schlechter die Zwangsneurosen (bei ihnen dürfte eher eine Methode der „Autosuggestion" zum Ziele führen [58]), gar nicht die narzißtischen Neurosen.

---

57) Ferenczi: Introjektion und Übertragung. Bausteine zur Psychoanalyse. Bd. I, S. 9 ff., und Radó: Das ökonomische Prinzip der Technik. Int. Z. f. Ps.-A. XII (1926).

58) Abraham: Psychoanalytische Bemerkungen zu Coués Verfahren der Selbstbemeisterung. Int. Z. f. Ps.-A. XIV (1926).

II. KAPITEL

Angsthysterie

Es gibt noch einen zweiten Typus hysterischer Krankheiten, der eigentlich dem Analytiker verständlicher ist, weil bei ihm der Mechanismus, der bei den hysterischen Erscheinungen am rätselhaftesten blieb, die Konversion, wegfällt. Wir haben vorhin als Beispiel eines hysterischen Symptoms das Erröten gewählt. Bekanntlich sind die Fälle sehr häufig, bei denen ein solches Erröten begleitet oder eingeleitet wird von einem peinlichen Angstgefühl: „Ich werde jetzt rot werden." Endlich gibt es Fälle, bei denen dieses Angstgefühl so vorherrschend wird, daß es daneben relativ belanglos erscheint, ob das Erröten auch wirklich eintritt. An Stelle des Konversionssymptoms steht also ein Angstsymptom im Vordergrund des Bildes. Das ist die Erythrophobie, die, da sie häufig mit dem Gefühl des Beachtetwerdens und ähnlichen in die Nähe des Beziehungswahnes rückenden Sensationen einhergeht, den paranoiden Erkrankungen nahe steht. Es gibt aber auch viel einfachere Phobien, bei denen nichts als die eigentliche Angst wesentlich erscheint. Denn wenn z. B. der an Straßenangst Leidende bestimmte Straßen und Plätze und schließlich das Alleingehen überhaupt vermeidet, so dient dieser „phobische Vorbau" doch gewiß nur dazu, der Angstentwicklung zu entgehen, die eintreten würde, hielte sich der Patient nicht an diese Vorschriften. Die eigentliche Phobie ist eine Abwehr der Angst, die Angst aber das eigentliche Symptom der hierher gehörenden Krankheiten, die von Freud „Angsthysterien" genannt werden[1].

Früher wurden die Angsthysterien vielfach zur Zwangsneurose gerechnet, was sich durch die klinische Erfahrung rechtfertigen ließ, daß Zwangsneurosen und Phobien nicht selten kombiniert auftreten. Freud wies aber nach, daß diese Krankheitstypen bis auf den Mechanismus der Konversion im Grunde

---

1) Freud: Analyse der Phobie eines fünfjährigen Knaben (Ges. Schr., Bd. VIII, S. 235).

sämtliche Eigenschaften der Hysterie teilen, so daß man ihre Verwandtschaft zu dieser höher einschätzen darf als die zu den Zwangsneurosen.

Die unbewußten Voraussetzungen der Angsthysterie sind tatsächlich dieselben wie die der Konversionshysterie. Es ist ein schwieriges Problem, auf das wir noch keine eindeutige Antwort geben können, was dann darüber entscheidet, ob die eine Neurosenform auftritt oder die andere. Es scheint, daß die Angsthysterie der primitivere Typus ist. Sie tritt auch in früherem Lebensalter auf (sie ist die typische Kinderneurose) und ist offenbar die elementarste Neurose, die wir kennen. In geringerem Grade scheinen ja solche Symptome geradezu zur normalen Kindheitsentwicklung zu gehören. Es gibt kaum ein Kind, das nicht gelegentlich Dunkelheits- und Tierangst hätte. Die Angst vor der Dunkelheit kann dabei wohl auf die vor dem Alleinsein reduziert werden (nach Freud sagte ein Kind in Angst vor der Dunkelheit: „Wenn jemand spricht, wird es heller"[2]).

Auf den ersten Blick könnte man meinen, daß eine solche Angst mit dem Triebleben nicht viel zu tun zu haben braucht. Das Alleinsein ist ja für das hilflose Kind eine Realgefahr; trotzdem gewinnt man den Eindruck, daß bei dem ängstlichen Kind die Sehnsucht überwiegt, die, wenn es allein gelassen wird, oder wenn es das Liebesobjekt nicht mehr sehen kann, rapid ansteigt und das Kind in einen Erregungszustand versetzt. Es sieht dann, wie Freud sagte, aus, als ob das Kind sozusagen mit dieser Sehnsuchtserregung noch nichts Besseres anzufangen wüßte, als sie in Angst zu verwandeln[3]. Darauf, was das heißen könnte, und auf die Beziehung dieser Sehnsucht zur alibidinösen Realgefahr der Hilflosigkeit werden wir noch später zurückkommen. Deutlicher ist die Triebbeziehung bei der Tierangst. Das Kind ist nicht so hochmütig wie der Erwachsene, der einen wesentlichen Unterschied zwischen Tier und Mensch sehen will; es kann sich Menschen in Tierform vorstellen und tut dies bei den Tierphobien regelmäßig[4]. Die Analyse kann nachweisen, daß die gefürchteten Tiere in entstellter Form einen Menschen, meist den Vater, darstellen. Der Vater als Tier (in einer Maske, als Dämon) hat dabei den Beigeschmack des Unheimlichen; er bedeutet, wie wir von der Traumanalyse her wissen, den leidenschaftlich erregten Vater, den Vater als Sexualwesen perzipiert. Das gefürchtete Tier ist eine Ersatzvorstellung für die in bestimmten Zusammenhängen anstößige Figur des Vaters, „die einerseits assoziativ mit der abgewiesenen Vorstellung zusammenhängt, andrerseits durch die Entfernung von ihr der Verdrängung entzogen ist" (Verschiebungsersatz[5]). Die

2) Freud: Vorlesungen (Ges. Schr., Bd. VII, S. 422).

3) Freud: Hemmung, Symptom und Angst (Ges. Schr., Bd. XI, S. 77).

4) Freud: Die infantile Wiederkehr des Totemismus (Ges. Schr., Bd. X).

5) Freud: Das Unbewußte (Ges. Schr., Bd. V, S. 497).

erste eingehend analysierte Tierphobie eines Kindes, die des kleinen Hans[6], zeigte als wesentlichen unbewußten Inhalt der Neurose genau so den Ödipuskomplex, wie wir es für die Hysterie gefunden haben. Komplizierter wird die unbewußte Sachlage (und auch das ist nicht anders als bei der Konversionshysterie) durch die menschliche Bisexualität, durch den Umstand, daß es auch den „umgekehrten Ödipuskomplex" gibt, die Liebe zum gleichgeschlechtlichen Elternteil und den Eifersuchtshaß gegenüber dem gegengeschlechtlichen, der ebenfalls seinen Ausdruck in einer Angsthysterie finden kann, wie Freud in seinem zweiten publizierten Fall einer kindlichen Phobie (Wolfsmann)[7] gezeigt hat.

Das wesentliche Spezialproblem muß nun sein: Was ist dabei die Angst? Das Konversionssymptom konnten wir auffassen als Durchbruch des verdrängten Ödipuskomplexes, gefärbt durch Rücksichtnahme auf die verdrängenden Kräfte. Gilt eine solche Auffassung auch für die Angstsymptome?

Früher meinte Freud, die unterdrückte sexuelle Erregung (der Ödipuswunsch) nehme durch die Unterdrückung von selbst die Form der Angst an. Die Verdrängung wandle gleichsam Libido in Angst, das Angstsymptom wäre dann der entstellte durchbrechende Trieb[8]; problematisch bliebe, wieso es neurotische Symptome ohne Angst geben kann. Deskriptiv spricht vieles für eine solche Auffassung: Das Kind, das „mit der Sehnsucht nichts besseres anzufangen weiß", scheint ja die Illustration dafür, wie sich die durch Abwesenheit des Objektes zur Unterdrückung gezwungene Libido automatisch in Angst wandelt. Auf das in dieser Hinsicht illustrative Material der mit Angst einhergehenden Aktualneurosen kommen wir später zu sprechen. Aber zunächst scheint, psychologisch gesehen, ein anderer Sachverhalt viel leichter verständlich. Die Angst brauchte nicht aus der Verdrängung der Libido hervorzugehen, wenn sie vielmehr präexistente Ursache der Verdrängung wäre; und das Kind in der Ödipussituation hat ja allen Grund sich zu fürchten. Es muß ja die Strafe oder den Liebesentzug fürchten, die es bedrohen, wenn es seine Sexualwünsche befriedigen wollte[9]. Bekanntlich wird diese Strafe besonders vom Knaben, einer Urphantasie folgend, als drohende Kastration aufgefaßt. Wir sagten bereits, daß das Mädchen analoge Genitalbeschädigungsängste hat, teils von der Art, der riesengroße Penis des Vaters müßte, wenn ihre Sehnsucht in Erfüllung ginge, den eigenen Körper zerreißen, teils aber auch von der dem Knaben analogeren Art, es könnte etwas abgeschnitten werden; weiters droht

---

6) Freud: Analyse der Phobie eines fünfjährigen Knaben (Ges. Schr. Bd. VIII).

7) Freud: Aus der Geschichte einer infantilen Neurose (Ges. Schr. Bd. VIII).

8) Siehe z. B. Freud: Vorlesungen zur Einführung in die Psychoanalyse (Ges. Schr. Bd. VII. Vorlesung XXV).

9) Freud: Hemmung, Symptom und Angst (Ges. Schr. Bd. XI. S. 41).

beiden Geschlechtern die Gefahr des Liebesverlustes. Diese Ängste zwingen das Kind, die gefährlichen Triebe zu verdrängen. Und wenn nun bei der Phobie in jeder Versuchungssituation ein Angstanfall auftritt, so kann das wohl als eine Art von Warnung aufgefaßt werden, die das Ich erteilt: Wenn du dem mobilisierten Trieb nachgibst, wird das Schreckliche geschehen. So gibt das Ich gleichsam, wie Freud es nennt[10], ein „Signal", mit dem es den Vorgang der Verdrängung einleitet. Diese Angstbildung steht also offenbar den verdrängenden Mächten als spezifischer Mechanismus zur Verfügung. Genau so wie das Ich auf eine äußere Gefahr mit Angst reagiert, kann es sich der Angst als eines Signales bedienen, wenn es (es hat ja die Funktion der inneren Wahrnehmung) an den veränderten inneren Spannungen das Wirksamwerden verpönter Triebregungen, die es für gefährlich hält, verspürt. So scheint die Angst als vom Ich abgegebenes Signal die primitivste neurotische Symptombildung, allerdings nach dieser Auffassung eine, die nur den triebabwehrenden Kräften Ausdruck verleiht; die „Wiederkehr des Verdrängten aus der Verdrängung" wäre ja dann in der Angst nicht enthalten.

Aber auch das kann nicht so ganz stimmen. Freud hat darauf aufmerksam gemacht, wie die in einer Gefahrsituation auftretende Angst eigentlich aus zwei Komponenten besteht, einer zweckmäßigen, der erhöhten Abwehrbereitschaft, und einer höchst unzweckmäßigen, dem eigentlichen Angstaffekt, der ja häufig genug durch die mit ihm verbundene Lähmung die zweckmäßige motorische Reaktion vereitelt oder erschwert[11]. Es wäre, vom Standpunkt des rationalen Ichs aus gesehen, sowohl in der Situation der Realgefahr besser nur zu fliehen oder abzuwehren, ohne ein Angsterlebnis zu haben, als auch im Falle der für gefährlich gehaltenen Triebregungen nur zu verdrängen, ohne ein Angsterlebnis zu haben. Die rationale Verwendung der Angst als Signal mag wohl Angelegenheit des Ichs sein; daß das Ich sich aber gerade der Angst und keines zweckmäßigeren Mittels dazu bedient, das muß ihm von einer fremden Macht aufgezwungen sein, die ihm keine anderen Mittel zur Verfügung stellt. Diese außerhalb des Ichs gelegene Macht ist die „historische Reaktionsbasis" aller Lebewesen, ist der Niederschlag vergangener Erlebnisse, dem man nicht ausweichen kann. Die Analyse faßt die Affekte analog den hysterischen Anfällen als entstellte Reminiszenzen auf; ihre unzweckmäßigen somatischen Reaktionen als solche, die in einer historischen Situation einmal zweckmäßig gewesen und nun nach Art bedingter Reflexe „fixiert" sind. Sie treten automatisch auf bei Anlässen, die an die ursprüngliche „traumatische" Situation erinnern, was die archaische Koppelung gewisser Vorstellungen und

---

10) Freud: Hemmung, Symptom und Angst (Ges. Schr. Bd. XI. S. 65 ff).

11) Freud: Vorlesungen zur Einführung in die Psychoanalyse (Ges. Schr. Bd. VII. S. 409).

spezifischer Körperinnervationen (Abfuhrvorgänge) in den Affekten erklärt. Freud schlug vor, für den Angstaffekt das Erlebnis der Geburt als solches vorbildliches Trauma aufzufassen[12]. Die Geburt kann sich dem Kinde subjektiv nur als Anwachsen der Bedürfnisspannung bemerkbar machen. Die Reaktion darauf, „die erste Angst" müßte physiologisch zweckmäßig gewesen sein. „Die Richtung der Innervation auf die Atmungsorgane hat die Tätigkeit der Lungen vorbereitet", während „die Beschleunigung des Herzschlages gegen die Vergiftung des Blutes arbeiten" soll (Freud)[13].

In der Folge, müssen wir annehmen, setzte sich bei analogen Voraussetzungen die analoge, jetzt nicht mehr zweckmäßige Reaktion automatisch durch. Im Zustand maximaler Bedürfnisspannung („traumatische Situation") stellt sich beim kleinen Kinde automatisch Angst ein („Es-Angst"). — Der nächste Fortschritt ist nun gegeben, sobald das sich differenzierende Ich zwischen einer solchen traumatischen Situation und einer „Gefahrsituation", d. h. einer Situation, die eventuell zu einer traumatischen werden könnte, zu unterscheiden vermag. Z. B. ist der Hunger eine traumatische Situation, das Alleinsein des Säuglings eine Gefahrsituation, denn er könnte ja Hunger bekommen, und dann wäre niemand da, um ihn zu stillen. Wenn nun das Kind, das bereits imstande ist, eine Gefahr als solche zu erkennen, auf sie ebenfalls mit Angst reagiert, so nimmt es damit gleichsam die realiter noch nicht eingetroffene Situation vorweg; es benimmt sich so, als ob die traumatische Situation da wäre, ja, als ob es sich sagen wollte: Nimm dich in acht! Es könnte eine traumatische Situation eintreten! Denk daran, wie unangenehm das wäre!

Wenn nun z. B. das angstvolle Schreien des Kindes die ersehnte Person herbeiführt, so hat das Kind die Erfahrung gemacht: Wenn man sich an die Möglichkeit einer traumatischen Situation rechtzeitig erinnert, wenn man vorwegnehmend ein Stück des schrecklichen Erlebnisses dieser Situation, der Angst, mitmacht, so kann man dadurch das Eintreten der Situation vermeiden. Was als Es-Angst automatischer Vorgang auf historischer Basis war, wird nun vom Ich zweckmäßig ins Werk gesetztes Signal (Ich-Angst). Mögen nun die ältesten Formen der Einsamkeits- oder Dunkelheitsangst bei kleinen Kindern noch automatische Es-Angst sein, (wir werden später bei den Aktualneurosen und bei manchen traumatischen Neurosen noch Beispiele vom Auftreten solcher Es-Angst auch beim Erwachsenen kennen lernen), so ist doch zweifellos die Angst der eigentlichen Phobien Ich-Angst (Angst vor Liebesverlust und Kastration). Das Ich und die ihm zugehörigen verdrängenden

---

12) Freud: Vorlesungen zur Einführung in die Psychoanalyse (Ges. Schr. Bd. VII. S. 411).

13) Freud: Hemmung, Symptom und Angst (Ges. Schr. Bd. XI. S. 75).

Kräfte bedienen sich dabei zweckmäßig des Komplexes der Angst, der aber als solcher ihnen vom Es unzweckmäßig geliefert wird. Insofern die Angst ihrem letzten Ursprung nach also Ausdruck der gegebenen Bedürfnisspannung ist, ist auch das Symptom der Angsthysterie, der deutlich zu Tage tretende Ausdruck des Verdrängungsmotives, gleichzeitig Ausdruck der libidinösen Kräfte selbst. Ja, es ist wahrscheinlich, daß ein gutes Stück der alten Auffassung, wonach Angst automatisch aus unterdrückter Libido entsteht, insofern aufrecht erhalten werden muß, als das Ich die Energie zur Entwicklung des Angstsignals gerade der Energie des zu unterdrückenden Triebes entnehmen dürfte, worauf aber hier nicht näher eingegangen werden kann. Und so können wir auch für die Angsthysterie die Formel gelten lassen: In den Symptomen setzt sich der verdrängte Trieb gegen die Verdrängung durch.

Manche Angstsymptome können durch die Entwicklung einer entsprechenden Phobie (Vermeidung der zu Angst führenden Wahrnehmungen) wirklich vermieden werden und die Krankheit kann dadurch um den Preis einer gewissen Einschränkung der Freiheit des Ichs zum Stillstand kommen. Ob das geschieht oder nicht, hängt davon ab, ob die Verwandlung der Triebgefahr in eine Wahrnehmungsgefahr vollständig gelang oder nicht. Bei einem Ansteigen der Trieberregung genügt die bisherige „Projektion" nicht mehr. Für schwerere Fälle, insbesondere für die Angsthysterie des Erwachsenen ist es deshalb meist charakteristisch, daß die phobischen Bedingungen langsamer oder schneller an Umfang zunehmen. Konnte man zuerst einen bestimmten Platz nicht überschreiten, so kann man schon nach einiger Zeit überhaupt nicht mehr über freie Plätze, später gar nicht mehr ins Freie und schließlich auch nicht ohne Begleitung aus einem Zimmer in das andere gehen u. dgl. Dieses Anwachsen des „phobischen Vorbaus" ist unschwer zu erklären. Die Gefahr, der in der Phobie ausgewichen werden soll, ist ja die Versuchung, letzten Endes die eigenen infantil-sexuellen Triebe, der Ödipuskomplex. Durch Ausschaltung der äußeren Gelegenheiten wird die Triebregung, bezw. die Möglichkeit ihres Anwachsens nicht ausgeschaltet. Sie wirkt weiter und erzwingt dadurch die immer weitere Zunahme der Phobie[14].

Die alte Auffassung Freuds, daß der Phobiker eine innere Gefahr nach außen projiziere, da er in paradoxer und deshalb wirkungsloser Weise seinem gefährlichen Trieb auszuweichen sucht, indem er bestimmten äußeren Bedingungen ausweicht, also eine innere Gefahr für eine äußere hält[15], besteht zu Recht, auch wenn er später ergänzend hinzufügte, daß letzten Endes diese innere Gefahr ebenfalls eine äußere ist, insofern ja nicht die Triebhandlung als solche, sondern ihre äußeren Folgen (Liebesverlust und Kastration) ge-

---

14) Freud: Das Unbewußte (Ges. Schr. Bd. V. S. 498 f).
15) Freud: Die Verdrängung (Ges. Schr. Bd. V. S. 475).

fürchtet werden[16]. Freilich flieht der Phobiker letzten Endes vor den kastrierenden Eltern, aber er flieht ja doch auch vor seinem eigenen Triebe, da ja die äußere Gefahr der Kastration davon abhängt, wie er sich in triebmäßiger Beziehung benimmt. Und deshalb erscheint uns die primitive Formulierung richtig: Das Ich des Angsthysterikers ergreift vor den anstößigen Trieben die Flucht. Dazu stimmt, was wir über die primitive Natur der Angsthysterie im Vergleich zur Konversionshysterie sagten. Das Ich kann noch keine andere kompliziertere Abwehr ins Werk setzen; es kann nur sich ängstigen und fliehen; ja, typischerweise kann es nicht einmal das, denn das Anwachsen des phobischen Vorbaues bedeutet ja das Mißlingen des Fluchtversuches.

Der typische Angsthysteriker hat nun allerdings nicht nur Angst entwickelt und wieder abgewehrt, sondern mehr geleistet als das: Er weiß von seinem Ödipuskomplex ebenso wenig wie der Konversionshysteriker und hat an Stelle der anstößigen Triebregungen eine Reihe Ersatzbildungen in seinem Bewußtsein, die sich analytisch wie das Konversionssymptom als entstellter Ersatz dafür erweisen. Es wäre nicht richtig, zu sagen, die Angsthysterie produziere, statt zu verdrängen, Angst; ihre Angst leitet eine mächtige Verdrängungsleistung ein. Allerdings bleiben die vom Verdrängten produzierten Ersatzbildungen mit der ursprünglichen Angst verbunden.

Als solcher Entstellungsersatz der anstößigen Triebregungen, letzten Endes des Ödipuskomplexes, bieten sich zunächst die Angst i n h a l t e an. Die Analyse kann in ihnen sowohl den ursprünglichen unbewußten Angstinhalt als auch den unbewußten Triebinhalt, durch den jener hervorgerufen wurde, nachweisen. Klassische Beispiele hierfür sind die Analysen des kleinen Hans[17] und des Wolfsmannes[18]. Beide Kinder fürchten, gebissen oder gefressen zu werden. Daß sie auch das nicht klar wissen, daß Phobien so häufig einen ganz unbestimmten, nebelhaften Inhalt haben, der an die Unklarheit manifester Träume erinnert, und daß es oft eines guten Stücks Analysenarbeit bedarf, bis man genau angeben kann, wovor der Kranke sich fürchtet, oder, daß dieser Angstinhalt zwar einmal klar und bestimmt war, aber im Laufe der Entwicklung der Neurose sich änderte, immer umfangreicher und unbestimmter wurde, ist die Folge des selbstverständlichen Umstandes, daß der Verdrängungskampf durch die erste Symptombildung nicht erledigt ist, sondern gegen das Symptom als gegen den Abkömmling des Verdrängten, wie wir es für die Konversionshysterie bereits dargelegt haben, noch weiter wütet. Hier

---

16) F r e u d: Hemmung, Symptom und Angst (Ges. Schr. Bd. XI. S. *66* f).

17) F r e u d: Analyse der Phobie eines fünfjährigen Knaben (Ges. Schr. Bd. VIII).

18) F r e u d: Aus der Geschichte einer infantilen Neurose (Ges. Schr. Bd. VIII).

schon gilt, was bei der Zwangsneurose von kardinaler Bedeutung werden wird: Den Schlüssel zum Verständnis eines langdauernden komplizierten oder unbestimmten Symptoms gibt seine historische Reduzierung, die Entdeckung des Umstandes, wann, unter welchen Umständen und in welcher Form das Symptom zum ersten Male aufgetreten ist. — Beim kleinen Hans überwiegt die unbewußte Angstbedeutung: Gebissenwerden bedeutet in regressiv-oraler Sprache ausgedrückt: Kastriertwerden.

Ein Patient, der Angst hat, von Hunden gebissen zu werden, entdeckt eines Tages zu seinem eigenen Erstaunen, daß diese Angst eigentlich ihrem Körpergefühl nach deutlich in den Genitalien sitzt, also den unbewußten Inhalt hat, ins Genitale gebissen zu werden.

Beim Wolfsmann, der mehr feminin eingestellt war und einen negativen Ödipuskomplex entwickelt hatte, überwog die Triebbedeutung: Vom Vater Gefressenwerden war der regressiv-orale Ausdruck für den Wunsch, vom Vater koitiert zu werden.

Es muß zugegeben werden, daß die Angst, vom Vater oder von der Mutter gefressen zu werden, an und für sich eine archaische unbewußte Angstvorstellung ist, die offenbar den oralen Trieben zugeordnet ist, — wie die Angst, kastriert zu werden, den genitalen. Es verhält sich bei der Angst, gefressen zu werden, wohl nicht anders, als wie wir es für den Penisneid angenommen haben[19]. In der Praxis mag häufig diese Angst viel oberflächlicher sein als die tief verdrängte vor der Kastration, für die sie nur ein entstellter Ausdruck ist. Aber diese Entstellung bedient sich regressiver Formen und braucht nicht auszuschließen, daß es eine primitive orale Angst gibt, die unabhängig ist vom Ödipuskomplex und älter als dieser. In späterer Entwicklung gibt es überdies häufig Angsterscheinungen, die Elemente des Gefressenwerdens und des Kastriertwerdens mit einander vermengen; hierher gehören die interessanten Phantasien von der „fressenden Vagina dentata", die bei beiden Geschlechtern vorkommt, und die von der „intrauterinen Kastration"[20].

Die Ersetzung der Vorstellung des Kastriertwerdens durch die des Gebissenwerdens bietet die gleichen Vorteile wie jede Verdrängung: Die anstößige Vorstellung wird vermieden. Den gleichen Vorteil bringt die Ersetzung des gefürchteten Kastrators, also meistens des Vaters, seltener der Mutter, durch ein Tier. Da man, was einen bedroht, haßt, entgeht man, wenn man sich nicht mehr vom Vater, sondern vom Pferd bedroht fühlt, Haßregungen gegenüber dem Vater. So bietet diese Entstellung eine Lösung aus dem Ambivalenzkonflikt: Man kann den Vater, den man gleichzeitig haßt und liebt, nunmehr rein lieben, während aller Haß auf das böse Pferd verschoben ist. Mit Recht macht Freud darauf aufmerksam, daß man außerdem mit dem Vater täglich

19) Vgl. Fenichel: Zur Angst vor dem Gefressenwerden. Int. Z. f. Ps.-A. XIV (1928).

20) Siehe Fenichel: Zur Angst vor dem Gefressenwerden. Int. Z. f. Ps.-A. XIV (1928).

beisammen sein muß, während man dem drohenden Pferde leicht entgehen kann, indem man die Straße vermeidet, ja, dem Wolf noch viel leichter, indem man die Seite des Bilderbuches, auf der er abgebildet ist, nicht mehr aufschlägt[21].

Man kann so formulieren: Das Charakteristische des phobischen Mechanismus ist, daß es ihm gelingt, den Triebkonflikt in eine Angst vor bestimmten äußeren Wahrnehmungen zu verwandeln. Von der „inneren Angst" des Zwangsneurotikers ist keine Rede.

Der Umstand, daß der Wolfsmann seine Phobie anläßlich einer frühkindlichen „Urszene", einer Beobachtung des elterlichen Geschlechtsverkehrs erworben hat, ist ebenfalls kein seltsam-individueller Zug, sondern hat typische Bedeutung. Das Erlebnis einer Urszene setzt im Kinde jedenfalls gleichzeitig höchste Sexualerregung, also eine „übermächtige Bedürfnisspannung", je nach dem Alter des Kindes verschiedenen Inhalts — und die Überzeugung von der Gefährlichkeit der Sexualbefriedigung, sei es durch das sadistische Mißverständnis des Aktes, sei es durch den Anblick des „kastrierten" weiblichen Genitales. Inhalt, Grad und Zeitpunkt der Wirkung eines solchen Erlebnisses variieren naturgemäß seinen Details entsprechend; was das Kind wahrnehmen, was davon es verarbeiten kann, und in welche seelischen Zusammenhänge es eingeordnet wird, ob Verarbeitung und Einordnung sofort erfolgen oder später, all das ist von den individuellen Faktoren abhängig. (Identifizierungen mit dem gegen- oder gleichgeschlechtlichen Elternteil, Fixierung auf der gerade akuten Organisationsstufe der Libido, spezielle Färbung des Ödipuskomplexes.) Immer aber handelt es sich um die gleichzeitige maßlose Steigerung der Erregung und der Angst. Deshalb ist eine „Urszene" besonders geeignet, die Begriffe „Sexualbefriedigung" (Ödipusbefriedigung) und „Gefahr" (Kastration) miteinander zu koppeln, so daß bei späterer Versuchungssituation ein „Angstsignal" gegeben werden muß. Bekanntlich sind im Schlaf die hemmenden Kräfte herabgesetzt (Traum), beim Einschlafen die Onanieversuchung am größten. Besondere Neigung zu Angstträumen und zu Pavor nocturnus bei Kindern schließt sich deshalb so häufig an Urszenenerlebnisse an (was nicht nur Analyse, sondern auch direkte Kinderbeobachtung bestätigt)[22]. Eine wirkliche Urszene kann psychisch äquivalent vertreten werden durch Koitusbeobachtungen an Tieren, durch den Anblick der Genitalien Erwachsener, besonders (und zwar bei beiden Geschlechtern) von Frauen, insbesondere wenn andere, objektiv harmlose Szenen wie Streitszenen oder dgl. die Übertragung solcher Erlebnisse

---

21) Freud: Hemmung, Symptom und Angst (Ges. Schr. Bd. XI. S. 66) und Das Unbewußte (Ges. Schr. Bd. V. S. 498 ff).

22) Siehe z. B. „Die Entstehung von Pavor nocturnus bei einem Kinde. Von einer Mutter." Z. f. ps.-a. Päd. I. 6.

auf die Eltern erleichtern. Freud hat darauf hingewiesen, daß die Idee von der Belauschung des elterlichen Koitus ebenso wie die von der Kastration zu den „Urphantasien" gehört, die, wo sie nicht wirklich erlebt, mit allen möglichen Wirklichkeitsstützen durch Phantasie ersetzt werden[23]. Es scheint, daß ihr wirkliches Erleben zu Angstreaktionen prädestiniere, so daß es bei Angsthysterien häufiger nachzuweisen ist als etwa bei Konversionshysterien, obwohl es natürlich auch dort vorkommt (Hysterie mit Augensymptomen. Über die Bedeutung der „Urszene" für die Zwangsneurose später). Wenn wir sagten, der unbewußte Inhalt der Angsthysterie sei stets der Ödipuskomplex, so ist das zu ergänzen, nicht nur in dem Sinne, daß sich alle die bei der Konversionshysterie besprochenen Mittelglieder zwischen Ödipuswunsch und Symptom auch hier einschieben, sondern in dem, daß jener auffallend häufig (aber nicht immer) durch Urszenenerlebnisse oder -phantasien repräsentiert ist. Von besonderer Bedeutung gerade für Angsthysterien scheint dabei eine mit solchen Erlebnissen gegebene Verstärkung bezw. Fixierung der leider noch so wenig erforschten Gleichgewichtserotik.

Die Angstinhalte, die bei Angsthysterikern vorkommen können, sind außerordentlich mannigfaltig. Bekanntlich hat die voranalytische Psychiatrie eine Unmenge lateinischer Namen für die verschiedenen Phobien gebildet. In der Analyse erweisen sich schließlich alle Angstanlässe entweder als Versuchungssituationen für den zu unterdrückenden gefürchteten Trieb — wozu auch die Libidostauung nach Unterdrückung gewohnter Abfuhr (der Onanie) zu rechnen wäre — oder als Anspielungen auf die vermeintliche Gefahr, die drohen würde, gäbe man dem Triebe nach; am häufigsten sind sie beides zugleich, wie wir es bei den Tierphobien gesehen haben.

Gelegentlich ist die Angst begründet in heftigen gegen das eigene Ich wütenden Strebungen, die ihren Ursprung in einem von Objekten abgewendeten sadistischen Impuls haben — und Todesangst tritt bei allen Anlässen auf, bei denen ein anderer Mensch Wut produzieren würde, dies am häufigsten bei partiell zum Sadismus regredierten Formen, also am ehesten bei mit Zwangsneurose kombinierten Fällen. Es gibt viele Angsthysterien, die eine relativ sehr starke Beteiligung gewaltsam zerstörerischer Tendenzen erkennen lassen, oft über die Brücke Schauen = Fressen.

Nicht alle Tierphobien sind nach dem Muster der beiden von Freud untersuchten Fälle gebaut. So schien ein lehrreicher Fall von Helene Deutsch einfacher konstruiert: Ein unbewußt passiv-femininer Junge fürchtete Hennen, weil diese ihn an seine libidinösen Wünsche und die

23) Freud: Vorlesungen zur Einführung in die Psychoanalyse (Ges. Schr. Bd. VII. S. 385 ff).

damit verbundene Kastrationsgefahr erinnerten. Es lag scheinbar eine einfache Projektion des ganzen inneren Triebkonfliktes auf ein vermeidbares Objekt der äußeren Wahrnehmungen, auf ein Tier vor[24].

Die Straßenangst ist in der Regel Angst vor der sexuellen Versuchung, die auf der Straße lauert; die Angst vor dem Alleinsein Angst vor der Versuchung zur Onanie, die Angst, überfahren zu werden oder von einer Höhe herabzustürzen, gleichzeitig Ausdruck der Kastrationsbefürchtungen und der durch diese Befürchtungen bedrohten (feminin-masochistischen) sexuellen Wünsche.

Die so häufige Infektionsangst entpuppt sich in oberster Schicht als rationalisierte Kastrationsangst (Geschlechtskrankheit als reale die Sexualbefriedigung bedrohende Gefahr); in zweiter Schicht als feminine Wunscherfüllung (Infektion = Schwängerung), in tiefster als Ausdruck von prägenitalen Introjektions- bezw. Einverleibungsphantasien (Bazillen = introjiziertes Objekt).

Der sehr archaischen „Berührungsangst" scheint kein typischer spezieller Inhalt zu entsprechen. Oft ist sie die manifeste Erscheinungsform einer „Infektionsangst". Freud machte darauf aufmerksam, daß es keine anstößige Triebregung gibt, deren Ziel nicht eine Berührung eines Objektes darstellt, sei es die aggressive, sinnliche oder zärtliche Annäherung an eine andere Person, sei es die autoerotische an den eigenen Körper[25]. Die Gegenstände, die ein Phobiker nicht berühren darf, repräsentieren ihm also entweder diesen oder jene. Besonders häufig wird einer Angst vor der Onanie solche Form gegeben.

„Etwas Berühren" heißt für solche Menschen „das Genitale berühren" und die Berührungsängste beziehen sich zunächst auf Gegenstände mit genitalsymbolischer Bedeutung. Die leichteste und verbreitetste Form dieser Berührungsphobie bleibt auch auf die Onanie beschränkt: Es handelt sich um Menschen, die das infantile Onanieverbot, das ja häufig auch den Wortlaut hat, „fass' nicht hin!" als bloßes Berührungsverbot perzipiert haben oder in „trotzigem Gehorsam" perzipieren wollten — und die eine Scheu entwickelten, das eigene (oder ein fremdes) Genitale mit den Händen zu berühren, während andere, entstelltere Onaniearten (Körperbewegungen in Bauchlage, Schenkelzusammenpressen usw.) bewußt oder unbewußt geübt werden. Nicht selten hat ein so abgewehrter Onaniewunsch selbst vorher sich regressiv verändert, so daß analerotische Beschmutzungswünsche durch die Phobie abgewehrt erscheinen. Das dokumentiert sich gelegentlich manifest, wenn eben für schmutzig gehaltene Gegenstände dieses Umstandes halber nicht berührt werden dürfen (Türklinken, alles, was mit Closett oder Reinhaltung des Körpers zu

---

24) Helene Deutsch: Psychoanalyse der Neurosen S. 101—115.

25) Freud: Hemmung, Symptom und Angst (Ges. Schr. Bd. XI. S. 62).

tun hat usw.). Solche Phobien finden sich, der Regression entsprechend, oft mit Zwangsneurosen kombiniert.

Wird die Angst vor der drohenden zu der vor der bereits erfolgten Infektion, so kommen wir in ein Gebiet, wo — abgesehen von einfachen Fällen wie Syphilophobie u. dgl. — die angsthysterische Vorstellung in die Wahnidee übergeht, etwa in hypochondrische Ideen, von Bakterien oder von innen her zehrenden Krebszellen aufgefressen zu werden, und in Vergiftungsängste. Solche Befürchtungen sind noch auf dem Boden der Angsthysterie möglich und entsprechen dann verstärkten Infektionsängsten, den unbewußten Triebkonflikten um Kastration und Schwängerung. Die hier meist bedeutungsvollere tiefste Schicht, die wir oben nannten, die Introjektions-, bezw. Einverleibungsphantasien, werden erst im Zusammenhang von Hypochondrie und manisch-depressivem Erscheinungskreis ganz verständlich.

Die Infektions- und Berührungsängste geben ein besonders gutes Objekt zum Studium der magischen Denkart ab; sie sind das individuelle Gegenstück zu dem, was die Ethnologen „kontagiöse Magie" nennen[26]. Dem entspricht, daß sie in tiefster Schicht das prägenitale Triebziel der Objekteinverleibung abwehren bezw. darstellen und entsprechend auch prägenitaler (analsadistischer und narzißtischer) gefärbt sind als andere Phobien. Ebenso scheint die Klaustrophobie typischerweise gleichzeitig Erinnerungen an infantilsexuelle Betätigungen und an in der Kinderzeit erlittene Strafen, die auf die Kastration anspielen, zu enthalten.

Der Versuchungscharakter der Angstanlässe wird vielleicht am deutlichsten bei den von Ferenczi so genannten „Sonntagsneurosen"[27], bei Menschen, die stets Sonntags Angst (oder Depressionen) bekommen: Es ist der Tag, an dem die Triebbefriedigung näher steht als sonst. — Bei diffusen Angstanfällen weist die Analyse ebenfalls Versuchung oder Bedrohung als Anlässe auf. Freilich muß man den Begriff „Versuchung" weit genug nehmen. Wie bei der Konversionshysterie stößt man auch hier vor dem Ödipuskomplex auf die aus allen möglichen Partialtrieben bestehenden „Zwischengebilde". Auch diese Zwischengebilde sind nicht willkürliche, sondern für bestimmte Typen von Angsthysterien sehr charakteristische. So erwähnten wir die Rolle, die der (konstitutionell oder akzidentell) erhöhten Analerotik für die Infektions- und Berührungsangst zukommt. — Für die Straßenangst hat vielfach das Gehen auf der Straße sexuelle Bedeutung angenommen, was eine Erhöhung der die Lokomotion begleitenden Muskel- und Gleichgewichtserotik voraussetzt, die bei diesen Fällen auch regelmäßig, häufig als Fixierung

26) Siehe z. B. Roheim: Das Selbst. Imago VII. (1921).

27) Ferenczi: Sonntagsneurosen. Int. Z. f. Ps.-A. V. (1919). (Auch in „Bausteine zur Psychoanalyse", Bd. II. S. 178 ff.).

an die Zeit des Gehenlernens nachzuweisen ist, worauf Abraham als erster aufmerksam gemacht hat[28].

Ich selbst konnte einmal einen Fall beschreiben, dessen Anfälle von Straßenangst mit der Sensation begannen, die Beine würden ihm weggezogen oder liefen ihm weg. Die Analyse ergab, daß ein tief wirkendes Onanieverbot mit der Zeit des Gehenlernens zusammengefallen war, das der kleine Junge mit größtem Genuß und höchstem narzißtischem Stolz betrieb. Die Beine und ihre Funktion übernahmen die unterbundene Funktion des Penis. Spätere Steigerung der alten Konflikte ließ dann die dem Penis geltende Kastrationsangst auch auf dem neuen Gebiete erscheinen in Form der Angst, er verlöre die Beine. Dies war die Grundlage seiner Agoraphobie[29].

Wir erwähnten schon die typische starke Beteiligung der Gleichgewichtserotik. Eine andere Voraussetzung der Verschiebung der Sexualsensationen auf das Gehen auf der Straße, noch deutlicher bei den Phobien, die die Öffentlichkeit fürchten, sei es das eigene Auftreten vor derselben (Lampenfieber) oder jede Ansammlung vieler Menschen schlechthin, ist die (wieder konstitutionelle oder akzidentelle) Erhöhung und Abwehr der Exhibitionslust.

Die Angstanfälle einer Patientin hatten unverkennbar den unbewußten Zweck, allen Vorübergehenden in Schwäche und Hilflosigkeit aufzufallen. Die Analyse wies als unbewußtes Motiv dieser Exhibition eine gegen das eigene Ich gewendete ursprünglich gegen die Mutter gerichtete Aggression auf. „Seht alle her", rief sie gleichsam mit ihrer Angst, „so hilflos (d. h. penislos) läßt meine Mutter mich in die Welt hinaus!" Die Exhibition selbst hatte einen phantasierten Penis zum Inhalt, das Wissen um dessen fiktive Natur bewirkte das Umschlagen der Perversion in Angst.

Daß hier der Kastrationskomplex wesentlich beteiligt war, ist kein Zufall. Manche solcher Angsthysterien sind im wahren Sinn Negative einer Perversion. Sie weisen die gleiche Psychogenese auf wie echte Perversionen (Verschiebung der Gesamtsexualität auf einen Partialtrieb zum Zwecke der Erledigung der wichtigsten infantilen Sexualkonflikte, besonders der Überwindung der Kastrationsangst), nur daß die Absicht der Verschiebung mißglückt, die perverse Neigung selbst verdrängt werden muß und die Angstentwicklung nicht vermieden werden kann.

Bei der typischen Straßenangst scheint außerdem die vom Kranken geforderte schützende Begleitperson von tieferer Bedeutung zu sein als man zuerst annahm. Zunächst scheint ihre Funktion auf der Hand zu liegen: Sie schützt eben vor der Versuchung. Der Mann kann nicht fremde Frauen ansprechen, die Frau sich nicht ansprechen lassen, wenn sie in Begleitung des Ehepartners ausgeht. Der junge Mann, das junge Mädchen können nicht Abenteuer suchen, wenn sie von

---

28) Abraham: Über eine konstitutionelle Grundlage der lokomotorischen Angst. Int. Z. f. Ps.-A. II. (1913).

29) Fenichel: Über organlibidinöse Begleiterscheinungen der Triebabwehr. Int. Z. f. Ps.-A. XIV. (1928). S. 56.

einem der Eltern begleitet sind und dgl. mehr. Auch darauf, daß dabei zahlreiche sekundäre Sexualwünsche sich äußern, hat Freud schon früher aufmerksam gemacht[30]. Wenn ein Mädchen verlangt, daß ihre Mutter ständig mit ihr geht, so erreicht sie damit die Erfüllung der unbewußten Absicht, die Mutter vom Vater zu trennen. Der Zwang, der auf die Begleitperson ausgeübt wird, kann natürlich in entstellter Form alle möglichen feindseligen Impulse gegen diese befriedigen. Aber erst Helene Deutsch hat nachgewiesen, daß die Erscheinung der Begleitperson doch noch wesentlicher mit der Psychogenese der ganzen Krankheit verknüpft ist[31]. Nach ihr ist die Begleitperson der Ersatz für den im Ödipuskomplex gehaßten Elternteil. Der Zwang, den der Kranke auf ihn ausübt, ist ein Symptom, das gleichzeitig diesen Ödipushaß befriedigt und vor ihm schützt, da die Gelegenheit, sich von der wohlwollenden Fürsorge der Begleitperson zu überzeugen, die gegen sie gerichteten Haßimpulse herabzusetzen geeignet ist.

Helene Deutsch hat nachgewiesen, daß die typischen Agoraphoben in einer Beziehung trotz des genitalen Charakters ihrer unbewußten Konflikte dem Zwangsneurotiker schon nahestehen: Ihr Ambivalenzkonflikt ist schärfer ausgeprägt. Der Angst, es könnte dem Kranken auf der Straße etwas zustoßen, geht häufig die Angst voraus, einem ambivalent besetzten Objekt (dem im Ödipuskomplex gehaßten Elternteil) könnte etwas zustoßen. Die Voraussetzung der Wandlung dieser gelegentlich bewußten Vorstufe zur eigentlichen Platzangst sei die selbstbestrafende Identifizierung mit diesem unbewußt gehaßten Objekt. Wie bei den bei der Konversionshysterie besprochenen Identifizierungstypen wird auch hier das Schuldgefühl mitbefriedigt, indem durch eine Wendung gegen das Ich an Stelle eines schuldbeladenen Todes-(Kastrations)wunsches eine Todes-(Kastrations)angst tritt.

Ein Patient, der die „Wendung“ nicht durchgeführt hatte, der nicht für sich fürchtete, sondern seine Frau ans Haus fesselte, weil er fürchtete, ihr könnte, wenn sie ausgehe, etwas zustoßen, bestätigte die Ansichten von Helene Deutsch. In ihm war nämlich der negative, der feminine Ödipuskomplex zur Herrschaft gelangt, die Mutter, die durch die Ehefrau vertreten wurde, war ihm als Rivalin verhaßt, er wünschte ihr den Tod. Die unbewußte Absicht des neurotischen Ansinnens an die Frau, das Haus nicht zu verlassen, war, ihr die Möglichkeit zu sexuellen Abenteuern zu nehmen, eine hinter der Fassade zärtlicher Fürsorge versteckte leidenschaftliche Eifersucht. Diese aber war, wie so oft, homosexueller Natur, hatte den unbewußten Sinn: Nicht sie soll sexuelle Erlebnisse mit Männern haben, sondern ich.

Die in der Verschärfung der Ambivalenz, in der Erhöhung der ätiologischen Bedeutung des Hasses gelegene Verwandtschaft mit der Zwangsneurose bestätigt

---

30) Freud: Hemmung, Symptom und Angst. (Ges. Schr. Bd. XI. S. 67 ff).

31) Helene Deutsch: Zur Genese der Platzangst. Int. Z. f. Ps.-A. XIV. (1928).

sich durch das relativ häufige Vorkommen von Mischfällen. Außer auf die erwähnten akzidentellen Erhöhungen von Muskelerotik und Exhibitionismus hat Helene Deutsch auf eine unbewußte Entbindungsbedeutung der agoraphoben Angstanfälle aufmerksam gemacht[32].

Auf der Hand liegt, daß die angsthysterischen Erkrankungen des Erwachsenen gegenüber denen des Kindesalters überhaupt eine Menge sekundäre, zum Teil praktisch sehr belangvolle, aber für die Theorie der Krankheit relativ irrelevante Komplikationen erfahren, so vor allem die Regression in die Kinderzeit mit allen ihren sekundären Gewinnen: Der Agoraphobe ist ein Wesen geworden, das von einer Mutter behütet und beschützt werden muß, wie es seinerzeit in der Kindheit der Fall war.

Der gewiß bedeutsame Unterschied zwischen kindlichen Tierphobien und Angsthysterien des Erwachsenen scheint uns im wesentlichen in solchen, durch die ganze relative Kompliziertheit der erwachsenen Seele in das Bild hineingetragenen Komplikationen zu bestehen. Prinzipiell aber scheinen beide gleichartig gebaut; wenn das Ich durch Versuchung an die ihm bei einer Sexualhandlung drohende vermeintliche Gefahr erinnert wird, so bricht in beiden Fällen das von ihm abgegebene Angstsignal als lautes neurotisches Symptom durch, — und zur Vermeidung dieser Angst wird die Phobie ausgebildet. Alexander hat darauf aufmerksam gemacht, daß die besprochene Projektion, die darin liegt, daß die zu einer Gefahr gewordene innere Triebregung wie eine äußere Realgefahr behandelt wird, bei Erkrankungen des Kindesalters deutlicher zu Tage tritt als bei Erwachsenen[33].

Der kleine Hans fürchtet das Pferd und nicht mehr seine Mutterliebe oder seinen Vaterhaß. Die erwachsene agoraphobe Patientin aber, die nicht auf die Straße geht, weil das für sie die unbewußte Bedeutung erhalten hat, Prostituierte zu sein, tut nichts anderes, als was Menschen mit anderen Hemmungen ebenfalls tun, d. h. sie unterläßt die Ausführung sexualisierter Funktionen, ohne ihren Trieb „in die Straße“ zu projizieren. Uns scheint aber dieser Gegensatz, so richtig er ist, nicht wesentlich, denn auch bei dieser „Hemmung“ der Erwachsenen wird eine äußere Situation gemieden, um einer inneren Triebgefahr zu entgehen. Ja, in einem gewissen Sinn ist sogar die umgekehrte Formulierung ebenfalls richtig, daß die Kinder weniger projizieren als die erwachsenen Angsthysteriker; — insofern nämlich, als das Kind, dem seine Triebbetätigung nur deshalb eine Gefahr ist, weil es fürchtet, vom Vater kastriert zu werden, manifeste Angst vor dem Biß des Pferdes hat, also eine äußere Gefahr (Kastration) durch eine andere äußere (Biß) ersetzt hat, während beim Erwachsenen die Ka-

32) H. Deutsch: Psychoanalyse der Neurosen. S. 134 ff.
33) F. Alexander: Psychoanalyse der Gesamtpersönlichkeit. S. 154.

strationsangst längst introjiziert worden ist, so daß er mehr als das Kind eine eigentliche innere Gefahr, nämlich die Gewissensbisse, vermeidet, indem er der äußeren Situation ausweicht, die ihm Gewissensbisse verschaffen könnte. Beide Phobien leiden jedenfalls im Endresultat an Wahrnehmungsangst.

Bezüglich Indikation und Verlauf der Behandlung sind die Angsthysterien im allgemeinen den Konversionshysterien gleichzusetzen. Die Übertragungsfähigkeit ist hier wie dort ausgezeichnet; nur Formen, die mit Zwangssymptomen kombiniert auftreten und vielfach auch die unbewußten Mechanismen der Zwangsneurose aufweisen, geben eine diesem Umstand entsprechende schwerere Prognose (s. Kapitel Zwangsneurose).

Auf eine bei typischen Phobien nötige Modifikation der Technik hat Freud aufmerksam gemacht: Wenn das Gefüge der Neurose durch die Analyse entsprechend weit aufgelockert ist, muß aktives Eingreifen des Analytikers den Patienten zur ersten Überwindung der Phobie bewegen, ihn veranlassen, sich dem Angstanfalle auszusetzen, um dann die Analyse bis zum vollen Erfolg weiterführen zu können[34]. Die Prognose ist im allgemeinen eine günstige, und nur wenn besondere kontraindizierende Momente vorhanden sind, wird man nicht zur Analyse raten.

Müßig scheint es mir, an Hand der Angsthysterien eine Frage zu diskutieren, die Freud aufgeworfen hat[35], nämlich die, ob der Fund, daß manche Phobien im wesentlichen die Reaktion auf aggressive Tendenzen darstellen (der kleine Hans haßt unbewußt seinen Vater und fürchtet deshalb seine Gegenmaßnahmen; in der Agoraphobie ist oft der Haß gegen den gleichgeschlechtlichen Elternteil wesentlicher als die Liebe zum gegengeschlechtlichen), zu einer Revision der Behauptung führen müsse, daß die Neurosen stets auf einen Sexualkonflikt zurückgehen. Eine solche Frage hat nur Interesse für den, der den Gegensatz zwischen eigentlich sexuellen und aggressiven Trieben (Eros und Todestrieb) für überragend wichtig hält. Wir meinen, daß diese neuere Freudsche Triebeinteilung[36], so viel auch für sie spricht, eine ganze Reihe Unklarheiten theoretischer Natur übrig läßt oder schafft, daß vor allem der „Todestrieb" der exakt biologischen Fundierung, die sonst der „Trieb"begriff bei Freud hat, entbehrt, und daß die Tatsachen, die zu seiner Einführung bewogen haben, vielleicht zur Gänze von dem keine spezielle Triebart darstellenden, sondern jegliche Triebbetätigung beherrschenden „Nirwanaprinzip" erfaßt werden können[37]. Sei dem aber wie immer: Wir bemühten uns, die klinischen Sachverhalte darzustellen und dabei

34) Freud: Wege der psychoanalytischen Therapie (Ges. Schr. Bd. VI. S. 144).

35) Freud: Hemmung, Symptom und Angst (Ges. Schr. Bd. XI. S. 64 ff).

36) Freud: „Jenseits des Lustprinzips" und „Das Ich und das Es" (Ges. Schr. Bd. VI).

37) Vgl. zu dieser Frage Bernfeld und Feitelberg: Der Entropiesatz und der Todestrieb. Imago XVI (1930).

ohne triebtheoretische Festlegung in den allgemeinsten Fragen auszukommen. Und es scheint uns, daß das geht. Praktisch können wir jedenfalls die Formulierung vom Sexualgehalt aller Neurosen schon deshalb aufrecht erhalten, weil erstens in der sadomasochistischen Phase Aggression und Sexualität überhaupt nicht zu trennen sind, und zweitens, weil der pathogene Haß gegen den Vater uns immer in Form des Ödipuskomplexes, d. h. in Verbindung mit einer sexuellen Liebe zur Mutter, entgegentritt.

Es bleibt ein viel wichtigeres, aber leider theoretisch schwer lösbares Problem übrig, das der „Neurosenwahl" zwischen Konversionshysterie und Angsthysterie. Wenn die Überlegungen vom „Angstsignal" richtig sind, so wäre zu erwarten, daß jede Neurose als Angsthysterie beginnt und auch späterhin allen komplizierten Symptombildungen Angst vorangeht, mit der das Ich das Bestehen der Gefahrsituation signalisiert. Tatsächlich gibt es auch solche Fälle. Aber es läßt sich nicht leugnen, daß die Mehrzahl der Konversionshysterien angstfrei ist. Auf ein Moment, das in vielen Fällen den Ausschlag geben dürfte, hat Alexander aufmerksam gemacht[38]. Nach ihm können sich die Konversionshysterien die Angst vor dem strafenden Vater resp. dem Über-Ich dadurch ersparen, daß sie die von der strafenden Tendenz ausgehenden Ansprüche anderweitig befriedigen, also dadurch, daß die Konversionssymptome auch den verdrängenden Mächten Genüge tun, eine Strafbedeutung haben. Das Ich des Konversionshysterikers hätte im Gegensatz zu dem primitiveren des Angsthysterikers bereits gelernt, durch Leiden die Ansprüche des Über-Ichs zu besänftigen und sich so Angst zu ersparen. Obwohl wir, wie gesagt, die Plausibilität dieses Gedankenganges anerkennen, scheint uns der Umstand, daß uns der Leidens- und Strafcharakter der konversionshysterischen Symptome nicht notwendigerweise jedes Mal vorhanden schien, dagegen zu sprechen, daß hier der endgültige und prinzipielle Gegensatz zwischen den beiden Formen der Hysterie gefunden sei. Wir müssen vorläufig noch Freud recht geben, der sagt, daß die Momente, die den Ausschlag darüber geben, ob bei der Neurosenbildung die Angst manifest auftritt oder nicht, uns noch unbekannt sind[39].

---

38) Alexander: Psychoanalyse der Gesamtpersönlichkeit. S. 66 ff.

39) Freud: Hemmung, Symptom und Angst (Ges. Schr. Bd. XI. S. 50).

III. KAPITEL

Hysteriforme Krankheiten

a) Die Organlibido

Wir wollen in diesem Kapitel als „hysteriforme Krankheiten" einige Gruppen von Neurosen besprechen, die mit der Hysterie manche Punkte gemeinsam haben, in anderen aber erheblich von ihr abweichen, und in deren Gebiet wir Übergangsformen zwischen Hysterie und Psychose auffinden werden. Ihnen allen ist mit der Konversionshysterie gemeinsam, daß die Symptome sich in objektiven oder subjektiven Veränderungen der körperlichen Funktionen manifestieren, und daß diese Veränderungen letzten Endes Folgen psychischer Konflikte sind.

Die Konversion zeigte uns, daß der gesamte Körper Ausdrucksmittel der Psyche werden kann. Er kann es aber offenbar auf verschiedene Weise. Bevor wir die Unterschiede des äußeren Krankheitsbildes bei der Konversionshysterie einerseits, Aktualneurosen, Organneurosen, Hemmungszuständen und traumatischen Neurosen andererseits beschreiben, müssen wir, da es uns um das Verständnis der spezifischen unbewußten Vorgänge zu tun ist, weiter ausholen und zunächst ein Kapitel nachtragen, das wir bei Besprechung der konversionshysterischen Symptome zwar schon angedeutet, aber noch allzusehr vernachlässigt haben: Eine Klärung der Vorstellungen, die wir den Problemen des sogenannten psychophysischen Grenzgebietes zugrundelegen dürfen.

Die Psychoanalyse versucht das sogenannte „psychophysische Grenzgebiet", die normalen körperlichen Begleiterscheinungen der Triebkonflikte des seelischen Apparates und ihre pathologischen Zerrbilder, mit Hilfe der Hypothese der „Organlibido" zu erfassen, die von Freud aufgestellt[1], hauptsächlich von Ferenczi ausgebaut und fruchtbar gemacht wurde[2]. Diese Hypothese wurde auf empirischem Wege gewonnen, dient heuristisch der empirischen Forschung

---

1) Freud: Zur Einführung des Narzißmus (Ges. Schr. Bd. VI).

2) Ferenczi: Hysterie und Pathoneurosen.

und erwartet auch ihren weiteren Ausbau und eventuelle Korrekturen einzig von der Empirie.

Was ist „Libido"? Man kann mit Freud definieren: Energie des Sexualtriebes. Also sein quantitatives Moment[3]. Wir nehmen an, daß jedem Menschen eine bestimmte Gesamtquantität „Sexualtriebstärke", also Libido, zur Verfügung steht, die allerdings aus außerpsychischen somatischen Quellen gesteigert oder verringert werden kann (normale und pathologische Veränderungen der inneren Sekretion, Pharmakologie), aber sonst in ihrer Summe unveränderlich ist. Wer seine Libido an einer Stelle allzusehr ausgibt, hat für andere Stellen zu wenig übrig. Freilich darf man sich das nicht so grob vorstellen, als ob ein Mensch nur entweder Sexualverkehr haben oder sublimieren könnte, — dazu ist das Gebiet des durch die Psychoanalyse in seinem Umfang erweiterten „Sexualtriebes" doch zu mannigfaltig und kompliziert, — aber es bleiben genug Erscheinungen, die wir dadurch erklärbar machen können, und die „libidoökonomische" Beschreibung eines seelischen Vorgangs bleibt — trotz des mißlichen Umstandes, daß wir seelische Größen nicht messen können, — eine der drei Grundaufgaben der theoretischen Psychoanalyse, der sogenannten „metapsychologischen" Darstellung des betreffenden Vorgangs.

Mit Veränderungen der Libidoverteilung müssen körperliche Vorgänge aufs engste verbunden sein, über die wir uns ebenfalls ein möglichst klares Bild machen müssen. Libido ist Energie des Sexualtriebes, — und das Triebleben ist ja ein „Grenzgebiet", das einmal von der psychologischen, ein anderes Mal von der materiell-biologischen Seite aus angesehen werden kann. Von jener aus erscheint der Trieb als ein mit Energie ausgestatteter Drang zu einer bestimmten Handlung, dem Triebziel, die mit dem Erlebnis der Befriedigung einhergeht. Von dieser aus haben wir eine „Triebquelle", eine auf die Psyche als Reiz wirkende Veränderung der Körperlichkeit, und das Ziel erscheint als körperliche Aufhebung der reizenden Veränderung und der durch sie gesetzten Spannung.[4] Was für körperliche Veränderungen sollen wir nun beim Sexualtrieb annehmen? Welche Spannung gibt den Triebreiz ab und wird im Orgasmus zum Schwinden gebracht? Wenn Freud die Ähnlichkeit der sexuellen Erregung mit einer Intoxikation in allen Einzelheiten nachwies,[5] so befindet er sich in völliger Übereinstimmung mit der Physiologie, die die innere Sekretion als grundlegend für die Sexualität erkannt hat, also die Triebquelle in Sexualhormonen oder -stoffen sieht, die im Blute kreisen und auf chemischem Wege sensible Veränderungen, besonders im Zentralapparat und an den Genitalien, hervorrufen. Wir brauchen uns hier nicht weiter auf Fragen der Sexualphysiologie einzu-

3) Freud: Drei Abhandlungen zur Sexualtheorie (Ges. Schr. Bd. V. S. 92).
4) Freud: Triebe und Triebschicksale (Ges. Schr. Bd. V. S. 444 f).
5) Freud: Drei Abhandlungen zur Sexualtheorie (Ges. Schr. Bd. V. S. 91).

lassen, etwa auf die Frage nach Spezifität und Ursprungsort der Sexualhormone (innersekretorischer Anteil der Keimdrüsen, Verhältnis zu anderen Drüsen wie Schilddrüse, Hypophyse etc.). Uns genügt die grobe Vorstellung von Sexualstoffen, die chemisch einwirken und dadurch Triebreize für das Seelenleben abgeben. Das Feinermachen dieser groben Vorstellungen, letzten Endes die chemische Darstellung der Sexualstoffe, ist die noch fehlende biologische Basis, auf die die ganze Libidotheorie der Psychoanalyse einmal aufgesetzt werden soll.

Nun gehen wir einen Schritt weiter: Die Psychoanalyse lehrte uns, daß sexuelle Triebreize nicht nur von den Genitalien, sondern auch von anderen Körperstellen, den sogenannten „erogenen Zonen", ausgehen. Das zwingt zur Konsequenz, daß die Sexualstoffe nicht nur an den Genitalien angesammelt sind oder wirken, sondern sich eben an allen erogenen Stellen finden lassen müssen. Sie müssen in gleichem Maße verschieblich sein, wie psychologisch nach den Befunden der Psychoanalyse etwa eine Regression von der Genital- zur Analerotik möglich ist, etwas, was mit der Annahme des Transportes durch die Blutbahn gut in Einklang zu bringen ist. Wir müssen also annehmen, daß die Sexualstoffe überall vorhanden, aber ungleich verteilt sind, und daß die Verteilung je nach physischen oder psychischen Umständen wechseln kann. Wenn wir nun sagen, die Organe hätten verschiedene Libidobesetzung, so ist das zunächst nur ein etwas inkorrekter Ausdruck für: sie sind mit verschiedenen Quantitäten Sexualstoff versehen, so daß verschieden starke libidinöse Erregungen von ihnen ausgehen. Dafür gibt es objektive und subjektive Anzeichen, und eines unserer wesentlichen Probleme wird die Aufklärung des Umstandes sein, daß diese objektiven und subjektiven Zeichen selten übereinstimmen, daß meist nur die einen oder nur die andern nachweisbar sind. Objektiv: Das erregte Genitale ist in bestimmter Weise physiologisch verändert; es hat einen erhöhten Turgor, zeigt Rötung und Schwellung, also entzündungsähnliche Erscheinungen. Ferenczi hat im einzelnen nachgewiesen, daß auch an anderen Organen durch Steigerung ihrer Libidobesetzung dieselben Veränderungen vor sich gehen können (z. B. bei der „Genitalisierung" der Hysterie).[6] — Die Umstände zwingen uns allerdings anzunehmen, daß solche objektiven Zeichen der Libidobesetzung der Organe nur unter bestimmten Umständen sichtbar werden, unter anderen nicht; wir werden uns später fragen, welche quantitativen oder qualitativen Umstände hiefür entscheidend sein mögen. — Subjektiv: Hier gehen wir wohl am besten vom Rätsel der Hypochondrie aus, das Freud mit folgender Annahme löste:[7] Die Organe, von denen hypochondrische Sensationen ausgehen, sind

---

6) Ferenczi: Hysterie und Pathoneurosen. S. 17.

7) Freud: Zur Einführung des Narzißmus (Ges. Schr. Bd. VI. S. 166 ff).

tatsächlich verändert, wenn auch die physiologische Untersuchung keine solche Veränderung nachweisen kann, sie haben nämlich eine gesteigerte Libidobesetzung, die sich dem Seelenleben als unangenehme Spannung bemerkbar macht. Dafür spricht vor allem die Veränderung der seelischen Haltung beim Hypochonder im Sinne des Narzißmus, d. h. die Tatsache, daß sein libidinöses Interesse für Personen der Außenwelt parallel mit der Zunahme seiner Hypochondrie abnimmt. Wir nehmen an, daß sonst der Außenwelt zugewendete Libido „in den Organen untergebracht" ist (Diskussion dieser Vorstellung später) und dort eine „Libidostauung" hervorruft. — Eine ähnliche Auffassung hat Freud bzgl. der „Aktualneurosen" Angstneurose und Neurasthenie, also dafür, daß Angst und neurasthenische Beschwerden nach Schädigungen der sexuellen Befriedigung, bei Mißlingen des Orgasmus (frustrane Erregung) auftreten.[8] Er stellt sich vor, daß die in keinem adäquaten Orgasmus abgeführten Libidomengen (Sexualstoffmengen) körperlich übrig bleiben und toxisch auf die Organe einwirken. Die Untersuchung aller dieser Verhältnisse, der Variabilitäten der Libidohaltigkeit der Organe, wäre Gegenstand der von Ferenczi zur Ergänzung der üblichen physiologischen Forschung geforderten Lustphysiologie.[9]

Wie verhält sich nun „Erogeneität", d. h. Ansammlung von Sexualstoffen an bestimmten körperlichen Zonen mit ihren Triebfolgen für das Seelenleben, die sich evtl. in jenen objektiven Zeichen des erregten Genitales manifestiert, zu den Symptomen der „Libidostauung", die uns in den Aktualneurosen, besonders in der Hypochondrie entgegentreten? Können wir annehmen, daß zwischen beiden Erscheinungen nur quantitative Unterschiede obwalten, daß eine gewisse Besetzungsmenge Erogeneität, psychisch: Sexualerregung, eine höhere aber Stauung, psychisch: unlustvolle Spannung, hervorruft, so daß die bei den Aktualneurosen äußere, bei der Hypochondrie vielleicht psychogen-innere Sperrung der Abfuhr allein für die Differenz verantwortlich wäre?

Wir müssen jetzt einer Komplikation Rechnung tragen, die wir schon in unseren Gegenstand hineinbrachten, als wir vom Hypochonder sagten, die Besetzung der Objekte wandle sich bei ihm in solche der Organe, die Libido werde also von der Außenwelt auf die eigenen Organe zurückgezogen. Wir haben damit die „lustphysiologische" Beschreibung verlassen und eine rein psychologische begonnen. Solange wir physiologisch-materiell denken, solange wir eigentlich „Sexualstoffe" meinen, wenn wir „Libido" sagen, kommt ja nur eine Verschiebung vom Genitale auf andere Organe in Betracht, nicht aber von Personen der Außenwelt, die ja nicht Träger von Sexualstoffen des Subjekts sein können.

8) Freud: Über die Berechtigung von der Neurasthenie einen bestimmten Symptomenkomplex als „Angstneurose" abzutrennen (Ges. Schr. Bd. I) und: Meine Ansichten über die Rolle der Sexualität in der Ätiologie der Neurosen (Ges. Schr. Bd. V).

9) Ferenczi: Hysterie und Pathoneurosen.

Und wir beginnen zu ahnen: Der rein physiologische Vorgang mag bei Hysterie (und ähnlichen Prozessen wie extragenitalen Perversionen u. dgl.) und Hypochondrie (und ähnlichen Prozessen wie Aktualneurosen, psychotischen Körpersensationen u. dgl.) derselbe sein: Die Sexualstoffe sind weniger genital konzentriert, zu viel in den Organen angesammelt. Die Differenz zwischen den zweierlei Prozessen, die Entscheidung darüber, ob Erogeneität oder Stauung eintritt, kann nicht nur von der Menge der „gestauten" Sexualstoffe, nicht nur davon abhängen, ob (in perverser Handlung oder hysterischem Symptom) eine Abfuhr der an den Organen angesammelten Sexualstoffe in Triebhandlungen möglich ist oder nicht, sondern von einem psychologischen Faktor, der vielleicht eben über diese Abfuhrmöglichkeit entscheidet, und den wir jetzt untersuchen müssen.

Auch bei der Erregung der Objektliebe sammeln sich an Genitalien und erogenen Zonen, bei der perversen oder hysterischen Objektliebe fast nur an erogenen Zonen, spannende Sexualstoffmengen an, sind also in einem Sinne die Organe „libidobesetzt". Beim „narzißtischen" Zustand der Hypochondrie sind es die Organe ebenfalls. In vorläufiger Ausdrucksweise können wir also sagen, es müsse einen gewaltigen Unterschied ausmachen, ob die Organe mit „Objektlibido" oder mit „narzißtischer", mit „Ichlibido" besetzt sind, und wir müssen fragen, was unter einer solcher qualitativen Verschiedenheit der Libido, der seelischen Sexualtriebenergie, eigentlich vorzustellen ist.

Im ersten Fall, sagten wir, sind „Objekte libidobesetzt", im zweiten Fall nicht. Was also ist unter „Objektbesetzung" zu verstehen? Zweifellos etwas, was mit der körperlichen Verteilung der Sexualstoffe nicht mehr direkt zu tun hat. Aber natürlich auch etwas, was nichts zu tun hat mit der objektiven Person des Liebesobjekts, sondern ein intrapsychischer Vorgang im Liebessubjekt. Wenn sich A in B verliebt, so spielt sich doch dieser Prozeß nicht in oder an B, sondern lediglich in A ab, der der Person B gegenüber anders zu fühlen, zu denken und zu handeln beginnt. Was also wird „besetzt"? Die Summe aller Vorstellungen, die A von B hat, wir möchten sagen, seine intrapsychische Objektrepräsentanz. Sie wird mit besonderer Macht ausgestattet, d. h. sie erhält besondere psychische Energiemengen zur Verfügung. Die durch die „libidinöse", d. h. sexualstoffliche Besetzung der Genitalien oder der erogenen Zonen gesetzten Sexualspannungen drängen nun zu Triebhandlungen mit der Person, deren Repräsentanz intrapsychisch „besetzt" ist.[10] Wenn nun bei einer „Regression zum Narzißmus" diesen „Objektrepräsentanzen" die Besetzung wieder entzogen wird, wem fließt sie zu? Auch der eigene Körper war für die Seele einmal „Außenwelt" gewesen, wenn auch ein Stück Außenwelt von ganz besonderer Art (dessen

10) Fenichel: Die Identifizierung. Int. Z. f. Ps.-A. XII (1926).

Erkenntnis erst zur Unterscheidung von Ich und Außenwelt, damit zur Errichtung eines „Ichs" Anlaß gab, worüber wir hier aber nicht zu handeln haben).[11] Auch der Körper und seine Organe sind intrapsychisch durch Vorstellungs- und Empfindungsdaten und deren Zusammenfassungen repräsentiert — (und über die Bedeutung dieser Repräsentanz, des „Körperschemas"[12] für das Seelenleben überhaupt wäre viel zu sagen). Es gibt also auch intrapsychische Organrepräsentanzen. Beim Narzißmus hat also ein Übergang der Besetzungen nicht wie wir früher allgemein sagten, von den Objekten auf das Ich, sondern korrekter: von den Objektrepräsentanzen auf die Organrepräsentanzen statt, — und die Organrepräsentanzen können dann ihrerseits chemisch oder nervös materielle (sexualstoffliche) Veränderungen an den Organen hervorrufen.

Es scheint also etwas anderes zu sein, ob Sexualstoffe in den Organen sich ansammeln bei intrapsychischer Besetzung der Objektrepräsentanzen (Hysterie, Perversion, Normalität) oder bei intrapsychischer Besetzung der Organrepräsentanzen (Hypochondrie, Psychose). Zwischen beiden Typen stehen wohl die Aktualneurosen, Neurasthenie und Angstneurose, und die sogenannten „Organneurosen". Die ersteren müssen, wie bereits gesagt, nach Freud vorgestellt werden als körperlich-toxische Folgen der im (durch äußere, aber häufiger wohl durch psychogene innere Gründe) gehemmten Orgasmus nicht abgeführten Sexualstoffmengen, doch kann man sich vorstellen, daß eine solche Orgasmushemmung leichter und häufiger auftritt, wenn eine gewisse Neigung zur „intrapsychischen Besetzung der Organrepräsentanzen" besteht; und es gibt wohl auch fließende Übergänge zwischen diesen Neurosenformen und der vollnarzißtischen Hypochondrie. Und unter dem, was man „Organneurosen" nennt, wird man hysterieähnlichere und hypochondrieähnlichere Formen finden, d. h. sowohl Konversionshysterien, die sich nur an einem einzigen Organ manifestieren, und für die alle Gesetze der Hysterie gelten, deren Symptome also einen speziellen unbewußten infantil-sexuellen Sinn haben, als auch narzißtische, psychosenähere Fälle, deren Symptome unspezifisch Ausdruck sind der narzißtischen Besetzung der Organrepräsentanzen und der in ihrer Folge auftretenden Anhäufung von Sexualstoffen an den Organen ohne adäquate Abfuhrmöglichkeit (die ja eben durch die Regression zum Narzißmus geraubt wurde). Natürlich spiegeln auch diese Symptome immer noch die ursprünglichen Außenweltkonflikte in regressiv-entstellter Form wider.

Manche Verwirrung in der Literatur über das Kapitel „Organlibido" kommt daher, daß nicht immer zu erkennen ist, ob gemeint ist, daß die organlibidinösen Vorgänge, von denen gesprochen wird, direkt als sexualstoffliche, als sich

11) Freud: Das Ich und das Es (Ges. Schr. Bd. VI. S. 369).

12) Schilder: Das Körperschema. Berlin 1923.

chemisch am Organ abspielende gedacht sind, oder als solche, die sich zunächst psychisch an der Organrepräsentanz abspielen, die dann ihrerseits physiologische Veränderungen in den Organen hervorruft. Freud hat bei den Aktualneurosen an das direkt Körperliche gedacht,[13] Ferenczi bei seinen „Pathoneurosen" ebenfalls.[14] Und doch wird man im Gegensatz zur Hysterie und Normalität für viele „organlibidinöse" Erscheinungen ausdrücklich die zweite Annahme machen müssen. Freud hat sie z. B. seiner neueren Beschreibung des Schmerzes als eines organlibidinösen Phänomens zugrundegelegt,[15] aber die Unterscheidung zwischen „Überladung erogener Zonen mit Sexualstoffen" und „narzißtischer Libidobesetzung der Organrepräsentanzen" schon in seiner ersten einschlägigen Arbeit „Zur Einführung des Narzißmus" getroffen, wo es heißt: „Jeder Veränderung in der Erogeneität in den Organen könnte eine Veränderung der Libidobesetzung im Ich", d. h. an den Organrepräsentanzen, „parallel gehen".[16] Und nur diese letzterwähnte „Libidobesetzung im Ich" kann Anspruch darauf erheben, „narzißtische Organlibido" im engeren Sinne genannt zu werden.

Nach dieser Klärung bleibt noch eine weitere Schwierigkeit zu überwinden: Wenn die Theorie der Hypochondrie richtig ist, so muß sie auch für die organischen Krankheiten zutreffen, denn auch diese bringen, wie Freud gezeigt hat,[17] eine Regression zum Narzißmus, eine Rückziehung der Objektbesetzungen auf das erkrankte Organ mit sich. Das Resultat: psychische Überbesetzung von Organrepräsentanzen auf Kosten von Objektrepräsentanzen — ist also bei Hypochondrie und organischer Krankheit gleich. Die Differenz liegt in der Genese: Bei der Hypochondrie können wir uns, wie gesagt, materielle „sexualstoffliche" Veränderungen am Organ als Konsequenz der primären psychogenen Überbesetzung der Organrepräsentanz vorstellen, bei der organischen Krankheit muß die Überbesetzung der Organrepräsentanzen Folge der vorangegangenen materiellen Organveränderungen sein.

Ferenczi nun hat gezeigt, daß es sich tatsächlich so verhält. Er hat in den „Pathoneurosen" eine Form von neurotischen Erkrankungen beschrieben, die als direkte Konsequenzen der durch eine organische Krankheit hervorgerufenen Libidoverschiebungen entstehen.[18] Und nun die neue Schwierigkeit: Ist es so, daß der Organismus zur Heilung eines kranken Organs, d. h. zur Steigerung seiner

---

13) Freud: Über die Berechtigung von der Neurasthenie einen bestimmten Symptomenkomplex als „Angstneurose" abzutrennen (Ges. Schr. Bd. I). — Meine Ansichten über die Rolle der Sexualität in der Ätiologie der Neurosen (Ges. Schr. Bd. V). — Siehe aber auch: Hemmung, Symptom und Angst (Ges. Schr. Bd. XI. S. 82).

14) Ferenczi: Hysterie und Pathoneurosen.

15) Freud: Hemmung, Symptom und Angst (Ges. Schr. Bd. XI. S. 114 f).

16) Freud: Zur Einführung des Narzißmus (Ges. Schr. Bd. VI. S. 167).

17) Freud: Zur Einführung des Narzißmus (Ges. Schr. Bd. VI. S. 165 f).

18) Ferenczi: Hysterie und Pathoneurosen.

Abwehrkräfte einer Steigerung der Libidobesetzung des betreffenden Organs bedarf; so muß die Körperlibido auch eine allgemeine vitale Funktion haben und „Körperlibido" scheint mit „Vitalenergie" identisch zu werden. Aber daß das bis zu einem gewissen Grade wirklich der Fall ist, ist ja im Grunde der Psychoanalyse nicht unbekannt: Sie hat die Erfahrung gemacht, daß auch im Bereich des rein Psychischen die „Icherhaltungsenergien" sich nicht immer von den libidinösen Energien scharf trennen lassen, sondern daß sich ein rein libidinöser Icherhaltungsfaktor, die narzißtische oder Ichlibido, nachweisen läßt.[19] Nun: Die narzißtische Libido, das ist ja nichts anderes als die Körperlibido, als die Libido, die Körper- und Organrepräsentanzen (und nicht wie die „Objektlibido" Objektrepräsentanzen) besetzt. So — muß man also annehmen — ist die körperliche Icherhaltung ebenso wie die psychische von einem libidinösen Zuschuß abhängig. T a u s k spricht also wohl mit Recht von einem „Libidotonus", einer physiologisch optimalen Libidobesetzung der Organe, was nun sowohl heißt materieller Sexualstoffbesetzung als auch psychischer Besetzung der Organrepräsentanzen.[20] Die Folgen der pathologischen Steigerung dieser Besetzungen sind der klinischen Forschung bekannt (Hypochondrie — Psychosen). Es gibt aber auch offenbar eine pathologische Herabsetzung derselben. Freilich muß dazu auch gleich wieder gesagt werden: Nicht jede „Entfremdung" eines Organs, nicht jedes Verschwinden von Körperteilen und Daten der Tiefensensibilität aus dem Ichbereich darf als eine solche pathologische Herabsetzung der Organlibidobesetzung gedeutet werden. Wir wissen, daß, wenn z. B. in einer Neurose eine Vorstellung, eine Triebregung äußerlich nicht in Erscheinung tritt, sie nicht immer wirklich ihrer libidinösen Besetzung entkleidet ist; sondern sie kann v e r d r ä n g t, d. h. zwar mit einem hohen Libidobetrag besetz , aber von einer entgegenwirkenden gleich hohen G e g e n b e s e t z u n g an der Manifestierung verhindert sein. Das analoge Phänomen läßt sich leicht auch im Bereiche der Organlibido nachweisen,[21] doch sind hier die Fragen der Abwehr- und Verdrängungskämpfe und ihrer Folgen für Körpersensibilität und Motorik, die sowohl für das Studium von Organ- und Aktualneurosen als auch für das der vielen noch in das Gebiet des Normalen fallenden Körperhemmungen von allergrößter Bedeutung wären, noch allzu wenig erforscht.

---

19) F r e u d: Zur Einführung des Narzißmus (Ges. Schr. Bd. VI).

20) T a u s k: Über den Beeinflussungsapparat in der Schizophrenie. Int. Z. f. Ps.-A. V (1919).

21) F e n i c h e l: Über organlibidinöse Begleiterscheinungen der Triebabwehr. Int. Z. f. Ps.-A. XIV (1928).

b) Aktualneurosen, Pathoneurosen, Organneurosen

Nachdem wir so die libidotheoretische Auffassung der hieher gehörigen Neurosen behandelt haben, können wir uns jetzt in der systematischen Darstellung ihrer hauptsächlichen Erscheinungsformen kurz fassen:

Von den Aktualneurosen ist die Hypochondrie als theoretischer Typ am klarsten herauszustellen. Realiter kommt sie selten als isolierte Aktualneurose vor, häufiger als komplizierender Faktor in das Bild einer anderen seelischen Krankheit eingesprengt, in leichteren Graden bei Zwangs- und anderen Neurosen, in schwereren bekanntlich bei sämtlichen Psychosen. Wir haben klargestellt, daß der Kranke, der über hypochondrische Sensationen klagt, recht hat. Seine Organe sind tatsächlich verändert und zwar durch eine vorausgegangene Verstärkung des Narzißmus, die eine Überbesetzung der Organrepräsentanzen und damit eine körperliche Libidostauung herbeigeführt hat.[22] Der Anlaß für eine solche Überbesetzung der Organe kann natürlich auch ein physischer sein. Bei einer gewöhnlichen organischen Erkrankung ist ja, wie gesagt, derselbe Mechanismus am Werk, doch sprechen wir von Hypochondrie nur, wenn keine entsprechende grobe organische Veränderung vorliegt. Auch dann noch könnte ein physischer Faktor zum Narzißmus zwingen, z. B. ein solcher toxischer Natur; die Hypochondrie bei toxischen Psychosen ist von psychoanalytischer Seite noch nicht untersucht worden; über eine ev. toxische Natur der schizophrenen und depressiven Hypochondrien wäre an anderer Stelle zu sprechen. Für uns werden zunächst die Typen von Hypochondrien wichtiger sein, bei denen die pathogene Regression rein psychischer Natur ist. Solche psychische Ursachen können hier dieselben sein, die auch sonst Anlaß zu narzißtischer Regression abgeben, wie wir ja tatsächlich Hypochondrien meist im Bilde narzißtischer Neurosen auftreten sehen. Wir können nicht die für Schizophrenie und Depression bedeutungsvolle Lehre vom Narzißmus hier zur Gänze besprechen[23], sondern an dieser Stelle nur erwähnen, daß von allen den ursprünglich objektlibidinösen Regungen, die von den Objekten auf die eigenen Organe rückgewendet werden, die feindseligen und sadistischen für die Hypochondrie eine besonders hervorragende Rolle zu spielen scheinen. Die Hypochondrie entspricht dann einem gegen das eigene Ich gewendeten Sadismus und kann gleichzeitig vom Gewissen wegen der ursprünglichen Objektfeindseligkeit ausgehende Strafbedürfnisse und „gegen das Ich gewendete“ masochistisch-libidinöse Bedürfnisse befriedigen.

Man muß bei der Hypochondrie unterscheiden zwischen hypochondrischen Sensationen und hypochondrischer Angst. Gewöhnlich treten beide bei ein- und

22) Freud: Zur Einführung des Narzißmus (Ges. Schr. Bd. VI. S. 166 ff).
23) Siehe mein Buch: „Perversionen, Psychosen, Charakterstörungen.“

derselben Person auf, aber gelegentlich überwiegt deutlich die eine oder andere Form. Natürlich entsprechen beide einer Abwendung von der Objektwelt und einer narzißtischen Zuwendung zu den eigenen Organen; bei der Angst wird man an die isolierte Überbesetzung der intrapsychischen Organrepräsentanzen resp. an die ihnen entgegengesetzte Gegenbesetzung denken; die quälende hypochondrische Selbstbeobachtung dürfte ebenso eine Manifestierung der Gegenbesetzung sein wie die Selbstbeobachtung des Zwangsneurotikers und Depersonalisierten. Bei den sensationellen Formen sind die als ihre Konsequenz eingetretenen Veränderungen an den Organen selbst wesentlicher. Die psychische Bedeutung der hypochondrischen Angst kann von der Analyse oft in überraschend klarer und eindeutiger Weise aufgedeckt werden. Sie ist in der Regel entstellte (masochistische Befriedigung und) Kastrationsangst. Ich erinnere etwa an die Fortsetzung der Analyse des Wolfsmanns von Mack-Brunswick;[24] der ausgesprochen hypochondrische Wahn trägt seine Kastrationsbedeutung überdeutlich zur Schau.

Häufig kann die Analyse auch die infantile Geschichte der Verschiebung der Kastrationsangst auf Krankheits- und Körperveränderungsangst im einzelnen verfolgen. In tiefster Schicht scheint dabei der Mechanismus der Introjektion von ausschlaggebender Bedeutung. Wenn ursprünglich einem Objekt geltende feindliche Regungen regressiv den eigenen Organen zugewendet werden, so ist im Unbewußten diese Zuwendung als (meist orale, gelegentlich anale, epidermale oder respiratorische) Introjektion gedacht. Das hypochondrisch besetzte Organ repräsentiert im Unbewußten nicht nur den gefährdeten Penis, sondern gleichzeitig das aus der Außenwelt in den eigenen Körper aufgenommene ambivalent besetzte Objekt.

Ein von mir ausgiebig analysierter Fall von Hypochondrie, über den ich an anderer Stelle Mitteilung machte[25], erwies in oberster Schicht die Identität von Hypochondrie und (strafender) Kastration, in nächster von Hypochondrie und femininer Sexualbefriedigung (Schwangerschaft), in tiefster die von hypochondrisch affiziertem Organ und introjiziertem Objekt, dem Über-Ich. — Die Nase, die besonders zu schaffen machte, war nicht nur kranker Penis und als Nasenhöhle ersehnter Vaginal-(Anal-) ersatz, sie war auch die tote Mutter, die er oral und respiratorisch sich einverleibt hatte.

Die Formel, der Hypochonder habe sich mit seinem eigenen Organ entzweit, ist also im Hinblick auf diese tiefste Schicht zu ergänzen: Dieses Organ aber repräsentiert introjiziertes Objekt und Über-Ich. Eine unbewußte Gleichsetzung von hypochondrisch affiziertem oder somatisch erkranktem Organ und intro-

---

24) Mack-Brunswick: Ein Nachtrag zu Freuds Geschichte einer infantilen Neurose. Int. Z. f. Ps.-A. XV (1929).

25) Fenichel: Über respiratorische Introjektion. Int. Z. f. Ps.-A. XVII (1931).

jiziertem Objekt wurde von Simmel nachgewiesen. So schreibt er: „Das introjizierte Elternsubstitut ist zum Krankheitsstoff geworden, dessen man sich zu Genesungszwecken entäußern muß“ und spricht von der Möglichkeit, daß ein Organ diesen Stoff repräsentiert.[26]

Schmerzhafte Sensationen wie Krankheitsbefürchtungen können auch bei der Konversionshysterie auftreten, und es wird Fälle geben, bei denen es mehr oder minder der Willkür überlassen bleibt, ob man sie der Hysterie oder der Hypochondrie zurechnen will. In der Regel wird man den ausgesprochenen Hypochonder unschwer vom Hysteriker unterscheiden und zwar an den Charakteren, die die direkte Konsequenz ihrer libidotheoretischen Differenz sind: Der Hypochonder trägt sein narzißtisches, weltabgewandtes, monomanes Wesen deutlich genug zur Schau. So ist die Hypochondrie ein Gebiet des Übergangs von leichten hysterieähnlichen zu schwer wahnhaften, zweifellos zu den Psychosen zu rechnenden Formen.

Die aktualneurotische Angst ist leichter verständlich. Wir erwähnten, daß Freuds Fund zweifellos zu Recht besteht, daß es inhaltsleere Angstanfälle und vegetative „Äquivalente“ bei chronisch gestörtem Orgasmus gibt, die nach Abstellung des sexuellen Abusus schwinden. Allerdings ist fraglich, ob wir häufig von solchen reinen „Angstneurosen“ werden sprechen können, ob nicht vielmehr meist die chronische Störung des Orgasmus, die die Angst verursacht, ihrerseits Folge einer psychoneurotischen Störung ist. Wie wir uns die aktualneurotische Angst vorzustellen haben, darüber kann nach dem, was wir in dem Kapitel über Angsthysterie ausführten, kein Zweifel sein: Es ist die reine Es-Angst, dieselbe, die der hungrige Säugling empfindet. Die gestaute, an der Abfuhr gehinderte sexuelle Erregung ist für die Psyche die traumatische geburtsanaloge „Erhöhung der Bedürfnisspannung“. Hier ist keine Rede von einem vom Ich abgegebenen Angstsignal, sondern die durch die sexuelle Unbefriedigung gesetzte „Bedürfnisspannung“, die Überschwemmung mit infolge der Stauung toxisch wirkenden Sexualstoffen schlägt automatisch in Angst um.

Reich hat darauf aufmerksam gemacht, daß es während der sexuellen Erregung typische vegetative Erscheinungen gibt. Im normalen Sexualablauf werden offenbar solche vegetative Besetzungen in genitale verwandelt und genital abgeführt. Bei gestörtem Orgasmus unterbleibt dies, das vegetative System bleibt überbesetzt, was die Erscheinungen der Aktualneurosen, insbesondere die Angst der Angstneurose bewirkt[27], wir möchten hinzusetzen, indem

26) Simmel: Doktorspiel, Kranksein und Arztberuf. Int. Z. f. Ps.-A. XII (1926). — Für ein bestimmtes „Organ“, nämlich den Intestinalinhalt, wurde die Gleichsetzung mit dem Objekt schon erkannt und genetisch verstanden in „Die psychophysische Bedeutsamkeit des Intestinalorgans für die Urverdrängung“. Vortrag auf d. VIII. internat. ps.-a. Kongreß in Salzburg. Autoreferat. Int. Z. f. Ps.-A. X (1924).

27) Reich: Die Funktion des Orgasmus. S. 69 ff.

sich die Vegetativbesetzung der Psyche als geburtsanaloge Spannungserhöhung meldet.

Am unbestimmtesten ist noch das Gebiet der mit der Hypochondrie und Angstneurose nahe verwandten neurasthenischen Erscheinungen. Im ganzen müssen sie ebenfalls als Folgen der physischen Libidostauung, die aber ihrerseits wieder Folge einer psychischen Ursache sein kann, aufgefaßt werden. In akuten Formen sind sie offenbar, der Angstneurose analog, als Ausdruck einer vegetativen Überbesetzung aufzufassen; die chronischen Formen geben dem psychoanalytischen Verständnis ein schwereres und noch nicht gelöstes Problem auf. Nach Reich ist für sie charakteristisch, daß die nicht bewältigte, die Organe resp. die Organrepräsentanzen überflutende Libido ausschließlich prägenitalen Charakter trägt. Auch die genitale Exekutive scheint bei diesen Kranken unbewußt prägenitalen Zwecken zu dienen.[28] Sie werden von Reich durch die Formel charakterisiert: „Ich will nicht geschlechtlich verkehren, sondern mein Genitale prägenital benutzen," im Gegensatz zu der für die Hysterie gültigen Formel: „Ich will nicht geschlechtlich verkehren, weil ich Angst habe."[29] Da wir bei der Zwangsneurose hören werden, daß manche Patienten aus Angst die genitalen Wünsche durch prägenitale ersetzen, also die Kombinationsformel möglich ist: „Ich will nicht geschlechtlich verkehren, sondern mein Genitale prägenital benutzen, weil ich Angst habe", verstehen wir, daß die chronische Neurasthenie der Zwangsneurose verwandt ist. Vielleicht gehören im Gegensatz zur regressiven Zwangsneurose die schweren libidinösen Entwicklungsstörungen hierher, die in der Kindheit überhaupt keine phallische Stufe und somit keinen richtigen Ödipuskomplex entwickelt haben, deren Prägenitalität also nicht Konsequenz einer Regression, sondern eines tatsächlichen Steckenbleibens in der Entwicklung ist. Ihre charakteristische Sexualstörung ist die schwere „asthenische" Ejaculatio praecox (über die wir später noch sprechen werden), ihr psychischer Inhalt anale, urethrale, sadistische Regungen, Identifizierungen mit Mutter und Säugling.[30] — Gewiß gibt es auch unter den chronischen Neurasthenikern Onanisten, aber typischerweise mißlingt ihnen infolge ihrer orgastischen Impotenz die Onanie, was dann für ihre aktualneurotischen Beschwerden verantwortlich zu machen ist. Häufig genügt es, die Form ihrer Onanie zu analysieren, um deren latent prägenitalen Gehalt zu erkennen.[31] Ihrer Onanie entspricht die Formel: Versuch, prägenitale Spannungen genital abzuführen. Dieser Versuch gelingt nicht in ökonomisch adäquater Weise, weshalb er immer wieder wiederholt werden muß. Das erklärt,

28) Reich: Chronische hypochondrische Neurasthenie. Int. Z. f. Ps.-A. XII (1926).

29) Reich: Die Funktion des Orgasmus. S. 131.

30) Reich: Die Funktion des Orgasmus. S. 125 ff.

31) Reich: Über Spezifität der Onanieformen. Int. Z. f. Ps.-A. VIII (1922).

warum die „Zwangsonanisten" und ihr extremster Grad, die „Onaniesüchtigen" so oft chronische Neurastheniker sind.[32] Dieselbe innere abfuhrgehemmte „Libidostauung" ist dafür verantwortlich, daß der Neurastheniker durch die ewige innere Unruhe konzentrations- und so oft arbeitsunfähig wird.

Wir verstehen nun, daß einerseits die durch Störungen des Orgasmus bedingten Aktualneurosen eine indirekt psychische Ätiologie haben, indem es ja meist der als infantil aufgefaßten Sexualität entgegenstehende Angst- und Schuldgefühle sind, die den Orgasmus stören, daß andrerseits alle Psychoneurosen ebenfalls „libidogestaut" sind, weil ihre eigentliche Sexualität verdrängt und nicht abfuhrfähig ist.[33] Deshalb erscheinen in den Komplikationen der Wirklichkeit aktual- und psychoneurotische Symptome so oft nebeneinander, so daß die schroffe Gegenüberstellung von Aktual- und Psychoneurosen oft ein allzu theoretisches Gesicht zeigt.

Die Frage nach der Indikation der analytischen Behandlung ist bei den Aktualneurosen bereits viel problematischer als bei den Hysterien. Bei den seltenen akuten aktualneurotischen Störungen, deren auslösende Ursache sich scheinbar bei einer einfachen Exploration ermitteln läßt, wird man, wenn angängig, die Ursache abstellen, und so weit sich dies überhaupt bewerkstelligen läßt, rasch Erfolge erzielen. So weit diese Ursachen in unveränderbaren äußeren Realitäten verankert sind, wird allerdings therapeutische Hilfe kaum möglich sein. Anders bei den schwereren und chronischen Formen; insofern sie ebenfalls Folgen der infantilen Triebentwicklung sind (Regression zum Narzißmus), müßte prinzipiell die analytische Therapie am Platze sein. Aber man erkennt sofort, worin sich eine solche Behandlung von der einer Hysterie unvorteilhaft unterscheidet: Die chronischen Aktualneurosen sind nicht mehr zu den „Übertragungsneurosen" zu rechnen. Je hysterieähnlicher sie sind, desto besser die Prognose, je mehr der Narzißmus vorherrscht, umso zweifelhafter, unsicherer und therapeutisch unbrauchbarer sind die Übertragungserscheinungen. Die schweren hypochondrischen Formen unterscheiden sich in ihrer Beeinflußbarkeit kaum mehr von richtigen Psychosen. Aber selbst wenn dies wegfiele, stößt man bei chronischen Neurasthenien auf eine weitere Schwierigkeit, auf die Reich nachdrücklich aufmerksam gemacht hat:[34] Die neurotischen Störungen des Libidohaushaltes sind umso leichter im Sinne eines normalen Genitalprimats zu beseitigen, je mehr dieser Genitalprimat in der Seele des Betreffenden bereits vorbereitet, sozusagen „gebahnt" ist. Das macht die gute Prognose der Hysterie

32) Näheres darüber im Kapitel „Perversionsähnliche Neurosen" meines Buches „Perversionen, Psychosen, Charakterstörungen".

33) Reich: Die Funktion des Orgasmus. S. 18 ff.

34) Reich: Weitere Bemerkungen über die therapeutische Bedeutung der Genitallibido. Int. Z. f. Ps.-A. XI (1925).

aus; hier ist der Genitalprimat ja bereits vorhanden, bloß das infantile Objekt muß aufgegeben werden. Entsprechend werden wir hören, daß eine Zwangsneurose umso eher zu heilen ist, je deutlicher in ihrer Kindheitsentwicklung vor der verhängnisvollen Regression eine phallische Phase bereits ausgebildet war. Die chronischen Neurastheniker sind nun aber die Menschen, denen gerade diese kindliche Genitalität, an die die spätere Therapie anknüpfen sollte, ganz oder fast ganz fehlte. So erscheint also die Prognose der Analyse bei chronischen Aktualneurosen in nicht allzu günstigem Licht, und man wird die Entscheidung je nach den Umständen des Falles (Übertragungsfähigkeit, infantile Genitalität) treffen, die ev. erst in einer längeren Probeanalyse eruiert werden können. Für die Indikation auch in zweifelhaften Fällen wird vor allem der Umstand sprechen, daß man vielen hierhergehörenden Menschen auf andere Weise bestimmt nicht, analytisch aber vielleicht helfen kann.

Die von Ferenczi aufgestellte Gruppe der „Pathoneurosen" ist den Aktualneurosen verwandt, nur spielt sich hier der ätiologische Ablauf in umgekehrter Richtung ab. Bei den erwähnten Formen der Hypochondrie sahen wir, wie eine psychische Ursache dazu zwang, Objektbesetzungen aufzugeben und Organbesetzungen vorzunehmen, die dann ihrerseits körperliche Symptome produzierten. Bei den Pathoneurosen ist es so, daß eine körperliche Ursache dazu zwingt, das betreffende Organ resp. seine Repräsentanz mit besonderer Höherbesetzung auszustatten, so daß der psychische Apparat, um dieser Aufforderung Genüge leisten zu können, Libidomengen den Objektbesetzungen entziehen muß. Es muß dann als Resultat eine Veränderung des psychischen Verhaltens im Sinne des Narzißmus erscheinen.

Wir erwähnten bereits, daß es keine organische Erkrankung gibt, die nicht in geringem Grade eine gewisse Pathoneurose mit sich brächte, denn jeder organisch Erkrankte verändert, wie Freud[35] zeigte, passagèr sein Benehmen im Sinne des Narzißmus. Zur Frage der „psychogenen Entstehung organischer Krankheiten" wäre die in der Praxis sehr schwer zu leistende Entscheidung der Frage bedeutsam, ob die von der Analyse aufgedeckten Zusammenhänge der organischen Krankheiten mit psychischen Konflikten mehr dem Typus der Hypochondrie oder dem der Pathoneurosen folgt. Man müßte feststellen, ob eine psychogene Organüberbesetzung das Organ krank machte, oder ob eine durch eine primäre physische Erkrankung des Organs erzwungene Organüberbesetzung die psychischen Konflikte erst mobilisierte.[36] Gelegentlich wird die narzißtische

35) Freud: Zur Einführung des Narzißmus (Ges. Schr. Bd. VI. S. 165 f).

36) Diese Frage scheint in den bisherigen Arbeiten über diesen Gegenstand allzu sehr vernachlässigt. Vgl. z. B. Deutsch: Psychoanalyse und Organkrankheiten. Int. Z. f. Ps.-A. VIII (1922), Der gesunde und der kranke Körper in psychoanalytischer Beleuchtung. Int. Z. f. Ps.-A. XII (1926), Groddeck: Über die Psychoanalyse des Organischen im Menschen. Int. Z. f. Ps.-A. VII (1920).

Natur solcher Überbesetzung erkrankter Organe mit der Begründung angezweifelt, daß es doch nicht angehe, bei einem psychisch normalen, nur etwas egoistischer oder eigenwilliger gewordenen Menschen denselben Mechanismus anzunehmen, der den Psychotiker charakterisiert, nämlich die narzißtische Regression. Darauf ist zu erwidern: Die psychische Veränderung des kranken Menschen hat insofern tatsächlich mit den Psychosen mehr Ähnlichkeit als mit den Neurosen, als die Abwendung von der wirklichen und phantasierten Objektwelt hier wie dort eine Rolle spielt. Der Unterschied ist allerdings ein sehr erheblicher, erweist sich in der Theorie aber als bloß quantitativer Natur: Der Kranke hat nur einen kleinen Teil seiner Libido dasselbe Schicksal erfahren lassen, das der Psychotiker fast seiner ganzen Libido bereitet.

So wird ohne weiteres verständlich, daß die eigentlichen Pathoneurosen, d. h. über die normalen psychischen Folgen einer somatischen Erkrankung quantitativ hinausgehende psychische Folgen organischer Krankheiten, ebenfalls psychoseähnlichen Charakter tragen. Wir haben hier wiederum ein Übergangsgebiet von der Hysterie zur Psychose vor uns, deren meiste oder wenigstens deutlichere Vertreter dem psychotischen Pol näher stehen. Man wird weiter begreifen, daß Menschen, die zur narzißtischen Regression neigen, die auch sonst Zeichen von erhöhtem konstitutionellem Narzißmus bieten, auch am meisten zu Pathoneurosen neigen; ebenso, daß sich Pathoneurosen am ehesten nach Erkrankung solcher Organe einstellen, denen eine besondere narzißtische Besetzung zukommt: Genitalien, Gehirn. Wahrscheinlich gehört ein Teil der postoperativen akuten Psychosen hierher. Ferenczi und Hollós haben es sehr wahrscheinlich gemacht, daß auch ein gut Teil der Symptomatologie der dementia paralytica nicht direkt Folge des degenerativen Hirnprozesses ist, sondern indirekte pathoneurotische Reaktion auf die Selbstwahrnehmung des organisch bedingten Nachlassens der Gehirnfunktionen.[37] Den häufigen akuten Psychosen nach Verstümmelungen u. dgl., deren Funktion, die Abweisung der unliebsamen Realität, überdeutlich ist, und deren Symptombild vom Kampf zwischen Leugnungsneigung und Wahrnehmung beherrscht wird (Projektion etc.), liegt ebenfalls eine narzißtische Regression von pathoneurotischer Art zugrunde, nur ist diese psychisch weiterverarbeitet.[38]

Was die Frage der Behandlung der Pathoneurosen anlangt, so haben viele von ihnen, entsprechend ihrem libidotheoretischen Charakter, akuten Verlauf, heilen also nach kurzer Zeit von selbst. Die Analyse solcher Fälle hätte also nur (gewiß recht bedeutendes) theoretisches, aber kaum therapeutisches Interesse. Bei schwereren Formen, die in chronische Psychosen übergehen, kann

---

37) Ferenczi und Hollós: Zur Psychoanalyse der paralytischen Geistesstörung.
38) Siehe Freud: Neurose und Psychose (Ges. Schr., Bd. V), ferner z. B. Brill: Unconscious Insight. Int. Journ. of Ps.-A. X (1929).

man nicht mehr von eigentlichen „Pathoneurosen“ sprechen, sondern von durch organische Krankheiten „pathoneurotisch“ veranlaßten richtigen Psychosen.

Das Reich der Organneurosen ist zwischen Konversionshysterie und Hypochondrie ausgespannt.[39] Seine feinere Differenzierung wird also zunächst die Aufgabe haben, zu entscheiden, wieviel der somatischen Symptomatologie einer Organneurose konvertierter Ausdruck phantasierter infantiler Sexualbeziehungen, also Konversionssymptom, ist, und wieviel voller narzißtischer Ersatz aufgegebener Objektbeziehungen.

Fangen wir mit den hysterieähnlichen Formen an. Wir haben davon gesprochen, wie mannigfache Umstände die Organwahl der Konversionshysterie bestimmen: Somatisches Entgegenkommen, die spezielle infantile Historik, eine partielle prägenitale Fixierung und die Geeignetheit des betreffenden Organs zur symbolischen Anspielung. In allen diesen Hinsichten kann unter Umständen ein Organ über alle anderen derart dominieren, daß eine Hysterie sich nur an einem einzigen Organ etabliert. Auch in solchen Fällen ist es klinisch üblich, von Organneurosen zu sprechen. Richtig wäre die Bezeichnung: lokalisierte Konversionshysterie.

Als hierher gehöriges Beispiel sind wohl die meisten Fälle der sogenannten „Herzneurose“ zu zählen. Die Analyse deckt oft überdeutlich auf, was man bei der Konversionshysterie nach Ferenczi „Genitalisierung“ nennt. — Ein herzneurotischer Patient berichtet, daß er bei seinem ständigen Herzklopfen das Gefühl habe, daß das Herz immer größer, die ganze Brust immer steifer werde, bis dies an einem gewissen fast unerträglichen Höhepunkt auf einmal abbreche, das Herzklopfen aufhöre und das Herz wieder „zusammenschrumpfe“. Die Deutung, daß das Herz einen Penis darstelle, der erigiert wird und schließlich zur Ejakulation kommt, die ihm im Zusammenhang mit infantilem Material gegeben werden konnte, nahm der Patient an. Einige Tage darauf berichtet er: Die Sensationen seien verschwunden, dafür aber hätten sich merkwürdige andere eingestellt. Er hat nun das Gefühl, als ob das Herz auseinanderbreche und irgend etwas in sich aufnehmen möchte, was nicht weniger quälend sei als das frühere Wachsen und Schrumpfen. So konnte das Herz in seiner Symptomatologie einen bisexuellen Charakter annehmen, sowohl das männliche wie auch das weibliche Genitale darstellen.

Analoges ist selbstverständlich an allen Organsystemen möglich, z. B. bei Magen-Darm-Neurosen, deren Organwahl durch eine oral-anale Fixierung bestimmt wird. Solche „prägenitale Organneurosen“ gibt es nun nicht nur in dem Sinne, daß die prägenitalen erogenen Zonen als Sitz von Konversionssymptomen auftreten, sondern auch in dem, daß nach wirklicher Aufgabe der genitalen Wünsche prägenitale mit allen zugehörigen prägenitalen Cha-

39) Vgl. Ferenczi: Organneurosen und ihre Behandlung; in: Federn und Meng: Das psychoanalytische Volksbuch; und Schultz-Hencke: Zur Diskussion der Organneurosen. Nervenarzt I. 11.

rakteristiken regressiv an ihre Stelle treten und nun in Konversionssymptomen sich äußern. Solche richtigen „prägenitalen Konversionsneurosen" mit — im Gegensatz zur Hysterie — voller Regression stellen z. B. Tic, Stottern, Asthma bronchiale dar. Wir werden auf sie zurückkommen, sobald wir bei der Zwangsneurose den Charakter der auch bei ihnen vorliegenden echten Regression studiert haben werden.

Dagegen wollen wir über die noch tiefer regredierten, hysterie-fernen Organneurosen, die also den Übergang zur narzißtischen Hypochondrie darstellen, noch einige Worte sagen. Es sind dies die eigentlichen, im Gegensatz zur Hysterie immer narzißtischen und schwer beeinflußbaren „Organneurosen". Die bei ihnen erkrankten Organe sind ebenso „libidinisiert" wie die der Konversionshysterie. Ihre Grundlage ist ebenfalls die allgemeine Erogeneität aller Organe und Funktionen, ihre Symptome setzen dort an, wo physiologische Funktionen sexuelle Bedeutung angenommen haben, wo ihr Ausüben (abzuwehrende) sexuelle Lust bringt. Aber wir verstehen jetzt, wo der Unterschied liegt: Bei der hysterischen Form der Libidinisierung der Organe sind die unbewußten Objektbesetzungen erhalten geblieben, bei der anderen zwar nicht ganz, aber partiell aufgegeben worden, so daß das Hervortreten der Organe genau so wie bei den Aktualneurosen und Psychosen auf Kosten der Objektbesetzungen geschieht. Wie bei der Hypochondrie ist analytisch nachzuweisen, daß die Vorgänge in den erkrankten Organen nicht nur den Sinn der libidinösen Befriedigung und der Kastration haben, sondern daß die Organe auch die introjizierten Objekte repräsentieren, und daß die Konflikte, die ursprünglich der Kranke mit Objekten der Außenwelt zu bestehen hatte, sich nunmehr intrapsychisch zwischen ihm und seinen Organen abspielen. Das bringt solche Fälle ganz in die Nähe der Melancholie, deren Inhalt ebenfalls ein narzißtischer Konflikt zwischen dem Kranken und den introjizierten Objekten charakterisiert.

Ich hatte Gelegenheit, eine schwere vasomotorische Neurose mit angina pectorisartigen Anfällen zu analysieren. Die Anfälle waren zum ersten Male aufgetreten, als bald nach dem Tode der Mutter der Patient die Nachricht von einer schweren Erkrankung des Vaters bekam. Der infantil-narzißtisch an das Elternhaus fixierte, ohne Eltern lebensunfähige Mensch sah sich plötzlich vor der Gefahr des Alleingelassenwerdens. Die Pseudoangina pectoris nun hatte nicht nur den nahe liegenden Sinn der Identifizierung mit dem herzkranken sterbenden Vater. Der reale Vater verlor im Moment der Erkrankung jedes Interesse für den Patienten. Er zog sich vollkommen von der Objektwelt zurück und lebte nur noch seinen Anfällen unter einer schrecklichen Todesangst. Er hatte den Vater introjiziert und fürchtete nun, von seinem Herzen so verlassen (getötet) zu werden, wie er realiter in Gefahr stand, vom Vater verlassen zu werden. Seine Einstellung zur Krankheit, die furchtbaren sadistischen Verdammungsworte, die er gegen sein Herz schleuderte, — während er sich in Wirklichkeit passiv-masochistisch genießend seiner Krankheit hingab, spiegelte vollkommen seine infantile Beziehung zum Vater wieder. In jeder Beziehung war das Herz zum vaterrepräsentierenden Über-Ich geworden, und die volle, sein ganzes Leben beherrschende, dem Vater geltende Ambivalenz galt nun dem Herzen und der Krankheit. Symptomatologie und Träume zeigten Übereinstimmung zwischen Einstellung zur Krankheit und infantiler Einstellung zum Vater bis in allerkleinste Details.

Solche tiefe prägenital-narzißtische hypochondrie- bzw. melancholieähnliche Mechanismen der Organneurosen scheinen bei vasomotorischen und sonstigen vegetativen Neurosen, ferner bei psychogenen Erkrankungen der Haut häufig.

Die Ähnlichkeit dieser Fälle mit der psychischen Struktur, die Freud bei Dostojewski aufgedeckt hat,[40] bringt auf den Gedanken, ob nicht auch die Epilepsie oder wenigstens die sogenannte „Hystero-Epilepsie" in dieses Kapitel der eigentlichen oder narzißtischen „Organneurosen" einzureihen wäre.[41] Die Freudsche Auffassung, daß der epileptoide Komplex ein organisch vorgezeichnetes Syndrom ist, das einmal (Jackson, ev. genuine Epilepsie) organisch, ein anderes Mal (Hystero-Epilepsie) psychisch ausgelöst werden kann,[40] ist so einleuchtend, daß man an ihr wohl nicht mehr zweifeln kann. Eine Analyse wird psychische Zusammenhänge allerdings immer aufdecken, da ja auch rein organische Symptome in psychische Zusammenhänge eingereiht werden bzw. pathoneurotische Folgen haben. Die Fälle nun, die am psychischen Ende der Reihe einzuordnen sind, werden wohl, der archaischen Natur des epileptoiden Syndroms entsprechend, tiefer regrediert, tiefer narzißtisch verankert sein als die eigentliche Konversionshysterie, so daß man diese Kategorie der Epilepsie wohl am besten als „Organneurose des Gehirns" charakterisieren wird. Daß eine solche „Besetzung des Gehirns" meist Ausdruck einer ungeheuren, gegen das eigene Ich gewendeten gewalttätigen sadistischen Triebneigung ist, ist zunächst Erfahrungstatsache. Bei Besprechung des Grübelzwanges werden wir auch eine theoretische Begründung dafür finden.

Was die Behandlung der Organneurosen anlangt, so wird auch hier Exploration bzw. Probeanalyse erst den libidotheoretischen Charakter des vorliegenden Falles abzuschätzen haben. Auf ein Organ beschränkte Hysterien sind natürlich nicht schwerer und nicht anders zu analysieren als ausgedehntere; für sie gilt, was über die Indikation der Hysterie gesagt wurde. Je psychosenäher die Organneurose, umso fraglicher wird die Prognose; sie wird ähnlich den bei den Psychosen aufzustellenden Kriterien von Fall zu Fall verschieden zu stellen

---

40) Freud: Dostojewski und die Vatertötung. (Dostojewski: Die Urgestalt der Brüder Karamasoff, herausgegeben von Fülöp-Miller u. Eckstein. Piper München.) Auch in „Almanach der Psychoanalyse 1930".

41) Fälle von Epilepsie wurden verschiedentlich psychoanalytisch untersucht, zuerst von Stekel: Die psychische Behandlung der Epilepsie. Zentralbl. f. Ps.-A. I (1911) und von Clark (vgl. das Autoreferat seines Vortrages: Psychologische Studien über Natur und Pathogenese der Epilepsie. Int. Z. f. Ps.-A. III [1915] S. 175), ohne daß man zu eindeutigen Resultaten gekommen wäre.

sein. Bei der Epilepsie endlich wird das Hauptstreben der Probeanalyse darauf zu richten sein, festzustellen, wie weit überhaupt eine Organneurose vorliegt, d. h. man muß das relative Gewicht der beteiligten organischen und psychischen Faktoren abschätzen. Das ist gewiß nicht leicht. Exakte Kriterien hiefür lassen sich noch nicht angeben.

c) Hemmungszustände

Wir haben erfahren, daß das hysterische Symptom Ausgang eines Triebkonfliktes ist, der Wiederkehr der verdrängten infantilen sexuellen Regungen aus der Verdrängung seine Entstehung verdankt. Freilich waren an der Symptombildung auch die abwehrenden Kräfte beteiligt, doch schien im allgemeinen die Befriedigungsbedeutung über die Abwehrbedeutung zu prävalieren. Wir werden hören, daß das bei der Zwangsneurose anders zu sein scheint. Bei ihr springen Symptome mit Abwehrbedeutung in die Augen. Aber auch sie werden ergänzt durch Symptome, die entstellte Triebdurchbrüche sind, oder enthalten selbst einen verborgenen Befriedigungscharakter, so daß die Wiederkehr des Verdrängten doch auch hier wesentlich zu sein scheint. Aber denken wir jetzt an zwei andere Typen von Symptomen, die wir bereits kennen gelernt haben. Wenn sich eine Phobie entwickelt, so konnten wir dabei zwei Stufen unterscheiden: Nach der Sexualisierung der harmlosen Funktion (z. B. des Gehens auf der Straße) entstand zunächst Angst bei jeder Situation, die an die anstößige Funktion gemahnte. Erst dann entwickelt sich, um dieser Angst zu entgehen, der eigentliche phobische Vorbau: — der Kranke vermeidet einfach die Situation resp. die Ausübung der Funktion, durch die Angst entstehen würde. Diese zweite, eigentlich phobische Symptombildung bei einer bestehenden Angsthysterie ist leicht zu verstehen und braucht zu ihrer Erklärung keine weitere Heranziehung des ursprünglichen Triebkonfliktes: Das Ich, das ja über die Motilität herrscht, und das die unangenehme Angst zu spüren bekommen hat, unterläßt einfach die motorische Aktion und entgeht der Angst; ein Vorgang, der als sich ganz im Ich abspielend gedacht werden kann, den wir als einfache Hemmung bezeichnen und der in dem Fall der Phobie erst nach bereits ausgebildeter eigentlicher Angsthysterie einsetzt. Es ist natürlich auch denkbar, daß es dem Ich in anderen Fällen gelingt, sich unangenehme Konflikte zu ersparen, indem es von vornherein die in anstößiger Weise sexualisierte Funktion hemmt, deren Charakter es durch die ihm zukommende innere Wahrnehmung kennt. Freilich werden wir — genau wie bei der Verdrängung — fragen müssen, auf welche Art das Ich solche Nichtzulassung zur motorischen Aktion ins Werk setzt.

Zweitens erinnern wir uns an ein Konversionssymptom, das auch bei anderen Neurosen als bei der Hysterie vorkommt, an die psychogene männliche Impotenz. Nehmen wir einen einfachen Fall: Die Analyse hätte ergeben, daß der Mann an der Angst leidet, seinem Glied könnte in der Vagina Schaden entstehen; sein Ich fürchte diesen Schaden und wolle deshalb die Triebhandlung, die das Es verlangt, den Geschlechtsakt, unterdrücken. Es ist klar, welche Funktion hier das Symptom hat: von einer „entstellten“ Befriedigung durch die Impotenz kann keine Rede sein. Die Impotenz ist eine körperliche Veränderung, von den abwehrenden Schichten des Ichs ins Werk gesetzt, die verhindert, daß eine für gefährlich gehaltene Triebhandlung ausgeführt wird. Diese Schichten des Ichs sind natürlich die tiefsten, Es-nächsten, die, in denen die Kastrationsangst sitzt, und denen zum Zwecke der Triebabwehr noch Innervationen zu Gebote stehen, die der Willkür entzogen sind. Man kann sagen: D a s I c h h ä l t e i n e T r i e b h a n d l u n g f ü r g e f ä h r l i c h, u n t e r l ä ß t s i e d e s h a l b und erzwingt diese Unterlassung durch eine sichernde organische Funktionsveränderung.

Wenn wir die Definition des neurotischen Symptoms als entstellte Sexualbefriedigung, also als Durchbruch des Es ernst nehmen, so ist eine solche Impotenz, deren Psychogenese sich lediglich im Ich abspielt (allerdings natürlich sich gegen Regungen des Es wendet), kein neurotisches Symptom. Wir reden wieder von einer „Hemmung“. Es ist zu erwarten, daß besonders die „sichernden“ Organveränderungen sich in der Praxis vom wirklichen konversionshysterischen Symptom nicht immer scharf werden trennen lassen. Auch dafür haben wir bereits ein Beispiel erwähnt: Dysfunktionen der Muskulatur, besonders von hypertonischem Charakter, können, sagten wir, nicht nur in hysterischem Sinne etwa die Erektion bedeuten, sondern auch die Neigung zu allgemeiner motorischer Hemmung anstößiger Triebregungen (z. B. verschobene Sphinkterenfunktion) ausdrücken.

„Hemmungen“ können sowohl neben neurotischen Symptomen aller Art als auch ohne solche vorkommen. Einen gewissen Grad von konstanten und variablen Hemmungen müssen wir auch beim Normalen annehmen. Hier kann es sich nur um die Besprechung solcher Fälle handeln, bei denen eine oder mehrere, praktisch belangvolle Hemmungen das Wesentliche eines psychogenen Krankheitsbildes ausmachen. Die bedeutungsvollsten dieser Fälle schließen sich an die Hysterie an; es gibt aber auch solche, die sich mehr an Organneurosen, Zwangsneurosen und Psychosen anschließen.

Eine systematische Darstellung der für das Ich möglichen Hemmungsm o t i v e fällt uns deshalb leicht, weil F r e u d bereits eine solche gegeben hat und wir ihn hier nur zu referieren brauchen.[42]

1) Menschen im akuten Verdrängungskampf, d. h. Menschen, die es nötig

42) F r e u d: Hemmung, Symptom und Angst (Ges. Schr. Bd. XI. S. 23—27).

haben, fortwährend an sie herantretende innere Triebansprüche oder Versuchungen abzuwehren, benötigen dafür einen großen Aufwand. Sie verwenden ihre Energie für die Gegenbesetzung; es bleibt nichts übrig für die Ichfunktionen. Sie kommen in einen Zustand von „allgemeiner Hemmung aus ökonomischer Verarmung". Das Ich will gar nichts mehr tun, weil es alles für eine innere, stille, zehrende Aufgabe verwendet. Manches von dem, was man in der Praxis „chronische Neurasthenie" oder vor allem „Erschöpfungsneurosen" nennt, wird hieher zu zählen sein; ebenso manche allgemeine Arbeitshemmung, auch bei Kindern; es ist klar, daß es von hier aus Übergangsfälle zur Hebephrenie geben wird.

2) Es gibt Menschen mit einem besonders intensiven, aus dem infantilen Sexualleben stammenden Schuldgefühl, die immer ihrem Gewissen Abzahlungen leisten müssen. Es geht ihnen sozusagen nur gut, solange es ihnen schlecht geht. Die von Freud geschilderten Charaktertypen derer, „die am Erfolge scheitern"[43], „der Verbrecher aus Schuldbewußtsein"[44] und schließlich der moralische Masochist überhaupt,[45] sind die extremen Vertreter dieser Typen. Sie dürfen von ihren Begabungen, den Möglichkeiten ihrer Veranlagung und ihres Charakters, nicht Gebrauch machen. Sie hemmen ihre Funktion, deren Betätigung zu Erfolgen führen könnte. Solche Hemmungen befriedigen einen vom Über-Ich an das Ich gestellten Anspruch.

3) Die meisten Fälle werden dem für die Phobie gültigen Typus angehören: Das Ich hemmt eine Funktion, wenn es aus unbewußten Motiven sexuelle Regungen abzuwehren hat, und wenn die an sich harmlose Funktion durch Verschiebung sexuelle Bedeutung angenommen hat. Die Tätigkeit wird dann deshalb gehemmt, weil ihre Ausübung eine sexuelle Lust brächte, der die Abwehr eigentlich gilt. Was bei der Impotenz direkt an der sexuellen Funktion geschieht, geschieht hier an der verschobenen sexuellen Funktion. Freud sagt diesbezüglich: „Wir haben ganz allgemein die Einsicht gewonnen, daß die Ich-Funktion eines Organs geschädigt wird, wenn seine Erogeneität, seine sexuelle Bedeutung, zunimmt. Es benimmt sich dann, wenn man den einigermaßen skurrilen Vergleich wagen darf, wie eine Köchin, die nicht mehr am Herde arbeiten will, weil der Herr des Hauses Liebesbeziehungen zu ihr angeknüpft hat. Wenn das Schreiben, das darin besteht, aus einem Rohr Flüssigkeit auf ein Stück weißes Papier fließen zu lassen, die symbolische Bedeutung des Koitus angenommen hat, oder wenn das Gehen zum symbolischen Ersatz des Stampfens auf dem Leib der Mutter Erde geworden ist, dann werden beide, Schreiben und

---

43) Freud: Die am Erfolge scheitern (Ges. Schr. Bd. X).
44) Freud: Die Verbrecher aus Schuldbewußtsein (Ges. Schr. Bd. X).
45) Freud: Das ökonomische Problem des Masochismus (Ges. Schr. Bd. V).

Gehen, unterlassen, weil es so ist, als ob man die verbotenen sexuellen Handlungen ausführen würde. Das Ich verzichtet auf diese ihm zustehenden Funktionen, um nicht eine neuerliche Verdrängung vornehmen zu müssen."[46]

Über die klinischen Eigenschaften dieser drei genetischen Typen ist noch einiges zu bemerken:

Von dem ersten Typ, „der allgemeinen Hemmung aus ökonomischer Verarmung" wird es wieder akute und chronische Formen geben. Die akuten, der „Erschöpfungsneurose" ähnlichen, werden auftreten, wenn Schicksal oder auch eine einzelne erlebte Situation die Vornahme einer akuten Verdrängungsleistung erfordern, und schwinden, sobald diese Aufgabe erfüllt ist oder die Situation sich geändert hat. Die chronischen Formen, die eine während des ganzen Lebens verdrängte Regung auf Kosten der Entwicklung der Persönlichkeit niederzuhalten haben, bei denen also nur die Ichverarmung, die eigentlich jeder Neurotiker durch seine Verdrängungsarbeit erleidet, besonders deutlich in Erscheinung tritt, sind jene charakterlich „allgemein Gehemmten", die mit geringerer Intensität zu leben scheinen als alle anderen, die durch Apathie, Gleichgültigkeit, Mangel an Initiative etc. auffallen. Inhaltlich scheint sowohl bei den akuten als auch bei den chronischen Formen der Kampf mit den aggressiv-sadistischen Regungen mehr im Vordergrund zu stehen als der mit den genital-sexuellen. Die Differenz gegenüber der Hebephrenie ist theoretisch leicht zu konstruieren: Hier sind die verdrängten Objektbeziehungen im Unbewußten noch vorhanden und libidinös besetzt, bei der Hebephrenie ist die Verarmung nicht nur manifest, sondern absolut, die Libido ist den Objektbesetzungen tatsächlich überhaupt entzogen, nicht nur den realen Handlungen. In der Praxis wird eine derartige Unterscheidung nicht leicht sein. Auch bei der Hebephrenie ist die narzißtische Regression nicht immer und nicht von Anfang an eine totale. Man sieht dann ebenfalls äußerlich apathische Menschen, bei denen die Analyse ursprünglich tiefe, z. B. aggressive, Objektkonflikte nachweist. Bezüglich der akuten Formen verweist Freud auf einen Fall, der bei allen Gelegenheiten in Apathie verfiel, die einen Normalen in Wut versetzt hätten; er durfte sich keinen Wutausbruch gestatten, weil er ihm als Ausdruck der anstößigen infantil-sexuellen Beziehungen erschienen wäre.[47] Ich selbst konnte in einem Falle genau die gleiche Beobachtung machen. — Auch die chronisch Apathischen erweisen sich in der Analyse als ursprünglich schwer aggressive Typen, die ihre Aggressivität aus Kastrationsangst hemmen, bzw. in Masochismus wandelnd gegen das eigene Ich richten. Die Analyse weist im Unbewußten gigantische Vernichtungsphantasien nach; die richtige ökonomische Leitung der Analyse wird zur Hauptaufgabe; denn wenn

46) Freud: Hemmung, Symptom und Angst (Ges. Schr. Bd. XI. S. 26).
47) Freud: Hemmung, Symptom und Angst (Ges. Schr. Bd. XI. S. 27).

die Patienten, an ihre „Apathie" sich klammernd, dem Gefühl Ausdruck verleihen, sie würden, gäben sie ihre Hemmung auf, im übermächtigen Druck ihrer gestauten aggressiven Regungen explodieren wie eine ventillose Dampfmaschine, so muß der Analytiker ihnen recht geben. Wahrscheinlich handelt es sich beim „Raptus" der Psychosen, vielleicht auch bei manchen epileptischen Anfällen, um solche „Explosionen". Äußere übertriebene Ruhe kann also innere höchste Unruhe verdecken, die der Libidostauung entspricht. Oft wird die „Ruhe" oder Apathie nur durch die Arbeits- und Tatunlust vorgetäuscht, die in Wahrheit durch innere Spannung und Unruhe erst verursacht wird.

Natürlich kann das deskriptive Bild einer Apathie allein nicht ausreichen, um die Diagnose einer solchen ökonomischen Hemmung zu stellen. Darüber gibt nur ein Analyseversuch Aufschluß. In den Fällen, in denen dieser Mechanismus fast rein vorhanden ist, ist die Prognose einer Analyse durchaus günstig, denn die Befreiung vom zehrenden Verdrängungskampf muß dem Patienten ja seine vollen Kräfte wiedergeben. Schwieriger sind die chronischen Fälle zu behandeln: Es stehen bei langdauernden, charakterlich verankerten Formen dem praktischen Heilen alle die Schwierigkeiten entgegen, mit denen die Charakteranalyse im Gegensatz zur Symptomanalyse zu kämpfen hat, nämlich die Unsicherheit der Stellungnahme des Ichs und die Unvollständigkeit von Krankheitseinsicht und Heilungswunsch. Bei Fällen, die der Hebephrenie nahe stehen, kommen die aus dem Narzißmus erwachsenden Schwierigkeiten noch hinzu, die näher abzuschätzen Hauptaufgabe der differentialdiagnostischen Probeanalyse sein wird.

Die schweren Fälle des zweiten Typus, „Hemmung, um einen Über-Ich-Anspruch zu befriedigen", zeigen deutlich den schweren narzißtischen Charakter ihrer Störung. Der tragende Konflikt spielt sich ja hier bereits rein intrapsychisch, ohne Rücksichtnahme auf die Objekte der Außenwelt, zwischen dem Ich und seinem Über-Ich ab. Wenn auch solche Fälle trotzdem Objektbeziehungen, oft in allen kleinen Details, widerspiegeln, so erklärt sich das dadurch, daß ja das Über-Ich durch Introjektion von Objekten entstanden ist; wir haben dann einen indirekten Beweis für die Genese des Über-Ichs vor uns. Von den masochistischen Charaktertypen sind solche Fälle überhaupt nicht zu unterscheiden; zu den manisch-depressiven Psychosen gibt es Übergänge. („Gehemmt" sind dabei natürlich nur die depressiven Phasen.) In die Kategorie der Übergänge solcher „Hemmungen" zu den depressiven Psychosen gehören Fälle, die eigentlich sämtliche klinischen Anzeichen einer Melancholie bieten — mit der einzigen Differenz, daß diese Anzeichen nicht akut einsetzen, sondern, charakterlich verankert, während des ganzen Lebens andauern. Von der Intensität der in solchen Fällen wirksamen Aggressionstendenzen und der Schuldgefühle kann man sich kaum eine Vorstellung machen.

Als Beispiel erinnere man sich an das hieher zu rechnende „Proletariermädchen“, dessen Tagebuch nach ihrem Suizid von Ferenczi publiziert wurde.[48] — Ein hieher gehöriger Fall, der die schwersten Schicksalsschläge — Tod der Mutter im dritten, des Vaters im fünften Lebensjahr, des geliebten Bruders in der Pubertät, eines zweiten Bruders und des einzigen Geliebten im späteren Leben, unerhörte Quälereien durch eine sadistische Stiefmutter während der ganzen Kindheit — mit „Ergebenheit“, d. h. als Strafe für unbewußte Schuld und mit Verdrängung aller immer wieder erstehenden Racheimpulse, hingenommen hatte, bot charakterlich ein ähnliches Bild wie akut eine Melancholie; die fortwährenden Selbsterniedrigungen wurden ergänzt durch häufige Unfälle, Geldverluste und andere Anzeichen des gegen das eigene Ich gewendeten Zerstörungstriebes. In allen Lebensrelationen war sie völlig gehemmt. Manische Züge verrieten sich nur in anfallsweise auftretenden Impulsen zu Pseudologie. — Die bei solchen Fällen wirksamen Mechanismen sind depressive und können genauer nur im Zusammenhang mit den manisch-depressiven Erkrankungen besprochen werden.

Freud hat wiederholt darauf aufmerksam gemacht, daß die Bewältigung eines starken unbewußten Schuldgefühls, wenn sie überhaupt möglich ist, zu den schwierigsten Aufgaben gehört, die sich eine Psychoanalyse stellen kann.[49] Theoretisch kann der einzige Weg zur Lösung eines Schuldgefühls in der analytischen Aufrollung der dem Über-Ich zugrundeliegenden infantilen Objektbeziehungen bestehen, was, wie Freud gezeigt hat, am aussichtsreichsten in den relativ seltenen Fällen des entlehnten Schuldgefühls geschehen kann.[50] Über eine zur Behandlung solcher Fälle ev. notwendige Modifikation der psychoanalytischen Technik ist in der letzten Zeit viel diskutiert worden; die diesbezüglichen Untersuchungen sind keineswegs abgeschlossen. Die Prognose solcher Fälle mit stark narzißtischem Einschlag muß daher noch zweifelhaft gestellt werden. Es gibt auch leichtere hieher gehörige Fälle, die nicht ihrem Über-Ich zuliebe ihr ganzes Leben mit Hemmungen erfüllen und ruinieren, sondern nur an der einen oder anderen Stelle versagen. Wenn die praktische Erfahrung lehrt, daß die sogenannten „Berufsneurosen“, d. h. die in Analogie zur Impotenz durch organische Veränderung (Krampf) gesicherten Hemmungen bestimmter Berufstätigkeiten (Violinspieler-, Schreibkrampf u. dgl.) analytisch undankbare Objekte darstellen und schwer zu heilen sind, so mag das darauf zurückzuführen sein, daß solche Fälle häufig in diese Kategorie gehören und eigentlich narzißtische Konflikte mit dem Über-Ich darstellen. Die analytische Prognose solcher Fälle wird also davon abhängen, welchen Mechanismus der Hemmung eine Probeanalyse als ausschlaggebend einschätzen wird. Sie wird umso ernster sein, je mehr es sich um diesen Über-Ich-Typus, — umso günstiger, je mehr es sich um den gleich zu besprechenden dritten Typus handelt.[51]

---

48) Ferenczi: Aus der Kindheit eines Proletariermädchens. Z. f. ps.-a. Pädag. III (1929).

49) Freud: Das Ich und das Es (Ges. Schr. Bd. VI. S. 394 f).

50) Freud: Das Ich und das Es (Ges. Schr. Bd. VI. S. 395, Fußnote).

51) Vgl. hiezu Jokl: Zur Psychogenese des Schreibkrampfes. Int. Z. f. Ps.-A. VIII (1922).

Auch hiezu ein kasuistisches Beispiel: Ein Geiger leidet beim Spiel an solchen Fingerkrämpfen, daß er daran denkt, den Beruf aufzugeben, da er überhaupt nicht mehr öffentlich spielen kann. Er war früher Maler gewesen und hatte auf Wunsch seines jüngeren Bruders, der sich als Maler bereits einen Namen geschaffen hatte, und der die Konkurrenz des Bruders fürchtete, den Beruf gewechselt. Da dem Patienten die Malerei weit mehr am Herzen lag als die Musik, war schon seine Bereitwilligkeit, der Aufforderung des Bruders zu folgen, höchst eigentümlich. Die Neurose, die ihm die Möglichkeit des Geigens nahm, entsprach zunächst der unbewußten Tendenz, diese Bereitwilligkeit wieder aufzuheben, zur Malerei zurückzukehren, den Bruder zu übertreffen, ja, ihn zu töten. Die Bereitwilligkeit war eine Überkompensation starker Haßtendenzen gegen den Bruder gewesen. Da der Patient bewußt gar nicht daran dachte, die Malerei wieder aufzunehmen, sich immer wieder zur Geige zwang und sich schwerste Blamagen, Zurücksetzungen und Demütigungen holte, sah man, daß der Krampf ebenso wie jene Bereitwilligkeit außerdem und vor allem der Selbstbestrafung für die Haßtendenzen gegen den Bruder entsprach, die Ansprüche eines strengen Über-Ichs befriedigte. Die Kindheitsgeschichte ließ diese Verhältnisse verstehen: Der Patient hatte eine Reihe älterer Geschwister, denen gegenüber er sich von Anfang an zurückgesetzt fühlte. Im Alter von drei Jahren, als er längst gehen konnte, erkrankte er an spinaler Kinderlähmung. Gegen die Folgen der Krankheit wurde gar nichts unternommen. Der Patient konnte nicht mehr gehen, sondern kroch auf allen Vieren in der Stube umher. Niemand kümmerte sich um ihn, er vegetierte wie ein Tier und fühlte sich als das niedrigste Wesen, die ganze Welt wegen seiner Niedrigkeit hassend. Als er sechs Jahre alt war, wurde ein jüngerer Bruder, der nachmalige Maler, geboren. Nun gab es plötzlich ein Wesen, das noch kleiner war, noch weniger gehen konnte, — eine ungeheure Genugtuung. Aber welche Enttäuschung mußte es sein, welcher Haß entbunden werden, als der kleine Bruder besser kriechen, ja gehen lernte, den älteren Konkurrenten aus dem Felde schlug! Diese Situation, das Überholtwerden durch den gehen lernenden Bruder, wiederholte der Patient in den Selbstbestrafungen seiner späteren Berufshemmung. Der Wunsch, den Bruder zu überholen, mußte so unterdrückt werden.

Bis hieher sieht die Krankengeschichte fast wie eine individualpsychologische aus. Wo ist hier die verdrängte Kindersexualität? Die Nachricht, daß nicht nur der Bruder, sondern auch der Vater Maler war, ließ in die tiefere Schicht eines dem Vater geltenden Schuldgefühls blicken. Nach einigen Monaten Analyse, die das völlige Beherrschtwerden dieses Menschen durch unbewußte Schuldgefühle und die entsprechenden Widerstände gezeigt hatten, gestand der Patient, daß er mit 20 Jahren mit der Geliebten des Vaters (die Mutter war früh gestorben) heimlich Geschlechtsverkehr gehabt hatte. Dann brach er die Analyse ab, weil er einem Menschen, der das von ihm wußte, nicht mehr in die Augen sehen konnte. So wurden die entsprechenden infantilen Erlebnisse nicht eruiert; aber man sah, daß der dem Bruder geltende Ambivalenzkonflikt in tieferer Schicht die Konflikte des Ödipuskomplexes deckte. Das Ödipusschuldgefühl war es, das keinen Erfolg erlaubte, das Geigen hemmte und den Patienten die Änderung versprechende Analyse abbrechen ließ.

Die Hemmung der „sexualisierten Ich-Funktion" ist derjenige Hemmungstypus, der der Hysterie am verwandtesten ist; er wird auch einer Analyse die beste Aussicht geben. Näheres Hinsehen belehrt darüber, daß eigentlich zwei

Psychogenesen der Hemmungen hier unter einem Namen zusammengefaßt sind, die sich aber praktisch wohl schwer werden trennen lassen. Das Beispiel von der Köchin mit dem Liebesverhältnis zeigt uns, daß die bloße Sexualisierung einer Funktion an sich, — auch wenn das Ich dagegen keinen Einspruch erhebt, — sich als Hemmung dieser Funktion manifestieren muß. Es mag unter Umständen wichtig sein zu unterscheiden, ob das Ich irgendwo schlecht funktioniert, weil es, statt die Funktion zu erfüllen, sexuelle Lust genießen will, oder weil es aus Kastrationsangst auf die sexualisierte Funktion verzichtet. Man denke etwa wieder an manche bewegungshemmende Muskelspiele oder Stereotypien, die wie ein Zwangssymptom sowohl ein Onanieäquivalent als auch eine Form der Onanieunterdrückung darstellen. Wahrscheinlich nehmen ursprünglich der Unterdrückung dienende Symptome allmählich mehr Befriedigungbedeutung an, womit aber der Fall aus dem Gebiet der reinen Hemmungen herausfällt, und — je nachdem, ob die genossene Befriedigung bewußt als solche empfunden wird oder nicht, den Perversionen oder Neurosen zuzurechnen wäre. Als neurosebegleitend sind, wie wir sahen, solche Hemmungen charakteristisch bei der Angsthysterie, die durch dieselben zur Phobie wird. Theoretisch gesehen haben dabei die Hemmungen durchaus den Charakter der Gegenbesetzung, d. h. der vom Ich ins Werk gesetzten Maßnahmen, die die Aufrechterhaltung der Verdrängungen gewährleisten sollen. Es ist ohne weiteres einzusehen, daß bezüglich der Prognose für solche Hemmungen dasselbe gelten muß wie für die Hysterie. Fälle von Impotenz, Vaginismus, Frigidität, also Konversionssymptome der Motorik und Sensibilität zur Verhinderung des Sexualgenusses, die als Begleitsymptome bei sämtlichen Neurosen vorkommen (eine Bestätigung der Freudschen These, daß sämtliche Neurosen Sexualkrankheiten sind)[52], sind, soweit sie bei sonst normalen Menschen auftreten, also das einzige Symptom darstellen, unter diesen Typus der Hemmungen zu rechnen. In ihnen ist jede Sexualbetätigung unbewußt Ausdruck der mit Kastrations- oder Liebesentzugsgefahr verbundenen infantilen Sexualität geworden, so daß das Ich, um diesen Gefahren zu entgehen, die Sexualfunktion einstellen muß.

Die drei Sexualhemmungen Impotenz. Frigidität, Vaginismus scheinen dabei, so ähnlich ihre Mechanismen auch sind, doch nicht ganz gleichwertig: Die Impotenz repräsentiert in der Regel am meisten den Typus der „reinen Hemmung", resp. ihrer von den tiefen abwehrenden Schichten des Ichs ins Werk gesetzten körperlichen Sicherung. Das Ich versagt sich den Geschlechtsgenuß. Warum? Weil dieser als Gefahr perzipiert ist, in der Regel als „Kastrationsgefahr", weil die unbewußte Idee besteht, dem Gliede werde in der Scheide etwas zustoßen. Diese Idee wieder verdankt ihre Wirksamkeit dem Festhalten an infantilen Sexualzielen, gegen die sie seinerzeit

52) Reich: Die Funktion des Orgasmus. S. 14.

aufgebaut wurde. Weil das Festhalten an den infantilen Sexualzielen eben das Charakteristikum der Neurosen ist, kommen Potenzstörungen auch als Begleiterscheinungen bei sämtlichen Neurosen vor. Der „Kernkomplex" der infantilen Sexualität ist der Ödipuskomplex. Die typischen und einfachen Fälle von Impotenz gehen auch, wie Ferenczi[53] und dann Steiner in einer Monographie über diesen Gegenstand[54] gezeigt haben, auf die Persistenz der unbewußten sinnlichen Liebe zur Mutter zurück. Es muß freilich nicht so sein. Wir dürfen wieder den „vollständigen Ödipuskomplex" nicht vergessen: Auch der feminin eingestellte Mann weicht aus Angst der Penisfunktion aus — und die „feminine Identifizierung", über die in anderen Zusammenhängen mehr die Rede sein wird,[55] spielt in der Psychogenese der hartnäckigeren Impotenzfälle eine große Rolle.[56] Da die feminine Identifizierung in der Regel, schematisch gesprochen, eine Sexualisierung der Abwehr der aktiv-männlichen Sexualität darstellt, schließen sich hier Fälle an, bei denen auch das Symptom der Impotenz selbst eine versteckte Befriedigungsbedeutung angenommen hat, nämlich eine masochistische. Freud hat bzgl. der Prognose der Impotenz mit Recht gesagt: „Es ist eine böse Überraschung, wenn uns die Analyse als Ursache der ‚bloß psychischen' Impotenz eine exquisite, vielleicht längst eingewurzelte masochistische Einstellung enthüllt."[57] — Der Impotenzform Ejaculatio praecox kommt immer mehr Gewicht zu als der Erektionsunfähigkeit. Abraham hat bei typischen Fällen vor allem dreierlei einander ergänzende unbewußte Grundlagen gefunden:[58] 1) (wie bei den schwereren Erektionsstörungen) eine feminine Einstellung, die sich schon in der erogenen Leitzone dokumentiert; statt des Penis (der Glans) ist die Peniswurzel und der Damm (resp. die tiefer unter dem Damm gelegenen Partien der Urethra) die erregbarste Partie, was einerseits auf eine konstitutionelle Erhöhung der Bisexualität hinweist, andererseits auch reaktiv nach psychogener Hemmung der Peniserogeneität eintreten kann. 2) Eine hinter der Passivität verborgene sadistische Einstellung mit dem Ziele, die Frau (= die Mutter) zu beschädigen und zu beschmutzen. 3) Eine verstärkte Urethralerotik, die den Samen noch so als autoerotischen Luststoff behandelt wie in der Kindheit den Urin. Alle drei Eigenschaften deuten auf eine weit tiefere Störung als sie der einfachen Hemmung oder der Hysterie entspräche. Dazu paßt auch die Ergänzung von Tausk, der auf die Bedeutung eines schweren Onanieschuldgefühls hinwies.[59] Reich konnte diese Eigenschaften — also die unbewußt prägenitale Verwendung der Genitalorgane — bei schweren Ejaculatio praecox-Fällen, die er der erwähnten chronischen Neurasthenie subsumierte, bestätigen. Doch wies er mit Recht darauf hin, daß es auch eine leichtere, der Hysterie verwandtere Form der Ejaculatio praecox gibt, bei der die Störung nur gelegentlich auftritt, der Samenerguß nicht fließend, sondern stoßweise erfolgt, und die andere Zeichen der erreichten genitalen Stufe aufweist; bei ihr ist die Prognose wesentlich günstiger als bei der

53) Ferenczi: Analytische Deutung und Behandlung der psychosexuellen Impotenz beim Manne. Psych.-Neur. Woch. 1908.

54) Steiner: Die psychischen Störungen der männlichen Potenz. Leipzig und Wien. 1913.

55) Vgl. mein Buch „Perversionen, Psychosen, Charakterstörungen".

56) Steiner: Die Bedeutung der femininen Identifizierung für die männliche Impotenz. Int. Z. f. Ps.-An. XVI. 1930.

57) Freud: Ein Kind wird geschlagen. Ges. Schr. Bd. V.

58) Abraham: Über Ejaculatio praecox. Int. Z. f. Ps.-A. IV. 1917.

59) Tausk: Bemerkungen zu Abrahams Aufsatz „Über ejaculatio praecox". Int. Z. f. Ps.-A. IV (1917).

chronischen Neurasthenie.[60] Bei dieser genitaleren Form der Ejaculatio praecox ist nach Radó die im Kapitel Angsthysterie erwähnte Verschiebung eines Onanieverbots auf ein Berührungsverbot häufig, die vorzeitige Ejakulation will für Einhaltung dieses Verbots, für Vermeidung oder Kürzung einer Berührung des Genitales sorgen.[61]

In der Frigidität erblicken wir zunächst wie in der Impotenz einen Ausdruck der Hemmung der femininen, speziell vaginalen Sexualität. Auch hier erscheint die Befriedigung der infantil gebliebenen Genitalität als zu vermeidende Gefahr perzipiert und zwar als Liebesverlust oder Genitalbeschädigung, z. B. als Zerrissenwerden durch den mächtigen väterlichen Penis, welche Angst man in Fällen totaler Frigidität als wirksam nachweisen kann. Das „Nichtspüren" versinnbildlicht die Tendenz „ich will damit nichts zu tun haben", ist nur ein Spezialfall der allgemeineren Abwehrart der „Körperentfremdung" und erklärt so die große Verbreitung der Frigidität durch die übliche sexualablehnende Mädchenerziehung. Freilich gibt diese „Entfremdung" analog der hysterischen Sensibilitätsstörung auch verdrängten infantilen Sexualphantasien gerade Gelegenheit, sich im entfremdeten Organ abzuspielen, die Frigidität so aus einer bloßen Hemmungserscheinung in ein neurotisches Symptom wandelnd. Die wesentlichen infantilen Sexualphantasien, die dabei in Betracht kommen, sind wieder Ödipuskomplex und die dem verkehrten Ödipuskomplex entsprechende „maskuline Identifizierung". — Mit der männlichen Einstellung hängt ein weiterer für die Frigidität sehr belangvoller Umstand zusammen. Die große Mehrzahl frigider Frauen ist ja nicht genital, sondern nur vaginal unerregbar bzw. nicht zum Orgasmus erregbar; die Klitoris hat ihre normale, ja eine übernormale Erregbarkeit behalten. Da wir wissen, daß die Überwindung der klitoriden Leitzone zur normalen weiblichen Sexualentwicklung gehört, müssen wir in der Frigidität eine Entwicklungsstörung sehen. Wenn die Klitoris ihren Primat an die Vaginalgegend abzugeben sich weigert, so kommt dafür neben der durch Angst bedingten, von der Vaginalzone her wirkenden Ablehnung (psychogene Anlässe der Frigidität) auch eine besondere konstitutionelle oder akzidentelle Verstärkung der Klitoriserogeneität (erogene Anlässe) in Betracht.[62] Diese erhöhte Klitoriserogeneität entspricht manchmal einer erhöhten Bisexualität, einem richtigen aktiv-männlichen Sexualstreben, wie es Frau Lampl-de Groot für typisch hält.[63] Uns scheint, daß sich häufiger die Sachlage noch dadurch kompliziert, daß die die Klitoriserregbarkeit fixierende Klitorisonanie nicht nur maskuline und autoerotische, sondern ausgesprochen passiv-feminine Sexualphantasien abführt. Wir würden es deshalb vorziehen, die Ansicht von Helene Deutsch, Frigidität träte ein, wenn es nicht gelänge, einen dem weiblichen Geschlecht eigentümlichen Masochismus mit den direkten Triebzielen zu verlöten,[64] so zu formulieren: Frigidität tritt ein, wenn es nicht gelingt, die normale passiv-feminine Sexualeinstellung angst- und schuldfrei der vaginalen erogenen Zone zuzuführen.

Der Vaginismus endlich scheint am seltensten ein reines Hemmungssymptom zu sein. Er drückt meist, auch wenn er realiter nur die Immissio verhindert, außer der Tendenz zur Verhinderung des Koitus, eine unbewußte Tendenz aus, den Penis abzu-

---

60) Reich: Die Funktion des Orgasmus. S. 126 ff.

61) Radó: Vortrag in der deutschen psychoanalytischen Gesellschaft. 1931.

62) Freud: Drei Abhandlungen zur Sexualtheorie (Ges. Schr. Bd. V. S. 96).

63) Lampl-de Groot: Zur Entwicklungsgeschichte des Ödipuskomplexes der Frau. Int. Z. f. Ps.-A. XIII (1927).

64) Helene Deutsch: Der feminine Masochismus und seine Beziehung zur Frigidität. Int. Z. f. Ps.-A. XVI (1930).

klemmen und für sich zu behalten, also einen oft prägenital fundierten „Rachetypus" des weiblichen Kastrationskomplexes.[65]

Die Einsicht, daß bei den Phobien die phobische Hemmung dazu dient, eine vollzogene Verdrängung zu sichern, zwingt zur Kommentierung der Freudschen Formulierung, daß das Ich durch Hemmungen sich den Vollzug neuerlicher Verdrängungen erspare.[66] Gemeint sein kann nur: Es erspart sich das Akutwerden eines Konfliktes und damit einen Aufwand zur Erhöhung einer schon bestehenden Verdrängung, ein „Nachdrängen" nach vorher vollzogenen Urverdrängungen. Es wäre vielleicht richtiger zu formulieren: Diese Form der Hemmung ist ein Typus der Verdrängung bzw. der Verdrängungssicherung, der Gegenbesetzung, durch den sich das Ich andere, mehr Aufwand erfordernde Abwehrtypen erspart. So ist die phobische Hemmung diejenige Hemmungsform, die theoretisch am eindeutigsten zu verstehen ist als eine Spezialform der Gegenbesetzung. Der Phobiker verwendet ebenso Interesse und Aufmerksamkeit darauf, die Angstbedingungen zu vermeiden, wie der an hysterischen Schmerzen Leidende die Berührung der schmerzhaften Körperstellen von außen vermeidet. Charakteristisch ist die Lokalisation der Gegenbesetzung: Hier an der sensiblen, dort an der motorischen Ichgrenze.

Wenn ein Hysteriker etwa nicht gehen, nicht sprechen kann, so wird es sich meist um den gleichen Mechanismus handeln, besonders wenn eine wirksame Strebung zur Vermeidung nachweisbar ist. Denkbar wäre hier auch ein bloßer „Besetzungsentzug".

Bei der Hemmung aus ökonomischer Verarmung muß dagegen der Besetzungsentzug der allein wesentliche Mechanismus sein; denn nur er kann die an anderen Stellen nötigen Libidomengen zur Verfügung stellen.

Die Erwartung, daß der reine Besetzungsentzug bei den Hemmungen, z. B. bei den Fällen, denen gewisse Interessen oder Fähigkeiten einfach abgehen, eine größere Rolle spielen könnte als bei den zu Neurosen führenden Verdrängungen, die zu ihrer Aufrechterhaltung umfangreicher Gegenbesetzungen bedürfen, wird allerdings außerhalb des Typs der „ökonomischen Verarmung" nicht erfüllt. Nicht nur bei den Phobien lassen sich bei näherer Analyse Gegenbesetzungen regelmäßig nachweisen. Ich konnte z. B. das Wirken von Gegenbesetzungen auch bei „Körperhemmungen", bei unzweckmäßigem motorischen Verhalten und bei der Entfremdung von Körperteilen — analog der Selbstbeobachtung bei der Depersonalisation — aufzeigen,[67] so daß also

65) Abraham: Äußerungsformen des weiblichen Kastrationskomplexes. Int. Z. f. Ps.-A. VII (1920).

66) Freud: Hemmung, Symptom und Angst (Ges. Schr. Bd. XI. S. 26).

67) Fenichel: Über organlibidinöse Begleiterscheinungen der Triebabwehr. Int. Z. f. Ps.-A. XIV (1928).

nicht nur, wie Federn meinte,[68] libidoentblößte Organe aus dem Ichgefühl schwinden, sondern auch die mit der höchsten Libidobesetzung, wenn ihr eine entsprechende Gegenbesetzung entgegensteht, so wie etwa nebensächlich scheinende Stellen eines manifesten Traumes gelegentlich zwar wirklich libidoarmen Stellen der latenten Traumgedanken entsprechen, meist aber gerade den libidobesetztesten, nur durch Gegenbesetzung an der Manifestation verhinderten.

An das Gesagte knüpfen zwei theoretische Probleme an, die wir gleich hier kurz diskutieren wollen, die Frage nach der Natur der Über-Ich-Hemmungen und die nach dem Verhältnis von Hemmung und Verdrängung.

Wie verträgt sich die Auffassung, in der Hemmung setze das Ich einen Besetzungsentzug oder eine Gegenbesetzung durch, mit der Existenz von Hemmungen, die gar nicht Regungen des Es, sondern solchen des Über-Ichs gelten? Es ist im Grunde genau dasselbe. Denn wo Ich und Über-Ich miteinander in Konflikt geraten sind, gibt es an ihrer Grenze genau so Kämpfe, Besetzungsentzüge und Gegenbesetzungen wie sonst zwischen Ich und Es. Über den dadurch entstehenden „Zweifrontenkampf" des Ichs werden wir allerdings erst bei der Besprechung der Zwangsneurose Charakteristisches erfahren können.

Aber als „Besetzungsentzug und Errichtung von Gegenbesetzungen" wird theoretisch auch das Wesen der Verdrängung beschrieben.[69] Ist also „Hemmung" und „Verdrängung" eigentlich dasselbe? Oder vielleicht — wir sagten, die phobische Hemmung sei eine bestimmt lokalisierte Gegenbesetzung — jene eine bestimmte Abart dieser?

Die Verwandtschaft von „Hemmung" und „Verdrängung" sieht man am besten an jenen Hemmungen im Verlaufe der kindlichen Sexualentwicklung, die der Verdrängung eines bestimmten Partialtriebes entsprechen. Wenn z. B. der Schautrieb von einer Verdrängung betroffen wird, so gibt es spezifische „Schauhemmungen", die etwa in extremen Fällen so weit gehen, daß der Betreffende die wirklichen Objekte gar nicht mehr ansieht, nur in der Theorie lebt, in weniger extremen zur Abneigung etwa gegen einzelne Realfächer führen. Werden orale Antriebe besonders verdrängt, gibt es Eßhemmungen, von denen ja kein Kind ganz frei ist und deren spezielle Natur durch die Analyse der speziellen zugrundeliegenden Verdrängung aufgedeckt wird, z. B. Abneigung gegen Milchgenuß bei Verdrängung von Wünschen nach Regression in die Säuglingszeit, gegen Fleisch oder an Blut erinnernde rote Speisen bei kannibalistischen Tendenzen, gegen Kot- oder Penissymbole (z. B. Spinat oder Spargel),

---

68) Federn: Einige Variationen des Ichgefühls. Int. Z. f. Ps.-A. XII (1926).
69) Freud: Die Verdrängung (Ges. Schr. Bd. V).

gegen „Ausschweifungs"symbole wie Alkohol bei den entsprechenden Trieben.[70] — Ebenso gibt es Aggressionshemmungen bei Verdrängung des Sadismus, anale Hemmungen (anale Prüderie) bei solcher der Analerotik; Verdrängung der Kastrationsangst kann z. B. bei der Erinnerung an eine „Schneiderschere" zu einer „Schneiderhemmung" mit Vernachlässigung der Kleidung führen u. dgl. Auch andere spezielle zu den Phobien überleitende Hemmungen, wie z. B. Abneigung gegen Baden und Schwimmen, erklären sich so, daß die betreffenden Funktionen bei der Verdrängung der kindlichen Sexualität „mitgerissen" worden sind.

Nach diesen Beispielen scheinen uns „Hemmung" und „Verdrängung" theoretisch tatsächlich denselben Prozeß zu bedeuten, nur unter verschiedenen Aspekten betrachtet. „Verdrängung" ist der psychische Mechanismus; „Hemmung" seine Manifestation. Richtiger: Wenn die Verdrängung (der Besetzungsentzug oder die Gegenbesetzung) allein Änderungen im Verhalten der Person hervorruft, so sprechen wir von „Hemmungen". Das „Symptom" dagegen ist nicht mehr Manifestation der Verdrängung, sondern ihres Mißlingens.

Durch diese Überlegungen gerät die „Hemmung" in die Nähe aller sonstigen Manifestationen der Abwehrtätigkeit des Ichs. Wie verhält sie sich z. B. zu den „Reaktionsbildungen"? Man erkennt sofort: Diese sind nur potenzierte „Hemmungen". (Freilich kann es, wie es sekundäre Abwehrkämpfe gegen Symptome gibt, auch überkompensierende Reaktionsbildungen gegen schon ausgebildete Hemmungen geben.) Auch in der Charakterbildung überhaupt kommt ja vielfach die Abwehrfunktion des Ichs deutlicher zum Ausdruck als die sich durchsetzenden Triebe. Definiert man den Charakter als die habituelle Art, sich mit Trieb- und Umwelt auseinanderzusetzen, so bilden die chronischen Hemmungen eine besondere Art von Charakterzügen, — freilich neben anderen, triebgemäßeren. Wenn Reich vom „Panzer" spricht, den der Charakter zum Schutze des Ichs darstellt,[71] so wird gerade dieser Aspekt des Charakterproblems sich mit den Fragen der chronischen Hemmungen auf das Innigste berühren. Insofern der Schutz gelingt, „erspart" sich das Ich dadurch „Verdrängungen", korrekter: andere, aufwandreichere Abwehren. Hat Freud ein andermal von „Einbußen" gesprochen, die das Ich „an seiner Gestalt" erleide, um sich „Verdrängungen" zu ersparen,[72] so denken wir daran, daß durch chronische Hemmungen ja Fähigkeiten, Funktionen des Ichs, brachgelegt werden, also tatsäch-

70) Vgl. hiezu Else Fuchs: Verweigerte Nahrungsaufnahme. Z. f. ps.-a. Päd. IV (1930).

71) Reich: Über Charakteranalyse. Int. Z. f. Ps.-A. XIV (1928) und: Der genitale und der neurotische Charakter. Int. Z. f. Ps.-A. XV (1929).

72) Freud: Neurose und Psychose (Ges. Schr. Bd. V. S. 422).

lich die Gestalt des Ichs sich verändert. Identifizierungen können dabei mitspielen, müssen es aber nicht.[73]

Wie es kein Organ gibt, das nicht Sitz von Konversionssymptomen, so gibt es auch keine Funktion, die nicht Gegenstand einer Hemmung werden könnte. Alle vorkommenden Hemmungen aufzuzählen wäre ebenso wenig möglich wie alle vorkommenden Phobien. Von den für die Praxis wichtigsten haben wir die Berufshemmungen, die Sexualhemmungen, die Bewegungshemmungen erwähnt. Es seien noch einige Typen hervorgehoben, die für die Praxis von Wichtigkeit sind; es handelt sich also jetzt um eine Orientierung nach dem gehemmten Gebiet; auf jedem derselben kann die Hemmung wieder nach allen drei besprochenen psychogenetischen Typen erfolgen.

Eine Sonderstellung nimmt hier vor allem die sogenannte Erythrophobie ein, d. h. eine allgemeine Hemmung im Umgang mit Menschen, die mit der Angst vor Erröten resp. mit dem Konversionssymptom des tatsächlichen Errötens einhergeht.[74] Es handelt sich um Menschen, bei denen die soziale Hemmung so sehr überwiegt, daß man sie deshalb nicht einfach zur Konversionshysterie rechnen kann. Meist mischen sich mehr oder weniger paranoide Krankheitszüge in das Bild; die Patienten meinen, daß alle Menschen sie daraufhin ansehen, ob sie rot werden oder nicht, fühlen sich schließlich dauernd beobachtet. Diese Züge verraten die stark narzißtische Fixierung dieser Krankheit. Hysterienähere Formen drücken im Symptom gleichzeitig die den Ödipuskomplex repräsentierende Sexualerregung und ihre Hemmung aus und können wie eine Hysterie behandelt werden. Psychosenähere Fälle haben unter Umständen schließlich zur Objektwelt überhaupt keine andere Beziehung mehr als die narzißtische Frage: Was denkt man jetzt über mich? Sie kennen nicht mehr Liebe und Haß, sondern nur soziale Angst. Ihre Behandlung ist ebenso schwierig wie die der Psychose. Endlich geht von der Erythrophobie ein kontinuierlicher Übergang zu jenen Charakteranomalien, die man als „chronische Schüchternheit“ bezeichnen könnte.[75]

Eine eigene Hervorhebung verdienen ferner die „Körperhemmungen“, denen in der Theorie der Organlibido eine besondere Bedeutung zukommt und die leider allzuwenig untersucht sind. Sie können an beiden Stellen, an denen das Ich mit der Außenwelt in Verbindung tritt, in Erscheinung treten, am motorischen und am sensiblen Pol. Zu den motorischen Hemmungen gehören nicht nur so grobe Dinge wie „körperliche Ungeschicklichkeit“, sondern

73) Näheres dazu im Kapitel „Charakterstörungen“ meines Buches „Perversionen, Psychosen, Charakterstörungen“.

74) Vgl. Feldmann: Über Erröten. Int. Z. f. Ps.-A. VIII (1922).

75) Näheres über die „soziale Angst“ und die mit ihr zusammenhängenden Probleme im Kapitel „Charakterstörungen“ meines Buches „Perversionen, Psychosen, Charakterstörungen“.

alle die feinen motorischen Ungeschicklichkeiten und Unzweckmäßigkeiten des Normalen, die ein normales Vorbild der organneurotischen und katatonen Erscheinungen darstellen.[76] Auf sensibler Seite gehört hieher die Körperfremdheit, das weite Gebiet der Hemmungen der inneren Wahrnehmungen, das mit den motorischen Dysfunktionen in engster Beziehung steht, und das wieder den Übergang repräsentiert vom Normalen zur Organentfremdung und Depersonalisation. Die sensiblen Hemmungen können infolge des mangelnden Kontakts von Bewußtsein und Körper wieder sekundär motorische verursachen[76]. Genetisch kommen für die Körperhemmungen alle drei Typen in Betracht, am meisten aber wohl der dritte. Wir haben bereits, als wir davon sprachen, daß dem Hysteriker Körperfunktionen zur Verfügung stehen, die dem Normalen verlorengehen, darauf hingewiesen, daß mit der Verdrängung der Autoerotik (resp. der infantilen Sexualität überhaupt) die Körperfähigkeiten, mit deren Hilfe jene betätigt wurde, mit in die Verdrängung gerissen werden, indem Körperhemmungen gesetzt werden, die den zugehörigen Gegenbesetzungen entsprechen. Schwerere motorische Hemmungen stammen oft aus bestimmten vergangenen traumatischen Situationen, z. B. aus der Angstlähmung einer „Urszene". In der Analyse werden sie wohl häufig als Begleiterscheinung bei neurotischen Phänomenen und ihrer Bekämpfung ein interessantes Studienobjekt abgeben, aber wohl kaum je an sich eine Indikation für eine psychoanalytische Behandlung darstellen.

Den körperlichen Hemmungen können wir die geistigen gegenüberstellen. Ein praktisch-analytisch sehr bedeutungsvolles, leider noch nicht genügend studiertes Kapitel sind die Intelligenzhemmungen. Obwohl alle Analytiker sich darin einig sind, daß sie eine große Rolle spielen, und daß wohl ein ganz beträchtlicher Prozentsatz der als Debilität bezeichneten Fälle sich als durch Hemmung bedingte Pseudodebilität herausstellen wird, sind solche Pseudodebilitäten erst in neuester Zeit Gegenstand einer besonderen Untersuchung geworden.[77]

Vom Mechanismus der Intelligenzhemmungen selbst kann man sich in jeder vom Widerstand beherrschten Analysenstunde überzeugen. Jeder Intellekt läßt dort nach, wo affektive Motive ihn dazu verleiten. Über die Gründe, die darüber hinaus das Ich bewegen können, d a u e r n d auf seinen Intellekt zu verzichten, ihn zu hemmen und dumm zu werden, kann man zwei Erwartungen

---

76) F e n i c h e l: Über organlibidinöse Begleiterscheinungen der Triebabwehr. Int. Z. f. Ps.-A. XIV (1928).

77) Berta B o r n s t e i n: Zur Psychogenese der Pseudodebilität. Int. Z. f. Ps.-A. XVI (1930). Seither erschien ein Sonderheft der „Zeitschrift für psychoanalytische Pädagogik" zum Thema „intellektuelle Hemmungen" mit Beiträgen verschiedener Autoren und einer zusammenfassenden Darstellung „Psychoanalytische Auffassung der intellektuellen Hemmung" von F e d e r n. Z. f. ps.-a. Päd. IV. Heft 11/12 (1930).

hegen: Erstens wird genau wie bei anderen Hemmungen die gehemmte Funktion vorher sexualisiert sein müssen. So setzt die Pseudodebilität eine „Verlegung nach oben", eine Sexualisierung der Denkfunktion voraus; die Denkfunktion kann bei beiden Geschlechtern besonders der männlichen Sexualfunktion gleichgesetzt werden, ihre Hemmung die Kastration bedeuten. Vielleicht noch mehr kommt eine besonders anale Perzeption der Denkfunktion, ihre analerotische Libidinisierung in Betracht, über die im Kapitel Zwangsneurose mehr die Rede sein wird. Zweitens wird in den Konflikten der infantilen Sexualität bei den betreffenden Patienten der Trieb, der der Entwicklung des Intellekts am meisten Nahrung bietet, eine hervorragende Rolle spielen und spezifisch gehemmt sein müssen: der sexuelle Forschungstrieb. Bei einem von mir beobachteten Fall stand diese Forschungshemmung wieder im engsten Zusammenhang mit den sadistischen Trieben, die resultierende „Dummheit" war eine gegen die versagenden Eltern gerichtete Racheaktion. Zu dieser Beziehung zum Sadismus paßt es auch, daß die Sexualisierung des Denkens, wie gesagt, mehr prägenitalen (analen und oft oralen) als genitalen Charakter hat. Den Erkenntnissen über die genetischen Beziehungen von Wißtrieb und oraler, später manualer (Greiflust), erst zuletzt analer Bemächtigung[78] entspricht es, daß die Hemmung dieser Triebe auch bei der Hemmung des Intellekts eine große Rolle spielt.[79]

Auch im Falle von Berta Bornstein erwies sich die intellektuelle Totalhemmung als wesentlich prägenital fundiert; eine oral-sadistische Fixierung hatte den späteren Objektbeziehungen und dem Ödipuskomplex ihren Stempel aufgedrückt und auf die durch reale Umstände entstandenen Identifizierungsschwierigkeiten mit einer Art Objektverlust, als die die Dummheit sich darstellte, reagieren lassen. Die Dummheit war dann überdies vom Ich zu allerlei sekundären Funktionen benutzt worden.[80]

Häufig untersucht wurden partielle Intelligenzstörungen (Versagen von Schulkindern in bestimmten Unterrichtsfächern, Unfähigkeit oder bloße Unlust, gewisse Wissensgebiete zu begreifen u. dgl. m.). Die analytische Untersuchung solcher Fälle bestätigt all das, was wir über die Hemmungen im allgemeinen gesagt haben: Das betreffende Gebiet oder ein Gegenstand, der bei seiner ersten Vermittlung mit ihm verbunden war, oder endlich die Art und Weise dieser ersten Vermittlung (Person des Lehrers u. dgl.), gelegentlich auch ein ganz spezieller Zug, der mit dem Gebiet als solchem wenig zu tun zu haben scheint, wie eine bestimmte Ziffer bei der Mathematik, ein bestimmter Buchstabe beim Lese- und Schreibunterricht, sind assoziativ verbunden mit wesentlichen Kon-

---

78) Wera Schmidt: Die Entwicklung des Wißtriebes bei einem Kinde. Imago XVI (1930).

79) Berta Bornstein: Beziehungen zwischen Sexual- und Intellektentwicklung. Z. f. ps.-a. Päd. IV (1930).

80) Berta Bornstein: Zur Psychogenese der Pseudodebilität. Int. Z. f. Ps.-A. XVI (1930).

flikten des infantilen Sexuallebens, denen das Ich mit solcher Hemmung entweder auszuweichen sucht, oder derentwegen das Über-Ich diese Hemmung als Strafe über das Ich verhängt.

Bei den speziellen Hemmungen des Wissens oder Begreifens wird wie bei den allgemeinen Intelligenzhemmungen das Schicksal der infantilen Sexualität, meist speziell des Forschungstriebes, die spezielle Form erklären. Der von der Analyse aufgedeckte Zusammenhang ist oft einer, der dem bewußten Denken des Erwachsenen wenig einleuchtend erscheint. So kann z. B. die plötzlich entdeckte große Papierschere der Lehrerin eine bleibende Hemmung für das Gebiet, das zufällig in der betreffenden Stunde besprochen wurde, setzen, weil so die Kastrationsangst geweckt wurde. Beispiele für spezielle Lese-, Schreib- und Rechenhemmungen siehe z. B. bei Aichhorn[81], Klein[82], Radó[83], Tamm[84], Zulliger[85] u. a.

Mit den Denkhemmungen aufs engste verbunden sind die Sprachhemmungen, vom Stottern bis zur Unsicherheit der Ausdrucksweise und der Wortwahl — ev. nur in bestimmten Situationen oder nur bestimmten Personen gegenüber. Wir werden anläßlich des Stotterns, das ja nicht nur eine Sprachhemmung, sondern zweifellos gleichzeitig entstellte Befriedigung (also neurotisches Symptom) ist, auf die Sprachhemmungen noch ausführlich zu sprechen kommen. Bei der Verwandtschaft von realitätsgerechtem (in Worten erfolgendem) Denken und Sprechen dürfen wir mit Recht erwarten, daß die Verhältnisse für Sprachhemmungen ganz ähnlich liegen wie für Denkhemmungen.

Wir sehen, daß wir mit allen diesen Arten von Hemmungen, sobald sie chronisch werden und sich charakterlich verankern, in das Kapitel der Charakterfehlentwicklungen geraten.

Nicht nur auf dem Gebiete des Intellekts, auch auf dem des Fühlens und Wollens gibt es allgemeinere und speziellere Hemmungen; es gibt nicht nur psychogen Dumme, sondern auch psychogen Kalte, affektlahme Nur-Intelligenzmenschen, die ein reich differenziertes Gefühlsleben gehemmt und diese Hemmungen durch den Intellekt überkompensiert haben, — wieder der Entfremdung und Depersonalisation verwandte Typen, die der analytischen Behandlung einen besonders hartnäckigen Widerstand entgegensetzen und über die später besonders

81) Aichhorn: Psychoanalytisches Verständnis und Erziehung Dissozialer. In: Das psychoanalytische Volksbuch.

82) Klein: Zur Frühanalyse. Imago IX (1923), Die Rolle der Schule in der libidinösen Entwicklung des Kindes. Int. Z. f. Ps.-A. IX (1923), Die Rollenbildung im Kinderspiel. Int. Z. f. Ps.-A. XV (1929) u. an anderen Orten.

83) Radó: Über eine besondere Äußerungsform der Kastrationsangst. Int. Z. f. Ps.-A. V (1919).

84) Alfhild Tamm: Die angeborene Wortblindheit und verwandte Störungen bei Kindern. Z. f. ps.-a. Päd. I (1927), Kurze Analysen von Schülern mit Lese- und Schreibstörungen. Z. f. ps.-a. Päd. III (1929).

85) Zulliger: Aus dem unbewußten Seelenleben unserer Schuljugend, Bern 1923. Gelöste Fesseln, Dresden 1926.

zu sprechen sein wird. Es gibt auch eine echte „Verdrängung" des Gefühlslebens, ein plötzliches Schwinden aller direkten und warmen Beziehungen zu Menschen, eine, wenn man so sagen darf, „allgemeine Frigidität", die wohl auch am häufigsten bei frigiden Frauen auftritt und dem Mechanismus nach mit der genitalen Frigidität identisch ist. Der extremste Fall, den ich sah, ging auf die Schreckwirkungen eines real erlebten Inzests zurück, in geringerem Grade ist ähnliches bei allen Zwangscharakteren zu finden, im geringsten wird es durch die häufige Scheu repräsentiert, „große Gefühle" sich einzugestehen. Besonders bei starker Trauer scheint solche „Verdrängung" regelmäßig versucht zu werden, wobei vielleicht der Mechanismus der Identifizierung mit dem verlorenen (toten) Objekt eine große Rolle spielt.

Die Phänomene der Depersonalisation gehören in einem bestimmten Sinne ebenfalls hieher: Es sind die akutesten Hemmungen bestimmter Gefühls- und anderer intrapsychischer Wahrnehmungen.

In einem zweiten von mir beobachteten Fall stellte eine allgemeine Gefühlshemmung im Wesentlichen eine Fixierung an eine Urszenensituation dar, in der der Knabe, heftigste Erregung unterdrückend, sich ruhig und schlafend gestellt hatte. Ebenso stellte er sich im späteren Leben allen heftigen Gefühlen gegenüber ruhig und schlafend.[86]

Wollten wir nun gar auf die feineren Differenzierungen der charakterlichen Hemmungen eingehen, so stünde eine Differenzierungsarbeit von ungeheurem Umfange vor uns. Am einfachsten sind noch die erwähnten umschriebenen Hemmungen, die bestimmten Verdrängungsstößen während der infantilen Sexualentwicklung entsprechen, und die auch durch deren Aufhebung beseitigt werden können. Die meisten aber sind dank der Neigung der Verdrängungen zu Verallgemeinerung und Verschiebung in Struktur und Genese komplizierter. So will ja *jede* verpönte Triebregung, mag sie nun sinnlich, aggressiv oder zärtlich sein, die Trieb*handlung*, die *Berührung* mit Objekten; deshalb kann jede zu allgemeinen Berührungs- und Motilitätshemmungen führen. Die „Spielhemmungen" der Kinder sind solche verallgemeinerte Sexual- oder Aggressionshemmungen; der Abscheu vor ganzen Betätigungsgebieten erweist sich z. B. als verallgemeinerte Onaniehemmung, „gesellschaftliche" Hemmungen gehen auf die unbewußten sexuellen Vorstellungen zurück, die sich das Kind von der Geselligkeit der Erwachsenen gemacht hat, die merkwürdigen häufigen „Agnoszierhemmungen" sind verallgemeinerte Schau- oder Inzesthemmungen, enthalten z. B. die Weigerung, den Geschlechtsunterschied zur Kenntnis zu nehmen.[87] Die in den Hemmungen manifest werdenden Sexualisierungen mancher

---

86) Vgl. hiezu den Fall von *Kulovesi*: Zur Entstehung des Tics. Int. Z. f. Ps.-A. XV (1929).

87) Berta *Bornstein*: Zur Psychogenese der Pseudodebilität. Int. Z. f. Ps.-A. XVI (1930).

Gebiete verraten uns heute noch deren ursprünglichen archaischen Sinn, z. B. die Gruß- und Höflichkeitshemmungen aus unbewußter Ambivalenz.[88] Das ganze Leben ist voll von „unsympathischen", d. h. leicht gehemmten Dingen, Funktionen, Atmosphären. Jedem Menschen fehlen aus Hemmungsgründen die eine oder andere ihm von Natur aus mögliche Art und Weise der Perzeption des Erlebens, fehlen bestimmte „Erlebnisqualitäten", die ihm unter Umständen durch eine analytische Behandlung wieder eröffnet werden können. Wer weiß, wie viele der menschlichen Charakterdifferenzen überhaupt auf menschliche Hemmungen zurückgehen? Die Frage ihrer Beseitigung durch Analyse ist durchaus noch nicht entschieden. Auf der einen Seite ist das Gefühl, das manche Patienten nach der Analyse schildern, es sei ihnen eine neue Fülle des Erlebens gegeben, nicht nur auf den ersparten Verdrängungs- und Symptomaufwand, sondern auch auf solche Eröffnung gehemmt gewesener Qualitäten zurückzuführen. Auf der anderen Seite ist solche Eröffnung gewiß nicht zu leicht vorzustellen und umso schwieriger, je älter, je eingefahrener die Hemmung bereits ist. Vielleicht wird der Kinderanalyse, die prophylaktisch wirken kann, auf diesem Gebiete mehr Erfolg werden als der Analyse des erwachsenen Neurotikers. In diesen allgemeinen Hinsichten fließt das Gebiet der Hemmungen weit mit dem der neurotischen Charaktergrundlage zusammen.

Die psychoanalytische Begabungsforschung, die noch in ihren ersten Anfängen steht, hat bisher mehr über die positiven Bedingungen gewisser Begabungen gesagt[89] als über die negativen, d. h. über die Möglichkeit, daß ein größerer oder geringerer Prozentsatz sogenannter „Unbegabungen" nicht auf einem Mangel an Fähigkeiten beruhen könnte, sondern auf einer spezifischen psychogenen Hemmung. Wahrscheinlich gemacht wurde das für einen großen Teil der sogenannten „Unmusikalischen",[90] die nämlich in der Analyse früher oder später zugeben müssen, daß ihnen Musik nicht eigentlich gleichgültig, sondern unangenehm ist: Sie ist zu nahe verbunden der zu verdrängenden infantilen Sexualität. Von rein analytischen „Heilungen" von Unmusikalischen ist zwar nichts bekannt, doch können die mehrminder suggestiv erzielten Erfolge von Jakoby[91] ebenfalls als Beweis für die Hemmungsnatur mancher Unmusikalität herangezogen werden. Auf zeichnerischem Gebiet, das nicht nur eine Freiheit des Schautriebes, sondern vor allem der Analerotik (Schmierlust) verlangt, deren

88) Vgl. Freud: Eine Beziehung zwischen einem Symbol und einem Symptom (Ges. Schr. Bd. V) und Reik: Drei psychoanalytische Notizen. Imago XII (1926).

89) z. B. Hermann: Beiträge zur Psychogenese der zeichnerischen Begabung. Imago VIII (1922), Organlibido und Begabung. Int. Z. f. Ps.-A. IX (1923) und die zusammenfassenden Darstellungen: Die Begabung im Lichte der Psychoanalyse. Z. f. ps.-a. Päd. I (1926) und Begabtheit und Unbegabtheit. Z. f. ps.-a. Päd. IV (1930).

90) Bernfeld: Zur Psychologie der Unmusikalischen. Arch. f. d. ges. Psych. 34, 2.

91) Jakoby: Muß es Unmusikalische geben? Z. f. ps.-a. Päd. I (1926).

Sublimierung zur zeichnerischen Tätigkeit unerläßlich ist, dürfte es nicht anders liegen. Freilich wäre es heute noch vorschnell zu behaupten, daß alle oder auch nur die meisten speziellen Unbegabungen von solcher Hemmungsnatur wären.

d) Die traumatische Neurose

Es ist klar, daß alle Neurosen, besonders deutlich Hysterie und Angsthysterie, soweit sie nicht charakterlich verankert sind und seit der Kindheit chronisch bestehen, einen Anlaß haben müssen, bei dem sie ausbrechen. Als Anlaß kann nach dem Gesagten alles figurieren, was die ausschlaggebenden infantilen Sexualkonflikte aktiviert: Also alles, was entweder die infantilen Sexualregungen verstärkt — somatische Momente wie Pubertät und Klimakterium, Liebesenttäuschungen, die zu Regressionen Veranlassung geben, Lebenssituationen, die für die infantilen Triebe Versuchungen darstellen, — oder was die den unbewußten Regungen entgegenstehende Angst vergrößert: Gewissensregungen jeder Art, äußere Erlebnisse, die die Realität der Kastration oder des Verlustes der Liebe der Eltern zu erweisen scheinen. Sogenannte „traumatische Erlebnisse" wie Unfälle und dgl. können natürlich ebenso einen Anlaß zu neurotischen Erkrankungen abgeben wie andere Erlebnisse, sei es, indem sie verdrängten sadomasochistischen Triebregungen Versuchung bedeuten, sei es (wohl häufiger), daß sie als Kastration oder als Gefahr, die Liebe des Elternvertreters, des „Schicksals", zu verlieren, perzipiert werden. Das ist ohne weiteres verständlich; Hysterien, die sich durch nichts anderes auszeichnen, als daß ihr Anlaß ein Unfall war, würden nicht verdienen, besonders hervorgehoben zu werden. Der Unfall hätte lediglich realisierende Bedeutung; die determinierende Ursache der Neurose läge jenseits des Unfalles in den Konflikten der infantilen Sexualität. Es ist kein Zweifel, daß vieles, was in der Literatur als „traumatische Neurose" beschrieben wird, wirklich von dieser Art ist. Das dokumentiert sich gelegentlich durch ein groteskes Mißverhältnis zwischen der relativ geringfügigen Natur des „Traumas" und der Schwere der dadurch angeblich bedingten Neurose.

Freud hat darauf hingewiesen, daß Anlaß (aktuelles Erlebnis) und determinierende Ursache (Konstitution plus infantilem Erleben) zueinander in dem Verhältnis einer „Ergänzungsreihe" stehen.[92] Das heißt: Ein Mensch, der durch Konstitution und infantile Fixierungen eine neurotische Disposition in das erwachsene Alter mitbringt, wird schon bei geringen Lebensschwierigkeiten die in-

92) Freud: Über neurotische Erkrankungstypen (Ges. Schr. Bd. V) und Vorlesungen zur Einführung in die Psychoanalyse (Ges. Schr. Bd. VII. S. 376).

fantilen Konflikte aktivieren und erkranken. Der Mensch mit geringer entsprechender Disposition wird, da ja jeder Mensch in den Resten seiner infantilen Sexualität gewisse Ansatzmöglichkeiten dazu mitbringt, bei sehr schweren Lebensschicksalen ebenfalls neurotisch erkranken können. Wir bekommen so eine kontinuierliche ätiologische Reihe von Fällen, deren Aktualanlaß praktisch völlig irrelevant ist, bis zu solchen, deren spezifische Anlässe von ausschlaggebender Bedeutung sind; aber alle wären letzten Endes an den unerledigten Resten ihrer infantilen Konflikte erkrankt.

Mag ein Unfall nun durch Aktivierung des infantilen Sadomasochismus oder der infantilen Kastrationsangst oder durch beides wirken, es wird einleuchten, daß wir bei den nach Unfällen einsetzenden Neurosen die Einordnung der Fälle in die besprochene kontinuierliche Reihe leichter vornehmen können als sonstwo. Je belangloser der Unfall objektiv erscheint, um so geringer werden wir seine spezifische ätiologische Bedeutung einschätzen; je erschütternder das reale objektive Geschehen, um so eher werden wir verstehen, daß auch Menschen, die sonst gesund geblieben wären, erkranken können.

Diese letzteren Fälle sind es, die eine eigene Hervorhebung aus der Reihe anders gebauter Neurosen verdienen. Es läßt sich für sie eine der alten Schock-Theorie nahestehende Erklärung verteidigen, die das Moment der infantilen Sexualkonflikte zunächst völlig zu vernachlässigen scheint; wir werden darauf zurückkommen, daß dies nur scheinbar ist.

Wir haben bei der Untersuchung der Frage nach der Herkunft der neurotischen Angst mit Freud[93] unterschieden zwischen „traumatischer Situation", d. h. Überschwemmung des seelischen Apparates mit unerledigten Erregungsmengen, und „Gefahrsituation", d. h. Voraussicht, daß eine gegebene Situation unter Umständen zu einer traumatischen werden könnte. Wir haben weiter verstanden, daß in der traumatischen Situation automatisch Angst entsteht, daß das Ich später lernt, bei Gefahrsituationen ein Stück der Angst, die eintreten würde, wenn sie sich zur traumatischen weiterentwickelte, als Gefahrsignal vorwegzunehmen; die Angst der Angsthysterie erschien uns als eine der Gefahrsituation entsprechende „Ich-Angst", die Angst des Säuglings und die der Aktualneurosen als der traumatischen Situation entsprechende „Es-Angst".

Wenn wir nun einerseits wissen, daß traumatische Neurotiker ungeheure Angstquantitäten zu produzieren pflegen, wenn wir andererseits wissen, daß das Traumleben dieser Kranken sich über die Wunscherfüllungstheorie der Träume hinwegsetzt und immer und immer wieder das höchst unlustvolle Erleben des Unfalles reproduziert, als sollte seine noch nicht geleistete psychische Bewältigung nachgeholt werden, so erscheint für solche Fälle wohl die Theorie gerecht-

93) Freud: Hemmung, Symptom und Angst (Ges. Schr. Bd. XI).

fertigt, die Freud in „Jenseits des Lustprinzips“[94] aufgestellt hat und die an die alten Vorstellungen aus den „Studien über Hysterie“[95] wieder anschließt: Der schwere Unfall wirkte auf das Seelenleben im wahren Sinne „traumatisch“. Der Reizschutz des seelischen Apparates wurde überwältigt und ungebundene Erregungsmengen überfluteten den Apparat, was sich subjektiv wieder als Bedürfnisspannung bemerkbar machen mußte. Eine der Geburt analoge Situation war hergestellt. Die Symptomatologie der traumatischen Neurose entspräche teils der sich automatisch einstellenden Es-Angst, teils Versuchen zu nachträglicher Reizbewältigung. Für diese Theorie spricht das weitere von Freud angeführte Indiz, daß eine traumatische Neurose umso eher eintritt, je plötzlicher und unerwarteter das Trauma eintrat, d. h. je weniger der psychische Apparat sich für die zu leistende Abwehr durch Bereitstellung entsprechender Bindungsenergien vorbereitet hatte.[96] Für den Gedanken, daß ein wiederholtes Auftreten eines bestimmten Symptoms einen Versuch zur nachträglichen Reizbewältigung darstellt, gibt es Analogien bei Tic und schizophrenen Stereotypien.

Kein Zweifel, daß es so gebaute Neurosen geben kann. (Leider sind sie, obwohl sie von so großer theoretischer Bedeutung wären, praktisch analytisch noch kaum untersucht worden.) Dennoch hat die Kritik unrecht, die meint, die Existenz solcher Neurosen widerlege die Freudsche Theorie von der Bedeutung des Unbewußten und der Sexualität für die Neurosen, denn die (allerdings geringe) Erfahrung lehrt, daß auch für solche traumatischen Neurosen im engeren Sinne jene Momente durchaus nicht unwichtig sind.

Wir hörten, daß das Ich, durch das traumatische Erleben überrumpelt, nachträglich seine Bindungsfunktion zu erfüllen sucht. Aber wie macht es das? Es perzipiert seine Niederlage in seinen tieferen Schichten nicht anders als das neurotisch disponierte Ich einen weniger mächtigen Krankheitsanlaß perzipiert: als Gefährdung seiner Existenz, was ja subjektiv nichts anderes heißt als Kastration und Verlust der Liebe der Eltern (des Schicksals). Die objektiv begründet erscheinende Angst vor dem Verlust des Lebens ruht auf der Basis der objektiv unbegründeteren Ängste, die das kleine Kind hatte und die jetzt wieder hochkommen, der Ängste vor Kastration und Liebesverlust. Die Wirkung der ersten Angst ist besonders deutlich bei postoperativen traumatischen Neurosen, bei denen die Operation als Kastration perzipiert wurde; sie sind daher häufiger nach das Genitale bedrohenden urologischen Operationen und Maßnahmen als nach Operationen in anderen Körpergebieten.[97] Die Angst

94) Freud: Jenseits des Lustprinzips (Ges. Schr. Bd. VI. S. 219 ff).
95) Breuer und Freud: Studien über Hysterie.
96) Freud: Jenseits des Lustprinzips (Ges. Schr. Bd. VI. S. 198).
97) Feßler: Psychogene Potenzstörungen nach urologischen Operationen. Int. Z. f. Ps.-A. XVII (1931).

vor Liebesverlust bei „übertragungsneurotischen" Typen der Kriegsneurosen wurde besonders von Pfister klar gestellt.[98] Die narzißtisch-libidinöse Natur der Kräfte, die sich diesen Ängsten entgegensetzen, ist schon längst an anderen Objekten als der traumatischen Neurose nachgewiesen worden. Die Existenz des libidinösen Narzißmus ist also die Widerlegung der Behauptung von der alibidinösen Natur der Unfalls- und Kriegsneurosen.[99]

Kompliziert wird die Sache dadurch, daß es in der Seele des Menschen, zumindest in der Seele mancher Menschen, eine Instanz gibt, die mit dem lebensvernichtenden und kastrierenden Schicksal konform geht: das Über-Ich. Das traumatisch gefährdete Ich erlebt nicht nur das Schreckliche: Ich werde vom Schicksal, diesem Nachfolger des Elternpaares, verlassen und kastriert, sondern darüber hinaus: Es geschieht mir recht, denn ich bin schuldig; und: Ich bin ganz hilflos und verlassen, weil ich von mir selbst (von meinem eigenen Über-Ich) verlassen werde. Eine solche Verinnerlichung des ursprünglich zwischen Außenwelt und Ich spielenden Gegensatzes zu einem, der jetzt zwischen Über-Ich und Ich spielt, macht die traumatische Neurose zu einer wahrhaft narzißtischen Affektion. Wird so der Unfall als Bestrafung perzipiert, so ist es klar, daß die bestrafte Schuld letzten Endes nichts anderes ist als die infantile Ödipusschuld, ohne deren Vorhandensein gewiß auch die traumatischen Neurosen, wenigstens in der Form, in der wir sie kennen, nicht existierten.

Wir sagten: Ein Teil der Symptomatologie der traumatischen Neurosen mag direkt dem Durchbruch des Reizschutzes, der Überflutung des seelischen Apparates mit unerledigten Erregungsquantitäten entsprechen. Ein anderer Teil entspricht der Reaktion des Ichs darauf. Diese Reaktion ist wieder teilweise Versuch zum Nachholen der Bindung. Zum großen Teil ist aber für die Reaktion des Ichs charakteristisch, daß das Trauma sofort in assoziative Zusammenhänge eintrat und infantile Konflikte aktivierte, alten infantilen Drohungen und Erlebnissen plötzlich ernsten Charakter verlieh. So zeigt z. B. Staudacher, daß die Symptomatologie einer auf einen Granatschock folgenden Kriegsneurose in allen Details durch ein Erlebnis des dritten Lebensjahres determiniert war.[100] Dem Ich droht im Trauma das Schicksal, d. h. der Vater, mit Kastration und Liebesentzug, ja, es droht der introjizierte Vater, das Über-Ich, den Konflikt so zu einem rein narzißtischen gestaltend. So sieht sich das Ich von allen äußeren und inneren Schutzmächten verlassen.

98) Pfister: Die verschiedene Psychogeneität der Kriegsneurosen. Int. Z. f. Ps.-A. V (1919).

99) Siehe Simmel: Kriegsneurosen und psychisches Trauma 1918 und die Broschüre: Zur Psychoanalyse der Kriegsneurosen mit Beiträgen von Freud, Ferenczi, Abraham und Jones.

100) Staudacher: Heilung eines Falles von Kriegsneurose. Int. Z. f. Ps.-A. XIV (1928).

Freud hat bezüglich der Kriegsneurosen darauf aufmerksam gemacht, daß als intrapsychischer Vertreter solchen Schicksals nicht nur das eigentliche in der Kindheit erworbene Über-Ich in Betracht kommt, sondern auch erst später durch Identifizierung in der Seele geschaffene Instanzen, also alle jene späteren Idealbildungen, die mit dem eigentlichen aus dem Ödipuskomplex stammenden Über-Ich in Konflikte geraten können und leider noch allzuwenig durchforscht sind. Freud hat von „parasitären Doppelgängern des Über-Ichs" gesprochen, die für bestimmte Zeiten die Macht des Über-Ichs an sich reißen können.[101] Radó hat gezeigt, daß etwa die intrapsychische Repräsentanz der Befehle des Hypnotiseurs als solches „parasitäres Über-Ich" aufgefaßt werden muß.[102] Ein solcher Doppelgänger ist auch nach Freud das suggerierte „Kriegs-Über-Ich", das im Gegensatz zum verwurzelten eigentlichen Über-Ich sonst verpönte Triebhandlungen gestattet, ja gebietet, dagegen in „Tapferkeit" und dgl. neue Forderungen erhebt, die das Ich in einer unerhörten, vom eigentlichen Über-Ich nie erlaubten Weise bedrohen. Gegen diese innere Bedrohung setzt sich nach Freud in vielen Kriegsneurosen das „Friedens-Ich" zur Wehr.

So setzen sich die Erscheinungen der traumatischen Neurose praktisch aus viererlei Elementen zusammen; in verschiedenen Fällen werden die vier Motive in verschiedener relativer Stärke vertreten sein:

1) Konversionshysterische Erscheinungen.
2) Das eigentlich traumatische Element, die Durchbrechung des Reizsohutzes und seine Wiedergutmachung.
3) Die Erscheinungen der aktualisierten Angst vor den Eltern wegen infantiler Vergehen und ihrer Abwehr.
4) Die Erscheinungen des „Ich-Konfliktes", der narzißtischen Spannung zwischen Ich und Über-Ich, resp. Über-Ich-Parasit.

Von den für die traumatische Neurose charakteristischen Symptomen gehört der Wiederholungszwang, der die Kranken in Traum und Leben den Unfall immer wieder erleben läßt, in die zweite Kategorie. Die so häufige Angst kann verschiedene Genese haben und ist, je nachdem, verschiedenen Kategorien zuzurechnen. Die Angst der ersten Kategorie kann von derselben Art sein wie die der Angsthysterie (vom Ich abgegebenes Signal). Der zweiten Kategorie entspricht, wie wir sahen, die reine geburtsanaloge „Es-Angst"; bei Fällen der vierten Kategorie erhält die Auffassung Freuds, Todesangst sei die Angst des Ichs, von seinem Über-Ich verlassen zu werden[103], auf die wir bei der

101) Freud: Einleitung zu „Zur Psychoanalyse der Kriegsneurosen". (Enthalten in Ges. Schriften, Bd. XI, S. 252 ff.).
102) Radó: Das ökonomische Prinzip der Technik. Int. Z. f. Ps.-A. XII (1926).
103) Freud: Das Ich und das Es (Ges. Schr. Bd. VI. S. 404).

Melancholie zurückkommen werden und die für die Psychologie des Selbstmordes von grundlegender Bedeutung zu sein scheint,[104] ihren guten Sinn.

Daß sekundäre Gewinne, die bei der Genese belanglos sind, später und vor allem praktisch von ausschlaggebender Bedeutung werden können, gilt natürlich für die traumatischen Neurosen nicht anders als für die Hysterien („Rentenneurosen"). Rücksicht auf sekundäre Gewinne mag neben allgemeinen Widerstandsmotiven auch dafür ausschlaggebend sein, daß bei traumatischen Neurosen, die am anderen Ende der kontinuierlichen Reihe liegen, also bei Konversionshysterien, die bloß durch einen unbedeutenden Unfall veranlaßt worden sind, vom Kranken selbst der Unfall als „Ursache" besonders in den Vordergrund und dadurch die zu verdrängenden psychischen Konflikte in den Hintergrund gerückt werden. Überlegung und Erfahrung zeigen, daß der Empfang einer Rente oder der Kampf um eine solche für eine analytische Behandlung keinen guten Boden schafft. Trotzdem wird, wer für das neurotische Geschehen analytisches Verständnis besitzt, über die Rentenfrage anders denken als es meistens üblich ist.

Man könnte nun im Anschluß an die Besprechung der traumatischen Neurose noch kurz die Frage erörtern, was von der alten „Trauma-Lehre" noch gilt, wie weit alle Hysterien eigentlich als traumatisch aufzufassen sind. Die Antwort lautet: Nur insofern, als sie auf Verdrängungen bestimmter Situationen beruhen. Nun haben wir aber erfahren, wie solche Situationen nicht um ihrer selbst willen verdrängt werden, und wie die Begriffe Ödipuskomplex, Kastrationskomplex und dgl. nicht einen einmaligen Wunsch, nicht eine einmalige Drohung bedeuten, die aufgefunden werden müßte, um den Patienten mit einem Schlage zu heilen. Nur dann ist jede Hysterie eine traumatische, wenn wir als „Trauma" die gesamte Kindheit und häufig genug auch die Latenzzeit und Pubertät rechnen würden, was gewiß dem Begriffe des „Traumas" widerspricht.

Und wie ist es mit der analytischen Therapie bei den traumatischen Neurosen? Soweit sie Hysterien oder hysterieähnlich sind, sind sie auch ebenso gut zu behandeln wie Hysterien. Je mehr man aber den Begriff auf das andere Ende der kontinuierlichen Reihe beschränken möchte, um so unsicherer dürfte die Prognose werden. Leider ist die Literatur über diesen Gegenstand noch sehr gering, so daß man kaum etwas Sicheres aussagen kann. Ist nur die Erregung des „Traumas" nachträglich zu binden, so wird die Neurose nach einiger Zeit spontan heilen. In den übrigen Fällen dürfte man auf analytischen Erfolg

104) Ich darf in diesem Zusammenhang an den als „Organneurose" zitierten Fall (S. 73) erinnern. Es bestand die symbolische Gleichung Herz = Über-Ich = introjizierter Vater. Die Todesangst der Pseudoangina pectoris war die Angst, vom Über-Ich verlassen zu werden.

umso eher hoffen, je größer der relative Anteil der kindlichen Objektbeziehungen in der Ätiologie ist, je höher aber der narzißtische Einschlag, umso weniger. Aus praktischen wie theoretischen Gründen wäre sehr zu wünschen, daß mehr hieher gehörige Fälle einer analytischen Behandlung unterzogen würden.

IV KAPITEL

Zwangsneurose

Die Zwangsneurose scheint auf den ersten Blick ein dankbareres Objekt für die psychoanalytische Untersuchung darzustellen als die Hysterie. Ihre Symptome und Merkwürdigkeiten spielen sich ausschließlich auf psychischem Gebiete ab; die Aufdeckung ihrer Genese und Gesetze scheint deshalb eine legitime Aufgabe einer rein psychologischen Methode. Das Rätsel der Konversion, das uns in unerwünschter Weise somatische Komplikationen brachte, fällt hier weg.

Trotzdem ist sie aber viel schwerer durchschaubar. Ihr Aufbau ist komplizierter, der Weg vom verursachenden Konflikt bis zum Symptom ein verschlungenerer. Die Erforschung der Zwangsneurose befindet sich vielfach noch in dem Stadium einer in Gang befindlichen Analyse, die Freud einmal mit einem Mosaikspiel verglichen hat.[1] Einige größere oder kleinere Komplexe sind verständlich geordnet, sinnvoll. Wie sie sich alle zu einem Ganzen zusammenfügen, bleibt aber noch an manchen Stellen fraglich. Die Zwangsneurose als solche ist, wie Freud sagte, als Problem noch unbezwungen.[2]

Methodisch werden wir am besten so vorgehen, daß wir mit dem beginnen, was sich am ehesten aus der Fülle der Erscheinungen der Zwangsneurose isolieren läßt, dem Symptom. Dieses bietet uns wieder einzelne Züge, die uns von der Hysterie her bekannt erscheinen, und an denen wir eine erste Orientierung gewinnen können. So müssen wir mit den Übereinstimmungen zwischen dem hysterischen und dem Zwangssymptom beginnen; bei dem Vergleich werden uns die Differenzen ebenfalls auffallen.

Gemeinsam ist vor allem, daß das Zwangssymptom ebenso wie das hysterische auf einem Triebkonflikt basiert. Es ist verhältnismäßig unschwer, sich — wenn man eine größere Anzahl von Zwangssymptomen daraufhin ansieht — auch ohne tiefgehende Analyse davon zu überzeugen. Ein gut Teil der Zwangszweifel läßt

1) Freud: Zur Ätiologie der Hysterie (Ges. Schr. Bd. I. S. 420).
2) Freud: Hemmung, Symptom und Angst (Ges. Schr. Bd. XI. S. 52).

sich, in kindliche Sprache übersetzt, auf die Formel reduzieren: „Kann ich schlimm sein oder muß ich brav sein?", was wiederum nichts anderes heißt, als daß der Patient zwischen seinen Trieben und ihnen entgegengesetzten Tendenzen schwankt. Die einzelnen Symptome, so weit sie leicht als sinnvoll zu erweisen sind, geben dann — wie bei der Hysterie — entweder mehr den Trieben nach, stellen also entstellte Befriedigungen dar, oder sie manifestieren mehr die Wirksamkeit der verdrängenden Kräfte und tragen Straf- oder Bußcharakter.

Als Beispiel für die erste Kategorie seien jene rhythmisch wiederholten Zwangshandlungen, wie Klopfen, Muskelspiele und dgl. genannt, die sich bei der psychoanalytischen Untersuchung als Onanieäquivalente erweisen. Diese Natur des Symptoms ist dem Patienten unbewußt; es handelt sich wie beim Konversionssymptom um eine Wiederkehr des Verdrängten aus der Verdrängung. Hier stoßen wir übrigens schon auf die erste bedeutsame Differenz: Es kommt vor, daß der Wortlaut der verdrängten, früher in der unterdrückten Onanie abgeführten Tendenz dem Zwangsneurotiker bewußt ist. Nicht nur, daß es z. B. eine Zwangsonanie gibt, bei der der Sexualcharakter des Symptoms von vornherein manifest ist; es tauchen auch die speziellen infantilen Triebinhalte, die die Analyse als eigentlichen Gehalt der Onaniephantasien nachweist, oder wenigstens manche von ihnen, ins Bewußtsein. Recht häufig sind zwanghafte Mordgedanken, die der direkte Ausdruck infantiler Mordimpulse sind. Sie erscheinen typischerweise allerdings ihres Affektgehaltes entkleidet, werden also nicht nur zwanghaft, also ichfremd, erlebt, sondern außerdem häufig überhaupt nicht als Impuls, sondern als leerer Vorstellungsinhalt, was offenbar Werk der Entstellung ist. (Allerdings macht Freud wiederum darauf aufmerksam, daß solche leeren Vorstellungsinhalte, von denen die Patienten sagen, daß sie sie „kalt lassen könnten", sie praktisch gar nicht kalt lassen.[3]) Auch die auf dem Wege zu den eigentlichen pathogenen Triebtendenzen liegenden Erinnerungen aus der Kindheit oder späterer Zeit können im Gegensatz zur Hysterie durchaus bewußt sein. Die alte rein beschreibende Formel lautet: Bei der Hysterie sind die veranlassenden Szenen verdrängt, bei der Zwangsneurose ihre Zusammenhänge mit dem Symptom. Diese Differenzen des Bewußtseinsbereiches bei Hysterie und Zwangsneurose werden wir uns also als ersten wesentlichen Unterschied, den eine Theorie der Zwangsneurose zu erklären haben wird, merken. Sie deutet auf eine Differenz der vom Ich gegen die unliebsamen Triebe angewandten Abwehrmethode.

Für den zweiten Typus von Zwangssymptomen, denen mit Buß- und Strafcharakter, sei als Beispiel der Waschzwang genannt. Seine Trieb-

---

3) Freud: Hemmung, Symptom und Angst (Ges. Schr. Bd. XI. S. 57).

grundlage ist die infantile Schmutzlust. Wer sich immer wäscht, kann bestimmt nicht schmutzig sein. Das Symptom dient der Abwehr, der Überkompensation des anstößigen Triebes. Die Entstellungsmechanismen sind dabei im allgemeinen die gleichen wie bei der Hysterie, nur scheint dem Mechanismus der „Verschiebung auf ein Kleinstes" eine für die Zwangsneurose besonders ausgesprochene Rolle zuzufallen. Es ist für den Zwangsneurotiker charakteristisch, daß seine Symptome, seine Grübeleien, Zweifel und dgl. sich um scheinbar banale, geringfügigste Dinge drehen, ein Zug, der am Wesen des Zwangsneurotikers als einer der sonderbarsten auffällt. Es stellt sich dann heraus, daß — genau so wie bei den Deckerinnerungen — die „Kleinigkeit", um die der Zwang geht, der entstellte, durch Verschiebung zustandegekommene Vertreter einer mit ihm assoziativ verbundenen, durchaus wichtigen Angelegenheit ist. Auch bei den Bußsymptomen fallen uns gleich Differenzen gegenüber den hysterischen Symptomen in die Augen: Wir haben zwar von den hysterischen Symptomen gesagt, daß sie häufig nicht nur dem durchbrechenden verdrängten Trieb, sondern in ihrer Strafbedeutung auch den verdrängenden Kräften Abfuhr geben: Dies war aber hier nur akzidenteller Natur. Das scheint bei der Zwangsneurose anders zu sein. Die Abwehr-, Buß- oder Strafsymptome erscheinen auf den ersten Blick mindestens ebenso häufig wie die Befriedigungssymptome. Die Analyse der historischen Entwicklung der Zwangsneurose überzeugt uns, daß bei der Entstehung der Abwehrcharakter der Symptome überwiegt, und daß sich der Befriedigungscharakter erst allmählich im Verlaufe der Entwicklung der schon etablierten Neurose vordrängt. Diese relative Prävalenz der Abwehr wollen wir als zweite Differenz gegenüber der Hysterie festhalten.

Neu und charakteristisch scheint auch die Neigung zu „B u ß e n" zu sein. Die Symptome sollen etwas wieder gut machen, eine Gewissensregung versöhnen. Es ist nicht mehr so, als ob im wesentlichen bei Befriedigung der anstößigen Triebregungen die Rache der Außenwelt gefürchtet wird (Liebesverlust, Kastration); vielmehr scheint hier der ganze Prozeß in einem höheren Maße verinnerlicht; der gefürchtete Rächer wird nicht in der Außenwelt, sondern in der eigenen Seele angenommen. Die ganze Persönlichkeit des Kranken scheint gespalten in ein Kind, das schlimm sein, aber auch einen strengen Erzieher durch Bußen versöhnen will, und in den strengen Erzieher, der das schlimme Kind mit Strafen bedroht. Hier wird nicht mehr — wie bei der Phobie — eine äußere Wahrnehmung, sondern ein innerer Vorgang gefürchtet. Dem entspricht, daß der Phobiker eine seiner eigenen Person drohende Gefahr fürchtet, während es in Zwangsbefürchtungen so oft heißt, einem äußeren Objekt drohe eine (nämlich vom Kranken ausgehende) Gefahr. Diese „Verinnerlichung", die unvergleichlich größere Rolle, die dem Ü b e r - I c h für Mechanismen und Symptomatologie zukommt, ist die dritte Differenz gegenüber der Hysterie. — Und endlich noch eines: Wo wir bei dem hysterischen Symptom den Abwehrcharakter deutlich sahen, da war es die Gleichzeitigkeit dieses Abwehrcharakters mit einer unbewußten Befriedigung, die uns auffiel. Das gibt es, wie wir noch hören werden, bei der Zwangsneurose auch. Aber außerdem gibt es hier die sogenannten „zweizeitigen Symptome", Zwangshandlungen, bei denen der Kranke rasch hintereinander widersprechende Handlungen ausführen muß, deren zweite die erste wieder aufhebt. Die Analyse ergibt, daß das eine der Symptome Abwehr-, das andere Befriedigungscharakter hat. So muß z. B. der „Rattenmann" einen auf der Straße liegenden Stein wegräumen und dann wieder hinlegen.[4]

Ein Patient muß, als seine Mutter schwer erkrankt, Zwangsgebete für die Mutter aussprechen und sich dann einen leichten Schlag auf den Mund geben. Mit dieser Zwangshandlung hob er unbewußt die Wirkung des Gesagten wieder auf.

Die Existenz der zweizeitigen Symptome erscheint als vierte Differenz gegenüber der Hysterie.

Sehen wir die der Neurose zugrundeliegenden Triebkonflikte näher an, so fällt ebenso wie bei der Hysterie ihre „historische Basis" auf. Man kann von den Zwangsneurotikern ebenso wie von den Hysterikern sagen, daß sie an „Reminiszenzen" leiden. Ich erinnere etwa an das klassische Beispiel Freuds von der komplizierten Zwangshandlung mit der roten Tinte,[5] die nie verständlich wäre ohne Kenntnis der zugrundeliegenden „traumatischen" Erinnerung an die Hochzeitsnacht. Bei sehr vielen Zwangssymptomen muß man, um zu ihrem Verständnis zu gelangen, fragen: Wann ist dieser Zwang zum ersten Male aufgetreten? und wird nur in den historischen Details der damaligen Szene die Erklärung für das spätere Zwangsverhalten finden.

Ein Patient muß vor dem Schlafengehen lange Zeit hindurch das Fenster abwechselnd öffnen und schließen. Die Analyse ergibt, daß das Symptom zum ersten Male auftrat, als er im Pubertätsalter mit einem Kameraden, mit dem er zusammenschlief, einen Streit darüber hatte, ob das Fenster geöffnet oder geschlossen werden sollte. Der spätere tägliche Abendzwang bedeutete also zunächst: Wer wird sich durchsetzen, wer von uns ist stärker? Von dieser Formel aus gelang es, tiefer ins Unbewußte einzudringen, und die Frage: Soll ich mit den anderen Männern männlich den Kampf aufnehmen oder soll ich, passiv-feminin, mich willenlos ihren Wünschen fügen?, die in der homosexuellen Versuchungssituation des gemeinsamen Schlafraumes in der Pubertät besonders aktiviert worden war, erwies sich als der tragende Konflikt der Zwangsneurose.

Auch daß diese historische Basis immer wieder die infantile Sexualität ist, wird in der Analyse ebenso deutlich, dank der Differenzen des Bewußtseins-

---

4) Freud: Bemerkungen über einen Fall von Zwangsneurose (Ges. Schr. Bd. VIII. S. 300).

5) Freud: Vorlesungen zur Einführung in die Psychoanalyse (Ges. Schr. Bd. VII. S. 269 ff.).

umfanges oft schneller und leichter deutlich als bei der Hysterie. Und auch der Inhalt selbst scheint — zunächst wenigstens für manche Fälle — identisch zu sein: Der Ödipuskomplex ist oft viel gröber und deutlicher schon auf den ersten Blick als wirksam zu erkennen als bei der Hysterie.

Ein leider nicht analysierter Patient klagte über zweierlei Zwangsimpulse: Erstens hatte er beim Anblick einer Frau den Gedanken: Ich könnte diese Frau töten. Zweitens beim Anblick von gefährlichen Instrumenten (Messer, Hammer) den: Ich könnte mir damit mein Glied abschneiden oder abhacken. — Die nähere Befragung ergibt, daß der erste Impuls zuerst in der Form aufgetreten war: Ich könnte meine Mutter töten. Die Ausdehnung auf alle Frauen war bereits eine entstellende Verallgemeinerung. Wenn wir nun weiter erfahren, daß der Betreffende sexuell asketisch lebte und nur eine Form von Sexualbefriedigung kannte, Pollutionsträume mit der Vorstellung, daß er eine Frau erwürge oder sonstwie töte, so ist wohl kein Zweifel, daß die gegen Frauen gerichteten Mordimpulse nur ein entstellter Ausdruck für seine sexuellen Gelüste waren. Machen wir diese Entstellung rückgängig, so leidet also der Patient an den beiden Impulsen: Die Mutter sexuell zu vergewaltigen und sich das Glied abzuhacken, ein zweizeitiges Symptom, dessen erste Hälfte die Befriedigung des Ödipuswunsches, dessen zweite die dafür gefürchtete Strafe, die Kastration, darstellt.

Aber ganz so einfach ist diese Übereinstimmung mit der Hysterie nicht. Schon an diesem Beispiel fällt uns auf, in welcher Weise der Inzestwunsch entstellt ist. Wie kommt es zustande, daß der Patient im Symptom sagt „die Mutter töten", wenn er meint, „mit der Mutter sexuell verkehren"? Die Sexualträume des Patienten waren offenkundig sadistischer Natur. Im Zwange scheint sich dieselbe sadistische Einstellung gegen eine Abwehrtendenz durchzusetzen. Wir haben es inhaltlich also nicht nur mit einer infantilen Bindung an die Mutter, sondern speziell mit einer sadistischen Form dieser Bindung zu tun. Es scheint dies kein Zufall zu sein. Unverhüllte oder verhüllte Grausamkeitstendenzen oder Reaktionsbildungen gegen solche sind regelmäßig bei allen Zwangsneurosen aufzudecken. Mit ebensolcher Regelmäßigkeit finden sich aber auch analerotische Tendenzen und Abwehren gegen solche in verschiedenster Form. Dieses regelmäßige Zusammentreffen von grausamen und analen Zügen bei der Zwangsneurose, auf die Jones besonders hingewiesen hat,[6] hat Freud erst von der engen Zusammengehörigkeit dieser beiden Gebiete, von der Existenz einer infantilen „anal-sadistischen" Organisationsstufe der Libido überzeugt.[7] Die anal-sadistische Natur der abgewehrten und sich dennoch durchsetzenden infantilen Sexualregungen ist ein weiterer Unterschied gegenüber der Hysterie. Ist man einmal darauf aufmerksam geworden, so ist die anal-sadistische Triebeinstellung des Zwangsneurotikers in der einen oder anderen Form meist schon ohne tiefgehende Analyse am manifesten Symptombild deutlich; in manchen

6) Siehe Jones: Haß und Analerotik in der Zwangsneurose. Int. Z. f. Ps.-A. I (1913).

7) Freud: Die Disposition zur Zwangsneurose (Ges. Schr. Bd. V).

Fällen nur durch die überdeutliche Abwehrbetonung, durch eine überkompensierende Güte, durch Sinn für Gerechtigkeit, Ordnung und Reinlichkeit, durch Unfähigkeit zu jeder, auch der praktisch notwendigen Aggression, durch Peinlichkeit in allen Geldangelegenheiten u. dgl. m.; häufiger durch ein Gemenge von solchen Zügen und extrem widersprechenden direkten analen und sadistischen Triebhandlungen oder Charakterzügen, die dem ganzen Verhalten des Patienten etwas irrational Widerspruchsvolles geben. Sie sind ordentlich und unordentlich, sauber und schmutzig, gütig und grausam zugleich. (Ich verweise diesbezüglich auf die Schilderungen des analen Charakters bei Freud[8], Jones[9] und Abraham[10].) Gelegentlich ist die Triebgrundlage solcher Erscheinungen überhaupt nicht zu übersehen. Es ist nicht selten, daß ein Zwangsneurotiker, der in Zwangshandlungen, Äußerungen oder Benehmen jene Charakterzüge zeigt, gleich in der ersten Besprechung betont, daß ihm der Sexualverkehr nebensächlich sei, aber beim Aussprechen anal-obszöner Worte in freudiges Lachen ausbricht und sich dabei über zwanghafte Mordimpulse beschwert. Oder die Absicht von Zwangssymptomen, Schmutzlust abzuwehren, wird auch ohne Analyse deutlich, wenn komplizierte Zeremoniells bewußt dazu dienen, Verunreinigungen mit realem oder imaginärem Schmutz zu vermeiden. So konnte Freud sagen, die Trieborganisation des Zwangsneurotikers erinnere an die des Kindes vor Erreichung des Genitalprimats, wo der Akzent ebenfalls auf den analen und sadistischen Regungen ruhte.[11]

Dieser Vergleich mit dem Kinde der prägenitalen Zeit scheint allerdings in Widerspruch zu stehen zu unserem früheren Fund, daß die Zwangsneurose, oder vielleicht nur manche Zwangsneurose, sich ebenfalls um die Abwehr des Ödipuskomplexes bemüht, da wir die Höhe des Ödipuskomplexes des Kindes in die phallische Stufe verlegen. Weiter scheint mit dem Analsadismus der weitere Befund im Widerspruch, daß viele Zwangshandlungen eine besonders enge Beziehung zur kindlichen genitalen Onanie, ihrer Abwehr bzw. ihrem Sich-dennoch-Durchsetzen zeigen. Diese Beziehung zur Onanie scheint eine viel typischere als die gelegentlich — wie wir erwähnten — auch bei der Hysterie nachweisbare. Wir müssen sogar die besonders innige Relation zwischen Symptom und Onanie als einen weiteren Differenzpunkt zur Kenntnis nehmen und werden mit seiner Aufklärung und mit der der anal-sadistischen Prävalenz auch den scheinbaren Widerspruch zwischen prägenitaler und genitaler Deutung der Zwangssymptome zu lösen haben.

---

8) Freud: Charakter und Analerotik (Ges. Schr. Bd. V) und Über Triebumsetzungen, insbesondere der Analerotik (Ges. Schr. Bd. V).

9) Jones: Über analerotische Charakterzüge. Int. Z. f. Ps.-A. V (1919).

10) Abraham: Psychoanalytische Studien zur Charakterbildung.

11) Freud: Die Disposition zur Zwangsneurose (Ges. Schr. Bd. V. S. 281 ff.).

Endlich müssen noch zwei weitere Differenzen, die schon Erwähnung gefunden haben, ausdrücklich hervorgehoben werden: Die Differenz bezüglich der Amnesien, die Formel: bei der Hysterie wird die Erinnerung, bei der Zwangsneurose ihr Zusammenhang mit dem Symptom verdrängt, — läßt ebenso wie die „zweizeitigen Symptome" die Frage aufwerfen, ob die Methoden, die das Ich des Zwangsneurotikers gegen unliebsame Triebregungen anwendet, nicht ganz andere sind als bei der Hysterie, ob hier nicht neben der Verdrängung noch andere, neue Abwehrmethoden zu erkennen sind.

Wir erwähnten auch bereits die charakterlichen Verankerungen der Reaktionsbildungen der anal-sadistischen Triebregungen bei Zwangsneurosen. Auch bei Hysterikern fanden wir eine ähnliche Erscheinungsform der „Gegenbesetzung"; z. B. wenn die Hysterika, die ihr Kind unbewußt haßt, zu ihm überzärtlich wird. Aber dort blieb diese Zärtlichkeit auf das eine Objekt, häufig auch auf kurze Zeit, beschränkt. Der Zwangsneurotiker scheint eher dazu zu neigen, ein überhaupt zärtlicher Mensch zu werden, d. h. seine Reaktionsbildung charakterlich zu verankern. Man kann gleich den Verdacht äußern, daß dies mit der „größeren Verinnerlichung" des Zwangsneurotikers, mit der größeren Bedeutung, die dem Über-Ich zukommt, zusammenhängt. Aber dieses Auftreten von reaktiven Charakterzügen scheint nicht die einzige Art zu sein, in der — und damit haben wir bereits die isolierte Betrachtung des Symptoms verlassen — der Charakter des Zwangsneurotikers durch seine Krankheit verändert wird. Es kommen noch die ebenfalls schon erwähnten, zum Krankheitsbild direkt gehörigen Charakterzüge, Neigung zum Zweifeln und Grübeln, hinzu, und endlich scheint sich besonders die Tätigkeit des Intellekts, das Denken, in einer formal eigenartigen Weise verändert zu haben, die wir später noch zu beschreiben haben werden. Besonders zugespitzte Logik scheint sich mit einer durchaus irrationalen magischen Unlogik gut zu vertragen, das ganze Denken nimmt eine trotzige, eigensinnige, von merkwürdigem Aberglauben, an den der Patient nicht glaubt, und den er doch festhält, durchsetzte Eigenart an. Damit verbunden ist eine für die analytische Arbeit besonders unangenehme Erscheinung, eine außerordentliche Erschwerung der für die Kur notwendigen „freien Assoziation", die dem Hysteriker so leicht fiel. Der Patient bringt es nicht fertig, sich loszulassen und problemlos und unsystematisch zu reden, etwas zu sagen, ohne zu wissen, wo es hinführen wird. Er steht unter einer der Analyse ungünstigen gesteigerten Selbstkontrolle.

Die Zwangsneurose stimmt also mit der Hysterie darin überein, daß sie einen Versuch darstellt, auf unzweckmäßige Weise einen Konflikt zwischen einer nicht überwundenen oder wieder aufgefrischten infantilen Triebregung und ihrer Abwehr durch das Ich zu lösen. Sie unterscheidet sich von ihr durch eine Reihe von Punkten: Das Bewußtwerden des Vorstellungsinhaltes mancher anstößiger Triebregungen; das Überwiegen der Abwehrsymptome über die Befriedigungssymptome; die große „Verinnerlichung"; das Hervortreten der Rolle des Über-Ichs; die Existenz zweizeitiger Symptome; die große Rolle, die einerseits die anal-sadistischen Triebregungen, andrerseits die genitale Onanie spielt; das Wirksamwerden neuer Abwehrmethoden des Ichs und spezifische Veränderungen des Charakters bestimmen die Besonderheit der Zwangsneurose. Eine Theorie der Zwangsneurose wird also diese Eigenarten einheitlich zu erklären haben. Eine völlig gesicherte eindeutige Theorie liegt, wie gesagt, noch nicht vor. Ich will versuchen, zusammenzustellen, wie nahe die Auffassungen Freuds einer solchen Theorie bereits kommen.

Ausschlaggebend für jede Theorie der Zwangsneurose ist der Begriff der Regression. Freud hat in seiner ersten diesbezüglichen Publikation, also vor Aufstellung der anal-sadistischen Organisationsstufe der Libido, diesen Begriff in einem anderen Sinne gebraucht als später. Er schreibt dort von „Gedanken, die regressiv Taten vertreten".[12] Was ist damit gemeint? Der Zwangsneurotiker, der sich wegen unbewußter Mordimpulse schwere Bußhandlungen und Einschränkungen auferlegt, tut so, als ob er ein Mörder wäre. Viele Zwangshandlungen erweisen sich bei der Analyse als Schutzmaßnahmen für Personen, denen der Patient unbewußt den Tod wünscht, so als ob er tatsächlich der Meinung wäre, daß sein bloßer Wunsch auch real töten könnte. So kann man also sagen: der Zwangsneurotiker überschätzt seine Gedanken, glaubt, wie es ein Patient von Freud ausdrückte, an die „Allmacht der Gedanken".[13] Dieser Glaube und seine narzißtische Grundlage sind, wie bekannt, Bestandteile des magischen Weltbildes, dessen Wirksamkeit in der Zwangsneurose, auch in dem merkwürdigen erwähnten Aberglauben der Zwangsneurotiker (Zwangsorakel, Zwangsopfer u. dgl.) zu Tage tritt. Es scheint so, als ob bei den Zwangsneurotikern eine primitive Denkstufe wieder aktualisiert worden wäre. Man könnte in diesem Sinne mit Recht von einer Regression, von einem Zurückgreifen auf schon überwunden gewesene Formen sprechen, Formen, bei denen zwischen Gedanken und den Taten, die durch sie repräsentiert sind, noch nicht unterschieden wurde. Das Merkwürdige ist, daß diese Regression zum Narzißmus beim Zwangsneurotiker nur eine partielle ist, daß nicht er, sondern ein Etwas in ihm an das Orakel glaubt, daß er es erfüllen muß, obwohl er bewußt gleichzeitig weiß, daß es Unsinn ist. Über diese merkwürdige Spaltung der Persönlichkeit des Zwangsneurotikers später.

---

12) Freud: Bemerkungen über einen Fall von Zwangsneurose (Ges. Schr. Bd. VIII. S. 347 ff.).

13) Freud, ebenda S. 338.

Im libidotheoretischen Sinn bedeutet „Regression" heute etwas anderes. Beim Hysteriker haben wir angenommen, daß der verdrängte Gedanke zwar aus dem Bewußtsein schwindet, aber gerade aus der Neurose geschlossen werden kann, daß er im Unbewußten unverändert erhalten geblieben ist und von dort aus weiterwirkt. So weit uns bei der Analyse der Zwangsneurose im Unbewußten der Patienten der Ödipuskomplex begegnet, besteht hier kein Unterschied. Wenn wir aber neben dem Ödipuskomplex den Kampf gegenüber stark gewordenen prägenitalen Regungen aus der Zeit vor dem Ödipuskomplex auffinden, so liegt der Gedanke nahe, daß diese Regungen sich auf Kosten der abgewehrten Ödipusregungen breitmachen, daß die eigentlich phallischen Ödipusregungen tatsächlich um so viel geringer geworden sind, als die prägenitalen anal-sadistischen Regungen zugenommen haben. Wir können uns vorstellen, daß der Patient, als er seinen Ödipuskomplex abzuwehren suchte, partiell auf ältere anal-sadistische Regungen zurückgriff. Da auch diese anstößig waren oder das am Ödipuskomplex haftende anstößige Element durch die Regression nicht ganz ausgeschaltet werden konnte, mußte auch gegen diese anal-sadistischen Regungen ein weiterer Abwehrkampf durchgeführt werden, der zur Genese der Zwangsneurose führte. Vom Standpunkt des Ichs aus gesehen, wäre eine *solche* „Regression" eine Abwehrart, die koordiniert neben die Verdrängung träte. Sie schöbe sich zwischen Ödipuskonflikt und Symptombildung als gegenüber der Hysterie komplizierender Faktor neu ein. Wir müssen uns erstens fragen: Läßt sich eine solche Annahme durch die Erfahrung bestätigen? Und, wenn dies bejaht wird, zweitens: Welche Umstände entscheiden, ob dieser Abwehrweg der Regression eingeschlagen wird oder nicht, ob es also zur Bildung einer Zwangsneurose oder einer Hysterie kommt?

Zur ersten Frage ist zu sagen, daß die Existenz der Regression bei der Zwangsneurose nicht nur durch Erfahrung belegt werden kann, sondern daß nur analytische Erfahrung und nicht Spekulation diese Auffassung nahelegte. Sie erklärt uns die häufigen Fälle, bei denen Züge des phallischen Ödipuskomplexes (als Reste) neben solchen der prägenitalen anal-sadistischen Organisationsstufe auftreten. Für die Fälle, bei denen das anal-sadistische Material ausschließlich das Krankheitsbild zu beherrschen scheint, kann theoretisch allerdings neben der Regression auch eine Entwicklungsstörung in dem Sinne in Frage kommen, daß die Abwehr des Ichs bereits zur Zeit der erstmaligen anal-sadistischen Organisationsstufe der Libido eingesetzt hätte, so daß die Patienten den phallischen Ödipuskomplex gar nicht erreicht hätten und dieser in der Pathogenese keine Rolle spielte. Wir werden hören, daß die klinische Erfahrung bei typischen Zwangsneurosen nicht für diese Möglichkeit spricht.

Eine Art „Regression zu Prägenitalem" haben wir bereits bei der Hysterie kennen gelernt. Wenn wir aber die Frage, warum Symptome von genitaler Bedeutung sich bei manchen Hysterikern an der Mundzone lokalisieren, dahin beantwortet haben, daß eine prägenitale orale Fixierung dabei den Ausschlag geben könnte, so haben wir schon damals betont, daß das Regressionsmoment sich hier lediglich in der Wahl der Lokalisierung ausdrückt, während alle Erwerbungen der genitalen Stufe sonst erhalten bleiben. Hier, bei der Zwangsneurose, handelt es sich um etwas anderes. Bei der hier in Betracht kommenden echten Regression werden die anstößigen genitalen Ödipusregungen wirklich (wenn auch nicht gänzlich) aufgehoben und durch die gesamte prägenitale Wunschwelt, mit den an ihr haftenden Eigenschaften (Ambivalenz, Bisexualität, sadistische Sexualauffassung usw.) ersetzt.

Das Vorhandensein genitaler Ödipusreste neben einer prävalierenden anal-sadistischen Triebwelt würde allein noch nicht die Wirksamkeit der Regression beweisen. Ein wirklicher Beweis kann nur durch die Analyse gegeben werden, die bei der typischen Zwangsneurose eine bereits vor der verhängnisvollen anal-sadistischen Regression gelegene phallische Ödipusperiode nachweisen kann. Ein solcher Beweis gelingt vollständig nur in seltenen Fällen (diese seltenen Fälle sind dann um so beweisender), regelmäßig dagegen partiell. Gelegentlich kann man die Regression bei Entwicklung einer Zwangsneurose noch in statu nascendi am Werke sehen.

Ein Junge in der Latenzzeit entwickelt zunächst eine mächtige Angst vor den sich einstellenden Erektionen. Er gibt an, er hätte Angst, er könnte das erigierte Glied irgendwie verletzen. Zur Abwehr der Angst gewöhnt er sich daran, wenn eine Erektion sich einstellt, zu onanieren, um dadurch die Erektion zum Schwinden zu bringen. Die Angst schwindet später, aber es stellt sich als Konversionssymptom häufiger Urindrang, später Stuhldrang ein. Erst jetzt entwickelt sich ziemlich rasch eine ausgebreitete Zwangsneurose. Wir sehen hier, wie sich genitale Regungen gegen die sie bedrohende Kastrationsangst erst grob dennoch durchsetzen, dann in Konversionssymptomen durch prägenitale ersetzt werden, bis erst nach dem regressiven Hervortreten der Analerotik die Zwangsneurose eintritt.

In der Analyse der Zwangsneurose überrascht es immer wieder, daß nach Aufdeckung einer dem Bewußtsein entschwundenen anal-sadistischen Triebwelt der frühen Kinderjahre, die den Eindruck des Durcharbeitens tiefster Schichten des Unbewußten macht, sich erst die gänzlich verdrängten Erinnerungen an eine noch frühere, an der Kastrationsangst gescheiterte rein phallisch organisierte Zeit meldet. Man darf sich also nicht dazu verleiten lassen, etwa zu meinen, in den zuerst erinnerten anal-sadistischen Trieben bereits den Ausdruck der ursprünglichen prägenitalen anal-sadistischen Organisationsstufe vor sich zu haben. Sie waren bereits regressiver Natur. Vor ihnen lag der phallische Ödipuskomplex und erst noch früher die ursprüngliche prägenitale Entwicklung. — Häufiger als in solcher Gesamtheit meldet sich die phallische Ödipussituation der Kindheit der Zwangsneurotiker nur in einzelnen Zügen oder die Entwicklungsgeschichte kann in der eines Einzelsymptoms durchschaut werden: So ließ sich hinter der Angst eines Mädchens, eine Schlange könnte aus dem Klosett kommen und ihr in den After kriechen, die historische Vorstufe aufdecken, die Schlange könnte in ihrem Bett liegen. Erst die zur Abwehr des Ödipuswunsches ins Werk gesetzte Regression transponierte den Angstort vom Bett ins Klosett.

Ein indirekter, aber fast experimenteller Beweis für die Wirksamkeit der Regression in der Ätiologie der Zwangsneurose sind jene seltenen Fälle, wo ein hysterisches Symptombild sich nach erfolgter Aufgabe der genitalen Sexualität in ein zwangsneurotisches wandelt: Freud sah das einmal bei einer Frau eintreten, nachdem äußere Erlebnisse eine völlige Entwertung des Genitallebens erzwungen hatten;[14] häufiger sieht man es postklimakteriell, also nach somatisch erzwungener Regression. Besonders charakteristisch für die Wirksamkeit der Regression ist der Nachweis des Scheiterns dieser Abwehr, d. h. der Nachweis, daß die Kastrationsangst durch das Verlegen des Schwerpunktes des Trieblebens auf das anale Gebiet nicht vermieden wurde, also das Auftreten einer sozusagen „analen Kastrationsangst". Charakteristisch dafür ist neben den erwähnten häufigen Beispielen etwa das Konversionssymptom, das sich gelegentlich in eine Zwangsneurose eingestreut vorfindet, nur in kleinen Mengen oder ungeformt defäzieren zu können. Das ganze von Freud behandelte Material der symbolischen Gleichung Kot = Penis hat zum Teil hier seinen Ursprung.[15]

Die typischen Klosettängste der Kinder und Zwangsneurotiker, mögen sie nun die Form haben, ins Klosett zu fallen, von einem Klosettungeheuer gefressen zu werden, oder sich als Infektionsangst rationalisieren, haben in der Regel in der Analyse nachweisbare genitale Bedeutung, sind regressive Entstellung für Kastrationsängste oder — wie wir mit Einbeziehung des weiblichen Geschlechtes vorsichtshalber sagen — für Genitalbeschädigungsängste. Dabei ist es allerdings fraglich, ob ein solcher Nachweis für beide Geschlechter gleiche Bedeutung hat. Denn die Genitalbeschädigungsangst fällt wahrscheinlich nicht bei beiden Geschlechtern in dieselbe Entwicklungszeit. Sie ist beim Jungen sicher das Moment, das den schon etablierten Ödipuskomplex bedroht. Sie ist beim Mädchen vielleicht schon ein Umstand, der ihn einleitet.[16] Jedenfalls verhält es sich mit den „analen" Ängsten wohl nicht anders als mit den „oralen": Anale Angst ist zwar praktisch meist Entstellung für genitale, aber regressive, die eine alte prägenitale autonome Angst vor dem Kotverlust wieder mobilisiert. In der Analyse ist sehr schwer festzustellen, welcher Anteil einer analen Angst nicht regressiver Natur ist, sondern einem Überrest rein prägenitaler Ängstlichkeit entspricht, die der sich bildenden Kastrationsangst schon von ihrem ersten Auftreten an eine bestimmte Tönung gab. (Bekanntlich sind die prägenitalen Erfahrun-

14) Freud: Die Disposition zur Zwangsneurose (Ges. Schr. Bd. V).

15) Freud: Über Triebumsetzungen, insbesondere der Analerotik (Ges. Schr. Bd. V).

16) Freud: Einige psychische Folgen des anatomischen Geschlechtsunterschiedes (Ges. Schr. Bd. XI. S. 13 ff.).

gen von Brust- und Stuhlverlust archaische Vorläufer der Kastrationsidee.[17]) Ein Kind, dessen zahlreiche Ängste auf ein Grauen vor dem „Verschwinden" der Stuhlmengen im Klosett zurückgingen, drückte darin zweifellos die Angst aus, sein Penis könnte zur Strafe für seine Ödipuswünsche ebenso verschwinden. In einem anderen Falle wieder konnte ich wahrscheinlich machen, daß bestimmte anale Erfahrungen das Mädchen erst überhaupt auf die Idee der Kastration brachten, und daß ihr ganzer Ödipuskomplex von Beginn an durch diese fixierenden analen Erlebnisse gefärbt war.[18]

Material, in dem Vorstellungen und Verhaltungsweisen der genitalen Organisationsstufe der Libido mit solchen ihrer anal-sadistischen Vorstufe vermengt erscheinen, gibt es bei jedem Zwangsneurotiker im Überfluß. Es ist, wie schon erwähnt, nicht immer leicht zu entscheiden, welcher Anteil solcher Vermengung Resultat der pathogenen Regression ist, und welcher als Folge der anal-sadistischen Fixierung dem Ödipuskomplex und der phallischen Stufe schon bei ihrem ersten Auftreten in der frühen Kindheit die prägenitale Färbung verlieh. Dieses Material allein beweist also das Vorhandensein der Regression noch nicht.[18a] Ich erinnere etwa an Zwangsneurotiker und ihnen charakterlich verwandte Typen, die das Genitalleben „anal" perzipieren, als Klosettangelegenheit betrachten, oder an solche, bei denen diese anale Perzeption des Genitallebens schon „sublimierter" ist, die also etwa alle sexuellen Angelegenheiten unter dem Gesichtswinkel des Geldes (Dirnenphantasien bei beiden Geschlechtern) oder des Besitzes betrachten; oft wird die „anale" Natur einer genitalen Betätigung nur dem Analytiker deutlich, indem z. B. beim Manne der Akzent auf maximale Retention des Samens gelegt wird, sei es im Akte zur Erhöhung der am Kot erlernten Spannungsvorlust, sei es in der Ideologie der „Bewahrung des Samens".

Die in solchen Fällen unbewußt erfolgte Gleichsetzung von Ejakulation und Defäkation erwies sich z. B. deutlich bei einem Manne, der lange in Prostituiertenstraßen herumzustreifen pflegte, um nachher zu Hause zu onanieren. Die Analyse ergab, daß die Vorlust des „Schauens" als Essen, die Endlust der Onanie als die folgende Kotentleerung gedacht war.

Die Kastrationsangst als Motiv des ganzen Regressionsvorganges ist allerdings nicht bei allen Zwangsneurosen leicht nachzuweisen. Der Affektgehalt der (der Eigenart der Zwangsneurose entsprechend gar nicht immer unbewußten) Kastrationsvorstellung ist oft am allerschwierigsten in die Analyse

---

17) Alexander: Kastrationskomplex und Charakter. Int. Z. f. Ps.-A. VIII (1922) und Stärcke: Der Kastrationskomplex. Int. Z. f. Ps.-A. VII (1921).

18) Fenichel: Zur prägenitalen Vorgeschichte des Ödipuskomplexes. Int. Z. f. Ps.-A. XVI (1930).

18a) In der erwähnten Arbeit: Zur prägenitalen Vorgeschichte des Ödipuskomplexes. Int. Z. f. Ps.-A. XVI (1930), versuchte ich bei einigen geeigneten Fällen diese Differenzierung durchzuführen.

zu bekommen. Hier spielen sich gelegentlich die entscheidenden Widerstandskämpfe bei der Analyse der Zwangsneurose ab.

Die unmittelbare Wirkung der Regression ist eine zweifache: Der starkwerdende Sadismus verdichtet sich mit dem ursprünglich aus dem Ödipuskomplex stammenden Haß gegen den gleichgeschlechtlichen Elternteil und fordert dadurch weitere Abwehr heraus, und die hervortretende Analerotik bringt ein Ausweichen aus der phallisch-aktiven in die anal-passive Haltung, beim Manne also ein Hervortreten der feminin-homosexuellen Züge, die dem Ich ebenfalls meist anstößig erscheinen. Das Schwanken zwischen dieser durch die Regression in die Höhe getriebenen femininen und der ursprünglichen, durch den Sadismus noch übertriebenen männlichen Haltung macht, wie wir noch hören werden, einen der typischen Konflikte des zwangsneurotischen Unbewußten aus.

Der typische Verlauf ist folgender: Eine aktiv-phallische Ödipuseinstellung wird durch die Vorstellung, die Befriedigung würde den Penis kosten, gehemmt. Die Regression erzwingt die feminine Einstellung. Alle (aktive) Sexualbefriedigung ist derart mit der Angstvorstellung der Kastration verlötet, daß schließlich die eine ohne die andere nicht mehr denkbar ist, der Sexualtrieb keine andere Möglichkeit mehr hat, als die Kastration selbst zu bejahen, sie zum Triebziel zu machen. (Kastration als Vorbedingung der Möglichkeit femininer Befriedigung.) Eine solche Einstellung hebt aber nicht etwa die Kastrationsangst auf, sondern Kastrationsangst und Kastrationssehnsucht haben nebeneinander Platz. Die Kranken suchen unbewußt die Kastration nur etwa so auf, wie Kinder die Sensationen der Angst in der Freude an gruseligen Märchen aufsuchen. Die entsprechenden Wünsche, Phantasien oder Handlungen müssen den Charakter des Unernsten, Spielerischen behalten, sie müssen „Kastrationsersatzbildungen" anstreben und nicht die Kastration selbst. Oft werden nach kastrationssymbolischen Spielen und Handlungen Zeremoniells mit dem Sinn des „Ungeschehen-Machens" ausgeführt; auch dürfen solche Maßnahmen über eine gewisse Intensitätsgrenze nicht hinausgehen, widrigenfalls die Lust in manifeste Angst umschlägt. Man muß sich auch vor Augen führen, daß man nicht jede passiv-feminine Strebung eines Mannes als „Kastrationslust" bezeichnen darf. Der Mann möchte in seinen Körper etwas eingeführt erhalten, nicht aber kastriert werden. Die Idee, daß die Erfüllung solchen Wunsches den Preis der Kastration kosten könnte, erregt nicht Erhöhung der Sehnsucht, sondern maximale Angst, die dann das Motiv zur Verdrängung der Sehnsucht abgibt. So war der Sachverhalt bei dem „Wolfsmann" Freuds, der seinen „verkehrten" Ödipuskomplex aus Kastrationsangst verdrängte, aber keine „Kastrationslust" hatte.[19]

19) Freud: Aus der Geschichte einer infantilen Neurose (Ges. Schr. Bd. VIII).

Wir sind unversehens in eine neue Reihe von Problemen geraten und werden uns nach den Beziehungen der Zwangsneurose zur Bisexualität und zum Masochismus fragen müssen. Die letztere Frage berührt offenbar die früher gestellte nach der Bedeutung des Über-Ichs.

Zuerst wollen wir uns aber, unserem Vorsatz gemäß, die für eine Theorie der Zwangsneurose bedeutendere Frage vorlegen, die nach der Neurosenwahl. Was entscheidet darüber, ob nach dem Scheitern des Ödipuskomplexes an der Kastrationsangst eine Abwehr durch reine Verdrängung (Voraussetzung der Hysterie) erfolgt oder der folgenschwere Schritt des Abwehrversuchs durch Regression (Voraussetzung der Zwangsneurose)? Die Entscheidung darüber kann nur bei drei Faktoren liegen, wahrscheinlich meist in dem Zusammenwirken von zweien oder dreien derselben, bei der Natur 1) der Spuren der prägenitalen Triebe, 2) der phallischen Organisation, 3) des abwehrenden Ichs.

Der ausschlaggebende Punkt ist wohl der erste. Wir wissen, daß ganz allgemein frühere Libidopositionen um so eher wieder besetzt werden, je stärker man an sie fixiert ist. Diese allgemeine Regel gilt auch hier. Unter der Einwirkung der Kastrationsangst werden am ehesten diejenigen Menschen auf die anal-sadistische Organisationsstufe regredieren, die die stärksten anal-sadistischen Fixierungen haben. Nach Freuds Bild: Nach einer Niederlage zieht sich eine Armee am ehesten an die Orte zurück, wo sie beim Vormarsch die stärksten Besatzungen zurückgelassen hat.[20]

Wie entstehen Fixierungen? Aus Konstitution und fixierendem Erleben, die sich zueinander wie eine Ergänzungsreihe verhalten.[21] Und was ist wieder unter „fixierendem Erleben" zu verstehen? Besondere Befriedigungen, besondere Versagungen oder ein Abwechseln zwischen besonderen Befriedigungen und besonderen Versagungen während der entwicklungsgeschichtlichen Blütezeit eines bestimmten libidinösen Gebietes. Je größer vorher die Befriedigungen waren, um so eher wirken auch objektiv nichttraumatische spätere Versagungen traumatisch (Verwöhnung). So werden für die Regression auf das Anal-Sadistische nach Enttäuschung oder Gefährdung der phallischen Ödipuswünsche diejenigen Menschen disponiert sein, die entweder eine konstitutionell verstärkte Analerotik mitbringen oder während der anal-sadistischen Organisationsstufe der Libido durch Erlebnisse oder durch somatische Faktoren an dieselben besonders fixiert worden sind, wovon die Analyse von Zwangsneurosen die verschiedensten Varianten nachweist.

---

20) Freud: Vorlesungen zur Einführung in die Psychoanalyse (Ges. Schr. Bd. VII. S. 351).

21) Freud: Vorlesungen zur Einführung in die Psychoanalyse (Ges. Schr. Bd. VIII. S. 376).

Entweder es überwog zunächst die Verwöhnung, — dann sehen wir die frühe Kindheit oft überschwemmt von anal-sadistischen Triebäußerungen und werden es nicht verwunderlich finden, wenn man später gern auf diese Befriedigungen zurückgreift (die allerdings oft noch ein spätes traumatisches Versagungsende fanden). Oder aber die Fixierung ist wesentlicher gekennzeichnet durch frühe Versagungen, z. B. eine allzu frühe und heftige Erziehung zur Reinlichkeit durch selbst anal fixierte Erziehungspersonen. Dann ist in der Anamnese von frühen analen Triebdurchbrüchen oft fast nichts nachweisbar, die Reinlichkeitserziehung vollzog sich angeblich sehr früh und reibungslos. Aber das ist nur eine Lücke, bedingt durch allzufrühe Verdrängung dieser Triebansprüche, die eben Anlaß ist zur Fixierung. Sie kann schon beim kleinen Kinde lange vor voller Etablierung des Ödipuskomplexes während der Blütezeit der anal-sadistischen Libidoorganisation zu analerotischen Reaktionsbildungen und Neurosen, die einem unbewußten Konflikt zwischen Schmutzlust und Angst vor Bestrafung entsprechen,[22] ja selbst zu kleinen Zwangsneigungen führen, kann ferner artefiziell ein allzufrühes Eintreten in die phallische Phase bewirken. Beides veranlaßt dann eine regressive Abwehr dieser phallischen Phase. So entsprechen Fixierung und Regression einander. Es werden aber auch gerade die konstitutionell Analen sein, die auch am meisten anal fixierende Erlebnisse haben (besonders, wenn Eltern und Erziehungspersonen zusammenfallen).

Von Seiten der phallischen Organisation wird ihre besondere Schwäche als der Umstand, der die Regression begünstigt, in Betracht kommen. Man gibt leichter etwas auf, woran einem nicht allzuviel gelegen ist. Weitere Überlegung zeigt, daß dieser Punkt mit dem erstbesprochenen fast zusammenfällt, denn die phallische Organisation wird sich eben um so schwächer entwickeln, je stärker die prägenitalen Fixierungen sind. Der anal Fixierte wird den Fortschritt von der analen zur phallischen Phase nur zögernd mitmachen und bereit sein, diesen Neuerwerb auch schon bei kleinen Enttäuschungen oder Gefährdungen wieder aufzugeben. Man sieht, hier ist der fließende Übergang zu Entwicklungsstörungen ohne eigentliche Regression, zu Fällen, bei denen die prägenitale Fixierung und ein frühzeitiger Einspruch des Ichs gegen die phallischen Ödipuswünsche so stark war, daß praktisch eine phallische Stufe überhaupt nicht mehr erreicht wurde. Der Zusammenhang kann manchmal der sein, daß durch allzu strenge Reinlichkeitserziehung (Verdrängung der Analerotik) das Kind sehr früh, noch zur Zeit, in der sonst die anal-sadistische Organisation prävaliert, stärkere genitale Wünsche entwickelt und daß auch gegen diese schon

---

22) Siehe Wulff: Phobie bei einem anderthalbjährigen Kinde. Int. Z. f. Ps.-A. XIII (1927) und den besonders interessanten Fall von Berta Bornstein: Die Phobie eines 2½jährigen Kindes. Int. Z. f. Ps.-A. XVII (1931).

so frühzeitig Einspruch erhoben wird. Wir sagten also, je schwächer die phallische Organisation, um so eher die Regression auch bei geringen Enttäuschungen und Gefährdungen. Umgekehrt können sehr starke und plötzliche Enttäuschungen und Gefährdungen auch bei nicht so stark Fixierten zur Regression Veranlassung geben. Es scheint, daß die Regression erleichtert wird, wenn die Kastrationsdrohung plötzlich, trauma-artig während der phallischen Entwicklungsstufe der Libido das Kind trifft; z. B. durch den Anblick eines weiblichen Genitales, der die bis dahin gering geschätzte Drohung mit einem Male als reale Gefahr erkennen läßt.

Am schwierigsten ist die zur Regression besonders disponierende Natur des abwehrenden Ichs zu beschreiben. Als Voraussetzung der Regression scheint einerseits eine besondere Schwäche, andererseits eine relative Stärke der Ich-Organisation in Betracht zu kommen: Schwäche darum, weil die Regression sozusagen die passivste Abwehrform ist, passiver noch als die Angst der Angsthysterie. Daß man bei Enttäuschungen und Gefährdungen höherer Wünsche auf frühere zurückgreift, ist ein Vorgang, der sich automatisch abspielt, den das Ich zunächst passiv erlebt. Freilich kann und wird es diesen Vorgang (analog wie die Angstentwicklung im Es) für seine Zwecke ausnutzen, ev. sein Eintreten aktiv fördern; sein Aktivitätsanteil ist aber jedenfalls dabei geringer als etwa bei einer echten Verdrängung mit Errichtung einer Gegenbesetzung. Man könnte also sagen, daß das Ich der Zwangsneurose zur Zeit des Scheiterns des Ödipuskomplexes noch schwächer sein muß als das des Hysterikers. Auf der anderen Seite läßt sich aber die Möglichkeit nicht abweisen, daß die Regression durch einen besonders frühzeitigen Einspruch des Ichs erleichtert wird, dadurch, daß die Abwehr die phallische Organisation bereits in statu nascendi trifft oder nur eine andere Triebabwehr wiederholt, die schon während der prägenitalen Zeit eintrat. Es ist auch möglich, daß bestimmte Umstände einen weit ausgebildeten Ödipuskomplex schon in prägenitaler Zeit entstehen lassen, der abgewehrt werden muß. Das Ich des Zwangsneurotikers muß also stark genug sein, um bereits frühzeitig seinen Einspruch gegen die Triebe geltend zu machen, aber noch zu schwach, um diesen Konflikt mit verläßlicheren Methoden durchzukämpfen.

Wie steht es nun mit der Frage nach prägenitalen Entwicklungsstörungen ohne Ödipuskomplex, bei denen die Abwehr des Ichs bereits zur Blütezeit der anal-sadistischen Stufe eingesetzt hatte, und die deshalb weder Ödipuskomplex noch Regression entwickeln konnten? Die Möglichkeit solcher Fälle ist nicht auszuschließen. Die Analyse macht es durch den Nachweis der großen Bedeutung von Ödipuskomplex und Kastrationsangst bei der Psychogenese der Zwangsneurose — wie wir hörten — unwahrscheinlich, daß eine solche Genese das Bild einer typischen Zwangsneurose ergäbe. Wahrscheinlicher ist, daß aus solcher Genese ein der Zwangsneurose verwandtes Charakterbild mit atypischen allgemein infantilen Zügen resultiert. Wir hörten, daß Reich wohl mit Recht eine solche Genese für die chronische Neurasthenie annimmt.[23]

Wie ist es nun mit den für die Zwangsneurose so charakteristischen und verhängnisvollen Eigenschaften der Bisexualität und der Ambivalenz? Sind diese Eigenschaften, konstitutionell verstärkt, eine Voraussetzung für den Eintritt der ausschlaggebenden Regression oder sind sie, umgekehrt, ihre Folge? Beides! Wir wissen, daß besonders ausgeprägte Bisexualität und Ambivalenz Charaktere der prägenitalen Entwicklungsstufen der Libido sind, die erst beim Eintritt des Genitalprimats und der damit verbundenen „postambivalenten Objektliebe" allmählich überwunden werden (Abraham[24]). Die anal-sadistische Organisationsstufe ist als solche den Objekten gegenüber ambivalent; ein Mann etwa mit analen Zügen muß feminine Sexualwünsche haben, infolge des gleichzeitigen Sadismus aber auch maskuline. Insofern die prägenitale Fixierung Voraussetzung der Regression ist, sind es auch die der prägenitalen Fixierung zugehörigen Eigenschaften Bisexualität und Ambivalenz. Insofern erst die Regression Ursache dafür ist, daß die anal-sadistische Einstellung besonders ausgeprägt und endgültig beibehalten wird, insofern sind ihre Eigenschaften Bisexualität und Ambivalenz Folgen der Regression.

Alles bisher über die Regression und ihre Folgen Gesagte bezieht sich zunächst auf die Zeit des Unterganges des Ödipuskomplexes. Tatsächlich sehen wir die ersten Zwangssymptome zu dieser und der folgenden Zeit, der Latenzzeit, auftreten. Das Bild der Zwangsneurosen der Erwachsenen jedoch erscheint durch die Entwicklungsprozesse, die sich zwischen verhängnisvoller Regression und Erwachsenheit abspielen, in unerfreulicher Weise kompliziert.

Man kann unter den Zwangskrankheiten im Erwachsenenalter seltenere mehr akute und häufigere chronische Formen unterscheiden. Die akuten scheinen auf einen äußeren Anlaß hin auszubrechen, der sich von den Anlässen der Hysterie nicht unterscheidet, also libidoökonomisch als Ursache einer Wiederauffrischung verdrängter infantiler Sexualkonflikte aufgefaßt werden muß. Damit diese Mobilisierung aber zu einer Zwangsneurose führe, muß der Mensch eben aus seiner Kindheit eine entsprechende Disposition mitbringen, d. h. er muß damals die geschilderte Regression vollzogen haben. Auch wenn der Teil der genitalen Libido, der auf die anal-sadistische Stufe zurückgeworfen wurde, so gering war, daß die Pubertät ohne allzu große Schwierigkeiten überwunden werden konnte, muß ein genügend großer restlicher Teil dieses Schicksal erfahren haben. Die kindliche Abwehr des Ödipuskomplexes muß den Regres-

---

23) Reich: Über die chronische hypochondrische Neurasthenie. Int. Z. f. Ps.-A. XII (1926).

24) Abraham: Versuch einer Entwicklungsgeschichte der Libido.

sionsweg eingeschlagen und so gleichsam „gebahnt" haben, damit die späte Lebensenttäuschung mit dem Wiederaufflackern des Ödipuskomplexes auch eine abermalige Regression zur anal-sadistischen Stufe erzwingt, deren Abwehr in der Neurose manifestiert wird.

Häufiger sind chronische Fälle, deren Zwangsneurose bei bestimmten Anlässen nur exazerbiert, aber im Grunde von der Pubertät an unausgesetzt besteht. Ist es solchen Fällen während der Latenzzeit noch gelungen — ev. mit Hilfe von Zwangszeremoniells oder Reaktionsbildungen im Charakter — die pathogenen Triebkonflikte vorübergehend zu beruhigen, so ändert sich dieses Bild in der Pubertät.[25] Der Sexualvorstoß dieser Zeit verläuft analog der der frühen Kindheit. Eine neuerliche Regression auf die anal-sadistische Organisationsstufe findet statt. Aber das Über-Ich, auf dessen Einspruch diese neuerliche Welle analer und sadistischer Sexualwünsche stößt, hat sich seinerseits den Einflüssen der ersten infantilen Regression nicht entziehen können. Es ist selbst in typischer Weise sadistisch geworden und wütet mit besonderer Strenge gegen die unverständlichen, aus dem Es auftauchenden analen und sadistischen Triebansprüche. Es wütet ebenso gegen die Abkömmlinge der eigentlich phallischen Ödipuswünsche, die sich noch neben den durch Regression entstellten Triebansprüchen erhalten haben, d. h. gegen die Onanieversuchung. Der „verinnerlichte" Kampf zwischen dem Ich und dem durch die Regression sadistisch gewordenen Über-Ich spiegelt dann in allen Details die ursprünglichen Ambivalenzkonflikte wider, die gegen die ersten versagenden und kastrationsdrohenden Vertreter der Außenwelt gerichtet waren. „Das überstrenge Über-Ich besteht um so energischer auf der Unterdrückung der Sexualität, da sie so abstoßende Formen angenommen hat. So zeigt sich der Konflikt bei der Zwangsneurose nach zwei Richtungen verschärft: Das Abwehrende ist intoleranter, das Abzuwehrende unerträglicher geworden. Beides durch den Einfluß des einen Momentes der Libidoregression" (Freud[26]).

Der fortwährende Kampf gegen zwei Fronten, gegen die Triebe und das Über-Ich, sowie die Auseinandersetzung des Ichs mit den bereits etablierten Symptomen (sekundärer Abwehrkampf, weitere Reaktionsbildungen, Entwicklungstendenz von der Abwehr- zur Befriedigungsbedeutung der Symptome) komplizieren und charakterisieren die weitere Entwicklung der Zwangsneurose.

Die Hervorhebung der Regression als des zentralen Punktes in der Psychologie der Zwangsneurose beantwortet die Frage, ob das Ich sich hier anderer Abwehrarten bedient, bejahend, da ja eben die Regression selbst eine neue Abwehrart darstellt. Eine weitere bei der Hysterie nicht vorhandene Abwehrart haben wir in der Bildung konstanter, im Charakter verankerter

25) Freud: Hemmung, Symptom und Angst (Ges. Schr. Bd. XI. S. 56).
26) Freud: Hemmung, Symptom und Angst (Ges. Schr. Bd. XI. S. 56).

Reaktionsbildungen kennen gelernt. Freilich müssen wir betonen, daß trotzdem auch die eigentliche Verdrängung bei der Zwangsneurose nicht fehlt; sie hat nur weniger ausschließlichen Charakter: Weder der Wortlaut aller anstößigen Triebregungen noch sämtliche pathogenen Kindheitserlebnisse sind jemals dem Zwangsneurotiker gänzlich bekannt (nur daß er sie überhaupt zum Teil kennt, wurde uns Problem). Sogar die Zwangssymptome selbst sind noch Gegenstand eines sekundären Verdrängungsprozesses, denn die Kranken wissen oft genug nicht anzugeben, was ihre Zwangsimpulse eigentlich von ihnen verlangen; diese Impulse haben häufig einen merkwürdig blassen, unbestimmten, traumhaften Charakter, und es bedarf eines guten Stückes Analysenarbeit, um die Verdrängungen soweit aufzuheben, daß die Zwangsimpulse oder die Wortformeln des Zwangsneurotikers überhaupt klar bewußt werden.

Aber die Abwehrdifferenzen scheinen damit nicht erschöpft. Es macht den Eindruck, als ob die Abwendung vom Genitalen und die Zuwendung zum Anal-Sadistischen auch für das Ich die Folge hätte, daß es seine Abwehrmethoden weitgehend ändere. Die konsequente Verdrängung, wie wir sie bei der Hysterie kennen lernten, scheint dem genitalen Charakter der zu verdrängenden Triebe zugeordnet. Zum Anal-Sadistischen gehören andere charakteristische Abwehrarten; das hängt mit der „Verinnerlichung" und mit dem noch zu besprechenden Umstand zusammen, daß auch das Ich und seine Funktionen (Denken) von der durch Regression erniedrigten Libido mehr sexualisiert werden als von der unverändert genitalen.

Freud hat noch zwei solche für die Zwangsneurose charakteristische Abwehrarten beschrieben: Die „Isolierung" und das „Ungeschehenmachen".[27] Beiden Mechanismen sind wir bei unserer Erörterung schon begegnet. Wir wollen sie nun auch reflektierend hervorheben.

Auf die „Isolierung" wurden wir aufmerksam, als wir die Formel aussprachen, der Hysteriker verdränge die infantilen Inhalte, der Zwangsneurotiker ihre Zusammenhänge mit den Symptomen. Macht man einen Zwangsneurotiker auf einen solchen Zusammenhang aufmerksam, so stößt man auf den gleichen Widerstand wie bei einem Hysteriker, den man mit seinen infantilen Ödipuserlebnissen bekannt macht. Genetisch Zusammengehöriges wird also durch einen eigenen Widerstandsaufwand, durch eine besondere „Gegenbesetzung" des Ichs auseinandergehalten. Das eine bleibt vom anderen „isoliert". Die Sondernatur der Abwehrart „Isolierung" erhellt aber erst aus den so häufigen Zwangssymptomen, in denen zwischen ursprünglich zusammengehörigen Vorstellungen, Gefühlen, Gegenständen — tatsächliche, räumliche oder zeitliche Intervalle eingeschaltet werden. „Was so auseinander-

27) Freud: Hemmung, Symptom und Angst (Ges. Schr. Bd. XI. S. 59 ff.).

gehalten wird, ist gerade das, was assoziativ zusammengehört. Die motorische Isolierung soll eine Garantie für die Unterbrechung des Zusammenhanges im Denken ergeben."[28] Am strengsten wird isoliert gehalten, was, ursprünglich zusammengehörig, nur durch die weitere Entwicklung auseinandergerissen wurde, z. B. die Äußerung der Ambivalenz des Vaterkomplexes in der Beziehung zu Gott bei religiösen Zwangsneurotikern.[28]

Wie etwa ein Fall von Hysterie, der ganz bestimmte Tage seines Lebens nicht erinnern kann, sich zur Demonstration der Verdrängung ganz besonders eignete, obwohl doch alle Hysterien verdrängen, so gibt es auch besondere „Isolierungs"-Fälle unter den Zwangsneurotikern, obwohl doch alle Zwangsneurotiker isolieren.

Ein siebzehnjähriger junger Mann erkrankte im Anschluß an den Kampf um die Onanieabgewöhnung. Nach kurzer Zeit schuldfreier onanistischer Befriedigung — die stets im Alleinsein erfolgt war, während er öfter mutueller Onanie seiner Kollegen, selbst unbeteiligt, zugesehen hatte — hielt der Pastor einmal eine Rede gegen die Onanie, in der er den Rat erteilte, mit Jungen, die so was täten, nicht mehr zu verkehren. Die Genitalität unseres Patienten war in der Kindheit durch eine überstarke Kastrationsangst gehemmt gewesen. Eine passiv-anale Fixierung erleichterte die neuerliche Regression. Er nahm sich die Rede das Pastors sehr zu Herzen, beschloß, seinen Rat zu befolgen und besonders mit einem Jungen, der es am schlimmsten getrieben hatte, nicht mehr zu reden. Eine Zeitlang ging das gut. Dann aber verlangte die Versuchungsgefahr stärkere Abwehr, die Vermeidung des Verkehrs nahm phobische Formen an und mußte durch zwangsneurotische Maßnahmen gesichert werden: Wenn er mit dem Jungen zusammentraf, mußte er ausspucken; ein Zahlenzeremoniell betreffend die zwanghafte Festsetzung der Anzahl der nötigen Spuckakte konnte im Verlauf der kurzen Analyse nicht genügend durchschaut werden. Die Phobie nahm an Umfang zu: Auch der Verkehr mit Angehörigen und Freunden des „Gemiedenen" (so nannte ihn der Patient, weil er seinen Namen nicht aussprechen durfte) mußte eingestellt werden, dann — der „Gemiedene" war Sohn eines Barbiers — der Besuch dieses Barbierladens, dann der Besuch jedes Barbierladens, dann der Verkehr mit Menschen, die sich rasieren lassen, dann der Besuch des Stadtteiles, in dem der Barbierladen lag.

Die weitere Entwicklung dieser von Beginn an von Zwangssymptomen durchsetzten Phobie führte nun zur — sit venia verbo — „Isolierungsneurose". Bisher war aus der Symptomatik nichts über die Ursachen der Hemmung zu sehen gewesen, auf die seine Pubertätsgenitalität stieß. Nun aber trat die Forderung auf, auch die Angehörigen, bei denen er wohnte, — vor allem die weiblichen: Mutter, Großmutter und Schwester — dürften nicht in den verbotenen Stadtteil gehen. Der Patient litt sehr darunter, daß die Angehörigen sich solche Einschränkungen ihrer Bewegungsfreiheit nicht gefallen lassen wollten. Er selbst unterwarf sich zwar dem Verbot, suchte die verbotenen Gegenden nicht auf, um so mehr mußte er aber in zwanghafter Weise an sie d e n k e n. Daß ihm das peinlich war, ist begreiflich. Er begründete diese Peinlichkeit aber in unerwarteter Weise: Er sehe zu Hause Mutter und Großmutter und d e s h a l b dürfe er nicht an „unsympathische" Personen oder Örtlichkeiten denken! Obwohl der Patient den Zusammenhang seiner Erkrankung mit dem Onaniekampf kannte, „ignorierte" er ihn; die Onanie war scheinbar ganz leicht geschwunden,

28) F r e u d: Hemmung, Symptom und Angst (Ges. Schr. Bd. XI. S. 61).

das Bedürfnis danach trat nicht mehr auf, an seine Stelle trat nun immer deutlicher das neurotische Bestreben, die Vorstellungen „Familienangehörige" und „unsympathische Personen und Örtlichkeiten" auseinanderzuhalten, sie zu isolieren.

Diese Isolierung wurde nun der Hauptinhalt der Neurose, die Phobie trat in den Hintergrund. Der Patient konnte nun wohl wieder an Unsympathisches denken, aber nicht gleichzeitig an „sympathische" Menschen. So verriet er den Ödipuskomplex als das anstößige Moment seiner Onanie. Im Ausbau dieses Isolierungsbestrebens des Ichs als Abwehr des in der Pubertät aktivierten Ödipuskomplexes bildete sich jetzt in wenigen Monaten eine Zwangsneurose allerschwerster Art aus.

Es erging dem Patienten, wie es dem Mann bei Wedekind erging, der an keinen Bären denken sollte. Wenn er etwa an den Barbierladen dachte, fiel ihm sofort die Großmutter ein. Dieses quälendste Symptom nannte er die „Verknüpfung". Gegen sie half nur ein Mittel: Die Abwehr durch „Ungeschehenmachen". Das war in diesem Falle die sogenannte „Auseinanderknüpfung". Wenn er nach gleichzeitigem Denken an verbotenen Ort und sympathischen Menschen völlig isoliert das reine Bild des von allem sympathischen Beiwerk befreiten Unsympathischen sehen konnte, so war alles wieder gutgemacht und der Patient beruhigt. Schon nach kurzer Zeit war er vom Morgen bis zum Abend einzig mit „Auseinanderknüpfungen" beschäftigt.

Nun traten die zwei Erscheinungen dazu, die eine sich ausbildende Zwangsneurose zu erschweren pflegen: Eine großartige Umfangserweiterung des Symptombereiches und der Durchbruch der abgewehrten Regung im Symptom selbst.

Die Einteilung der Objekte in „sympathische" und „unsympathische" umfaßte zunächst sämtliche Personen und Örtlichkeiten. Nicht nur alle Mitschüler wurden unsympathisch, alle Verwandten sympathisch, sondern alle anderen Menschen wurden nach oberflächlichen Assoziationen auch einer der beiden Kategorien zugeordnet und verfielen damit dem Bereich der Verknüpfung und Auseinanderknüpfung (z. B. wurden Freunde und Berufsgenossen von Leuten, die er etwa auf dem Weg in den verbotenen Stadtteil sah, unsympathisch, fast alle Frauen, wenn gegen sie nichts Besonderes vorlag, sympathisch). Das Analoge geschah mit allen Örtlichkeiten, so daß es eine Anzahl Variationen der „Verknüpfung" (sympathischer Mensch an unsympathischem Ort, unsympathischer Mensch an sympathischem Ort, sympathischer Mensch gleichzeitig mit unsympathischem Mensch, sympathischer Ort mit unsympathischem Ort, „Mischperson", d. h. solche, die Züge von sympathischen und unsympathischen Menschen vereinigte, z. B. die Großmutter mit Gesichtszügen der Mutter des Gemiedenen, „Mischorte") und „Auseinanderknüpfung" gab. — Des weiteren gelangten alle Konkreta in den Symptombereich (z. B. wurden Spiegel, die an den Barbierladen erinnerten, unsympathisch, so daß die Erscheinung „das Bild der Schwester in einem Spiegel" eine quälende Verknüpfung war), dann auch Abstrakta, z. B. wurden einige Worte, die er von unsympathischen Menschen gehört hatte, unsympathisch, so daß er sie nicht in Sätzen gebrauchen konnte, in denen sympathische Worte vorkamen.

Fortwährend traten die anstößigen „Verknüpfungen" (die verpönten Ödipusregungen) ins Bewußtsein, fortwährend mußten sie durch „Auseinanderknüpfungen" d. h. mit Hilfe des „Ungeschehenmachens", das in diesem Falle mit der „Isolierung" zusammenfiel, abgewehrt werden, widrigenfalls Angst und quälende Spannungsgefühle entstanden. Dabei galt noch eine schwere Bedingung: Bevor die Auseinanderknüpfung gelungen war, durfte der Ort, an dem sich der Patient zur Zeit der Verknüpfung befunden hatte, nicht verlassen, die Beschäftigung, der er zur Zeit der Verknüpfung hingegeben war, nicht unterbrochen werden. Diese Bedingung war die sozial schädigendste: Da eine Auseinanderknüpfung gelegentlich Stunden benötigte, kam es vor, daß der Patient stundenlang still stehen oder eine sinnlose Beschäftigung fortsetzen mußte. So war es immer fraglich, ob es nach der Analysenstunde gelingen werde, das Sofa zu verlassen, und die Angst, eventuell zwischen Verknüpfung und Auseinanderknüpfung eine Behandlungsstunde abbrechen zu müssen, quälte den Patienten die ganzen Stunden hindurch. Ginge die Auseinanderknüpfung auch nur in einem geringen Detail anders vor sich als die Verknüpfung, so bliebe sie wirkungslos; ein, wie mir scheint, für den Mechanismus des Ungeschehenmachens charakteristischer Zug.

Endlich wurden die zur Abwehr bestimmten Symptome selbst Ausdruck der verpönten Triebregungen: Der Zwang zur Auseinanderknüpfung machte es nötig, daß der Patient immer genügend unsympathische Menschen, Örtlichkeiten, Dinge, Eigenschaften „parat“ habe. Die Sehnsucht, die quälenden Spannungen rasch zu beendigen, besiegte die Phobie und brachte die Wiederkehr des Verdrängten: Der Patient suchte unsympathische Orte auf, sah sich unsympathische Menschen möglichst genau an, damit er sie gegebenenfalls parat habe! Allerdings gelang das nicht mit allem Unsympathischen: der „Gemiedene“ z. B. blieb auch weiterhin gemieden; es stellte sich schließlich eine Reihe gradueller Verschiedenheiten her: Es gab ganz Unsympathisches, das phobisch gemieden wurde, weniger Unsympathisches, das er mit Vorliebe aufsuchte, um, wenn Sympathisches erscheint, rasch auseinanderknüpfen zu können, wenig Indifferentes, leicht Sympathisches, ganz Sympathisches. Am Ende dachte er bewußt und angestrengt fast nur an Unsympathisches, in der Hoffnung, dadurch die Auseinanderknüpfung rascher bewältigen zu können; erinnert man sich daran, daß die Gedanken an Unsympathisches eigentlich die Onanie bedeuteten, so onanierte er nun also ununterbrochen. Und tatsächlich: War die Spannung aufs höchste gestiegen und wollte die Auseinanderknüpfung trotz höchster Anstrengung nicht gelingen, so kam es gelegentlich, zur Überraschung des Patienten, zur Pollution.

Auch die Verknüpfung selbst, d. h. das Zusammenbringen sympathischer Menschen mit unsympathischen Worten, setzte sich nun, dem Patienten unbemerkt, gegen das isolierende Ich durch. Einer seiner zahlreichen sekundären Krankheitsgewinne war, daß er sich wie ein kleines Kind anziehen ließ, weil sonst das Anziehen durch die zahlreichen eingeschalteten Auseinanderknüpfungen stundenlang dauerte. Wenn ihn nun seine Großmutter anzog, so fuhr er plötzlich mit den wüstesten Schimpfworten los. Damit meinte er aber nicht die Großmutter, sondern die unsympathischen Menschen, deren Bilder ihm während dieser Beschäftigung, so eine Verknüpfung bildend, in den Sinn kamen.

In einem zweiten Fall ließ sich etwas Ähnliches beobachten: Ein schwer grübel- und zweifelsüchtiger Patient, mit dem sich wegen der Schwere seiner Krankheit die analytische Arbeit kaum durchführen ließ, protestierte gegen die Grundregel. Es stellte sich schließlich heraus, daß er bestrebt war, die Existenz einer Freundin zu verschweigen. Aber nicht etwa, weil er darüber überhaupt nicht sprechen oder die Betreffende nicht bloßstellen wollte, sondern, weil er in der Analyse bereits über Onanie gesprochen hatte und alle grobe Sexualität von dieser Freundin isoliert gehalten bleiben mußte. Er wolle eventuell von ihr doch reden, meinte der Patient, wenn er nur sicher wäre, daß ihm dann in der gleichen Stunde nicht noch vielleicht etwas grob Sexuelles einfallen werde. Die Idee, daß auch in diesem Falle solche „Auseinanderknüpfung“ die Antwort auf eine zwanghafte „Verknüpfung“, die Abwehr der Ödipusregung war, fand erst viel später Bestätigung. Das Symptom, das der Patient am ängstlichsten hütete und am ausgiebigsten zu dissimulieren suchte, bestand darin, daß er, wenn er die Freundin sah oder ihr Name genannt wurde, den Zwangseinfall hatte: „Kleine Hure". Dieses Symptom also entsprach dem Ödipus-Triebanspruch, gegen den das Ich sich mit dem Mittel der Isolierung zur Wehr setzte. Wir werden daran gemahnt, daß die von Freud geschilderte, für unseren Kulturkreis und speziell für die Pubertätszeit charakteristische Spaltung der Sexualität in Sinnlichkeit und Zärtlichkeit durch „Isolierungs"-Maßnahmen gehalten wird, die das Ich ins Werk setzt, um den Durchbruch der ursprünglich ebenfalls auf das Zärtlichkeitsobjekt (Inzestobjekt) gerichteten Sinnlichkeit zu verhindern. — Interessant war, wie dieser zu paranoiden Mechanismen neigende Patient die Triebabwehr der Isolierung mit der der Projektion verband. Einen schwer überwindbaren Widerstand setzte ich durch folgende Unvorsichtigkeit: Als der Patient einmal, um die Psychoanalyse ad absurdum zu führen, meinte, es falle einem ja doch nur ein, was man wolle, antwortete ich, ihm falle ja doch „kleine Hure" ein, obwohl er es nicht wolle. Tagelang warf mir nun der Patient vor, wie gemein und sinnlich ich wäre, weil ich seine Freundin eine Hure nenne und, was er einmal gestanden hätte, ausnutzte, um ihn einer Schweinerei mit seiner Freundin zu bezichtigen; letztere gehöre eben, wie er gleich gewußt hätte, nicht in die Analyse.

Ein anderer Patient hatte durch seine Eheschließung eine großartige Isolierung geschaffen. Das Zusammenleben mit seiner Frau sollte mit der infantilen Vorzeit keinen Zusammenhang haben. An den Punkten, an denen sich gegen die Isolierungsabsicht infantil-sexuelle Strebungen in die Ehe eingedrängt hatten, waren schwere abwehrende Zwangssymptome entstanden. Diese Isolierung bewirkte, daß eine tiefgehende Analyse der Kindheit therapeutisch erfolglos blieb, bis auch der volle Zusammenhang dieser mit der Ehe durchgearbeitet und die die Isolierung behütenden Widerstände überwunden waren.

Von einem weiteren Fall sei noch angeführt, wie er die Isolierung in den Dienst des Widerstandes stellte. Wenn er einmal verdrängtem Material, d. h. vom Ich abgewehrten Inhalten, sich mit seinen Einfällen näherte, so tat er das in der Weise, daß er etwa zehn Minuten vor Ende der Stunde damit abbrach und dann unwichtiges Zeug brachte. Der Übergang von wichtigem zu unwichtigem Material spielte sich plötzlich und ruckartig ab. Der unbewußte Zweck dieser Technik war, eine Einflußnahme des analytischen Materials auf die Realität hintanzuhalten. Das Unwichtige am Ende der Stunde ist im wörtlichen Sinn eine Isolierschicht, die die Berührung des in der Analyse Vorgebrachten mit dem Alltag verhindert, indem sie sich zwischen beide einschiebt.[29]

Häufig wird diese Isolierschicht dadurch gesichert, daß der Kranke in einer gewissen zeremoniell festgelegten Weise zählen (Zeit messen) muß, bevor er eine neue Betätigung beginnen darf, — eine der unbewußten Absichten des Zählzwanges.

Zwei Sonderfälle der Isolierung beanspruchen noch besondere Hervorhebung: Das eine ist das bekannte „Affektleer-werden" von anstößigen Triebregungen, wenn sie in Zwangsimpulsen bewußt werden; hier wird Vorstellungsinhalt und Affektbetrag auseinandergehalten. Der zweite Fall tritt ein, wenn das Ich die Abwehr der Isolierung nicht nur gegen die aus dem Es kommenden Trieb-

29) Die obigen Ausführungen über Isolierung wurden zum großen Teile schon publiziert. Siehe Fenichel: Zur „Isolierung". Int. Z. f. Ps.-A. XIV (1928).

regungen, sondern auch gegen die von seinem strengen Über-Ich erhobenen Forderungen, gegen die Schuldgefühle, anwendet. Die meisten Zwangsneurotiker leiden unter schweren bewußten Schuldgefühlen, ohne angeben zu können, wessen sie sich eigentlich schuldig fühlen. Viele müssen sich ihr ganzes Leben durch ein ständiges schlechtes Gewissen verbittern. Sie fürchten, sie blufften nur, es werde sich schon noch herausstellen, daß sie eigentlich jeden Erfolges, jeder Anerkennung unwert wären. Wenn die Analyse die Konflikte der infantilen Sexualität, den Ödipuskomplex und seine regressiven Vertreter, als das Motiv dieses Schuldgefühls nachweist, so sagt Freud mit Recht, bei diesen Kranken hätte das Über-Ich mehr Einsicht in den wahren Sachverhalt als das Ich.[30] Infolgedessen macht sich der Einfluß des Über-Ichs, das der Allmacht der Gedanken zufolge Gedanken gleich Taten bewertet, durch schwere Schuldgefühle bemerkbar, ohne daß das Ich wüßte, wofür diese Belastung es trifft. Das Ich spürt das Schuldgefühl, es ist aber von seinem Anlaß „isoliert". Noch deutlicher wird das, wenn die anstößigen infantilen Triebregungen auch aktuellen realen Ausdruck finden. Wenn ein Zwangsneurotiker mit solchem chronischen schlechten Gewissen bei skrupelhafter Fürsorge für das Wohlergehen aller anderen, durch seine Symptome oder durch sein sonstiges Verhalten andere Personen objektiv schädigt, ohne das geringste Verständnis oder Schuldgefühl deshalb zu zeigen, so verstehen wir: er hat gegen das in ihm wegen seiner realen Handlungen, die die Ödipustat vertreten, entstehende Schuldgefühl die Abwehr der Isolierung angewendet. Allerdings gibt es auch wieder Zwangsneurosen ohne jedes Schuldgefühl; es könnte sein, daß unter Umständen dem Ich auch eine volle Verdrängung der Über-Ich-Ansprüche gelingt. Oder der Anspruch des Über-Ichs mag durch die zahlreichen in den Zwangshandlungen vollzogenen Straf- und Bußhandlungen so weit befriedigt sein, daß das Schuldgefühl verschwinden kann.[31]

Freud hat ferner auf ein normales Vorbild und auf eine genetische Beziehung der „Isolierung" aufmerksam gemacht.[32] Das normale Vorbild ist die Konzentration oder überhaupt das geordnete Denken, das ja in einem fortwährenden Ausschalten affektiven Assoziierens im Interesse der Sachlichkeit besteht. Der Zwangsneurotiker, der sein Denken, wie wir gleich hören werden, „sexualisiert" hat, benimmt sich also in seiner fortwährenden Isolierungsarbeit wie eine Karikatur des normalen Denkers. Von hier aus wird auch ein für die analytische Therapie bedeutungsvolles Moment verständlich. Die sogenannte freie Assoziation erscheint von hier aus im wesentlichen als eine Aufhebung von Isolierungs-Gegenbesetzungen. Durch die Vorschrift, ohne Auswahl alles

30) Freud: Hemmung, Symptom und Angst (Ges. Schr. Bd. XI. S. 57).
31) Alexander: Psychoanalyse der Gesamtpersönlichkeit. S. 88 ff.
32) Freud: Hemmung, Symptom und Angst (Ges. Schr. Bd. XI. S. 62).

in der Reihenfolge zu äußern, wie es von selbst einfällt, sollen die Isolierungen des normalen Denkens aufgehoben, die ursprünglichen unbewußten assoziativen Zusammenhänge wieder sichtbar werden. Da der Zwangsneurotiker eine besonders erhöhte Isolierungsarbeit leistet, also gerade hier wesentliche Teile seiner Gegenbesetzung investiert, fällt ihm das freie Assoziieren so schwer. Im vollen Maße erlernt es der typische Zwangsneurotiker überhaupt nicht. Er will stets Ordnung, Systematik, Programm. Psychologisch gesehen heißt das, er kann auf seine Isolierungen nicht verzichten; er hat eine besonders große Angst davor, ursprünglich affektive Zusammenhänge wieder zu entdecken (allerdings auch affektive Erlebnisse überhaupt zu haben, deshalb flüchtet er in den überkompensierenden Verstand). Die genetische Beziehung, die wir erwähnten, ist die unter Hinweis auf Berührungszeremoniells (Schwellen-Symbolik, Pflastersteinzwang u. dgl.) von Freud geäußerte Meinung, daß das alte Tabu der Berührung, also das Bestreben, den räumlichen Kontakt zweier Objekte zu vermeiden, das sich in so vielen Zwangssymptomen, die Berührung von Gegenständen betreffend, und in den phobischen Ängsten vor Berührung und Infektion äußert, das Vorbild der Isolierung sei. Und die Vermeidung der Berührung wiederum konnte solche Bedeutung erlangen, weil ja alle verpönten Triebregungen, die sinnlichen, die aggressiven und die zärtlichen, nur bestimmte Formen von Berührung der Objekte anstreben.

Das „Ungeschehenmachen" ist zwar allgemein leichter einfühlbar als die Isolierung, aber, psychologisch gedacht, eher ihr Spezialfall. Wir haben von den zweizeitigen Symptomen gesprochen, deren zweiter Teil die Wirkung des ersten wieder aufhebt. Bei manchen hiehergehörigen Fällen geschieht dies faktisch; bei anderen geschieht es nur magisch; endlich finden sich viele Symptome, die zwar gar nicht mehr den Charakter der Zweizeitigkeit tragen, deren einziger Sinn aber ist, etwas Vorausgegangenes wieder aufzuheben, ungeschehen zu machen, eigentlich in magischer Weise der Einsinnigkeit der Zeit entgegenzuwirken. Auch manche Reaktionsbildungen können wir hieher rechnen, insofern sich bei der Analyse herausstellt, daß sie nicht nur den Zweck haben, zukünftige Triebhandlungen unmöglich zu machen, sondern auch vergangene wieder aufzuheben. Hieher gehören ferner sämtliche Symptome mit Bußbedeutung; denn das Wesen der Buße ist, vorangegangene Sünden wieder aufzuheben. Eine sehr merkwürdige Neigung der Zwangsneurotiker ist ebenfalls hieher zu rechnen, nämlich die, eine einmal ausgeführte Handlung zunächst einmal, später öfter, zu wiederholen. Manchmal ist es leicht zu zeigen, daß die Wiederholung in dem einen oder anderen Detail von der ursprünglichen Handlung wieder abweicht, und daß gerade in diesem Punkt die Wiederaufhebung, das Ungeschehenmachen, gelegen ist. Beim einfachen „Noch-einmal-machen-Müssen" handelt es sich darum, daß das Über-Ich merkt, daß sich in die Ausführung der Handlung ein anstößiges Motiv eingeschlichen hat. Der Wiederholungszwang will das Ich zwingen, die Handlung zum zweitenmal ohne geheimen unbewußten Nebensinn resp. mit dem entgegengesetzten unbewußten Nebensinn auszuführen, um die magische Wirkung der ersten Handlung „ungeschehen zu machen". Wenn aber bei der ständigen Zerrissenheit des Kranken, der Tat und Buße zugleich will, sich in die wiederholende Handlung mit Bußbedeutung wieder ein Stück Befriedigung eingeschlichen hat, so verspürt das Über-Ich das abermals und erzwingt eine dritte, vierte, fünfte Ausführung der Handlung.

Der Charakter des „Ungeschehenmachens" ist umso deutlicher, je „zweizeitiger" ein Symptom erscheint. So verspürt etwa ein Patient den Zwangsimpuls, seinen Kopf nach oben zu recken. Es stellt sich heraus, daß er knapp vorher mit dem Lift nach abwärts gefahren ist und das Gefühl hat, er könnte sich bei der schnellen Abwärtsbewegung sein Gehirn verletzt haben („nach oben verlegte" Kastrationsangst). Die ruckartige Kopfbewegung, die nach der unbewußten Vorstellung des Patienten das nach unten gerutsche Gehirn wieder nach oben wirft, hebt also die vorangegangene Kastration wieder auf. Die gegenüber der Hysterie hervorgehobene Differenz der Existenz „zweizeitiger Symptome" erweist sich so als Spezialfall der Differenz verschiedener Abwehrmechanismen des Ichs.

Das „Auseinanderknüpfen" des Isolierungsfalles ist gleichzeitig ein selten schönes Beispiel für das „Ungeschehenmachen". Die Symptome, die durch Wiederholung ungeschehen machen wollen, können gleichzeitig als Beispiel für die Tendenz der Zwangsneurosen dienen, in die Buß-Symptome immer mehr Befriedigungscharakter einzuschmuggeln. Ein Patient, der die schwersten Skrupel wegen unnötiger Geldausgaben hat, hat wieder einmal für 10 Pfg. eine Zeitung gekauft (symbolhafter Ersatz für den Besuch einer Prostituierten). Er empfindet Reue, will die Tat ungeschehen machen, kehrt zum Zeitungsstand zurück, weiß aber nicht, was jetzt zu tun wäre. Er kommt auf die Idee, daß das Kaufen einer zweiten Zeitung ihm die Ruhe geben könnte. Aber der Zeitungsstand ist bereits geschlossen. Er nimmt ein Zehn-Pfennigstück aus der Tasche und wirft es weg. — Derselbe Patient hat beim Schreiben allerhand Zwangszeremoniells zu erfüllen, die ebenfalls mit seinem Prostituiertenkomplex zusammenhängen. Er hat in einem Postamt eine Karte geschrieben. Nachdem er sich schon etwa zehn Minuten weit entfernt hat, fällt ihm ein, er könnte sich im Postamt durch seine Zwangssymptome auffällig benommen haben. Er wird sehr unruhig und beschließt zurückzugehen, um im gleichen Postamt, weniger auffällig, eine zweite Karte zu schreiben. Objektiv hat nicht nur dieses Wiedererscheinen des Patienten im Postamt sicherlich auffallender gewirkt als seine Schreibschwierigkeiten, die man kaum bemerkt haben dürfte, sondern es stellte sich heraus, daß der Patient auf dem Wege vom Postamt zu der Stelle, wo ihn der Zwang zurückzugehen überkam, Prostituierte gesehen hatte, so daß ihm die Rückkehr ermöglichte, noch zweimal an denselben vorüberzugehen.

Hier noch ein paar typische Beispiele für das Einschleichen des Triebes in Triebabwehrsymptome: Ein Patient muß, um sich zu vergewissern, daß er den Gashahn geschlossen hat, ihn immer wieder berühren, so objektiv die Gefahr, ihn zu öffnen, erhöhend; er muß die auf einem Regal aufgestapelten Gegenstände immer wieder zurechtschieben, damit sie niemandem auf den Kopf fallen, objektiv erst dadurch die

Möglichkeit eines Herunterfallens herbeiführend; er muß, um feindselige Impulse gegen geliebte Personen abzuwehren, sie vor eingebildeten Gefahren derartig „liebevoll" schützen, daß er sie objektiv unerträglich quält.

Eine Patientin, die Watermann beobachtete, litt an einer so massiven Schmutzphobie, daß sie an manchen Tagen das Bett nicht verlassen konnte, weil ihr die Kleider und das ganze Zimmer beschmutzt erschienen. Da sie das Bett aber aus Schmutzangst auch nicht verlassen konnte, um ihre Bedürfnisse zu befriedigen, geschah es schließlich, daß sie das Bett beschmutzte.

Das „Ungeschehenmachen" und sein Mißlingen durch Einschleichen der Triebe in Abwehrsymptome erklärt das häufige Anwachsen der Zahl der nötigen Wiederholungen, den immer zunehmenden Umfang der zeremoniellen Sicherungen, den Zweifelzwang (der auch andere Grundlagen hat) und schließlich die Erfolglosigkeit aller dieser Maßnahmen. Hieher gehört das charakteristische, zu Skrupeln und Zweifeln führende Schwanken des Ichs zwischen Trieb (Es) und Reue (Über-Ich), und die Möglichkeit der zwangsneurotischen Endzustände der vollen „Willenslähmung", in denen nichts mehr getan oder gedacht werden kann, ohne daß damit auch das Gegenteil gedacht oder getan würde.

Isolieren und Ungeschehenmachen sind im Grunde magische Handlungen, ihre Anwendung ist eine Konsequenz der partiellen Regression zu narzißtischen prälogischen Denkformen; die tieferen Schichten des Ichs, von denen die Abwehr ausgeht, sind wieder magisch-animistisch geworden, worüber später noch zu reden sein wird.

Das Problem, wieso bei der Zwangsneurose anstößige Triebinhalte bewußt werden können, scheint also zum Teil dadurch gelöst, daß das Ich statt der Verdrängung andere Abwehrarten — Regression und in ihrer Konsequenz Reaktionsbildung, Isolierung und Ungeschehenmachen — anwendet. Die Formulierung von Schultz-Hencke, der einmal mit Recht darauf hinweist, daß ja immer nur Partialimpulse (Mordimpulse z. B.), nie der eigentliche unbewußte pathogene Gesamtzusammenhang bewußt wird, und dann meint, diese Partialbewußtwerdung sei möglich, wenn der bewußte Mordimpuls von der motorischen Sphäre so weit entfernt sei, daß eine Verwirklichung keinesfalls in Frage komme, so daß der Patient das Bewußtwerden der Vorstellung als „affektleer" fühle,[33] scheint uns richtig; aber im Grunde nur eine andere Formulierung für den Tatbestand, daß der Zwangsneurotiker isoliert, wo der Hysteriker verdrängt. Daneben kommt die Auffassung von Alexander in Betracht, daß die zahlreichen Bußhandlungen der Zwangsneurotiker die Ansprüche des Über-Ichs so weit befriedigen, daß es in seiner Strenge nachlasse und das Bewußtwerden der zu den Impulsen gehörigen Vorstellungen gestatte.[34]

33) Schultz-Hencke: Einführung in die Psychoanalyse. S. 176 ff.
34) Alexander: Psychoanalyse der Gesamtpersönlichkeit. S. 88 ff.

Die Vorstellung einer „quantitativen Erschöpfbarkeit der Duldsamkeit des Über-Ichs"[35] scheint uns allerdings so sehr ad hoc konstruiert, daß wir es für vorteilhafter halten, den relativen Ersatz der Verdrängung durch Isolierung hier als Erklärung heranzuziehen. Eine Vermutung darüber, warum der Genitalität die eigentliche Verdrängung, den prägenitalen aggressiven Impulsen die verschiedenen anderen Abwehrarten zugeordnet sein könnten, hat Radó geäußert.[36] Die Ursache liegt im analogen Verhalten der Erziehergeneration: Genitale Geschehnisse werden so weit wie möglich überhaupt totgeschwiegen; aggressive Geschehnisse sieht das Kind viel häufiger und erhält eingeschärft, daß sie „schlimm" sind.

Es war uns aufgefallen, daß so viele Zwangssymptome direkt der Onanieabwehr dienten. Wir verstehen jetzt, warum dieser Befund dem anderen, Zwangssymptome stellten Abwehr und Befriedigung anal-sadistischer Triebe dar, nicht widerspricht: Die Onanieversuchung wird eben zuerst durch Regression, ihr regressiver Ausdruck dann aber noch weiter abgewehrt. Ursprünglich phallische Wünsche verdichten sich so mit prägenitalen. Insofern die frühkindliche Onanie die Exekutive des Ödipuskomplexes ist, wäre ja jede Abwehr des Ödipuskomplexes eine Onanieabwehr. Freuds Behauptung von einem engeren Zusammenhang zwischen Zwangssymptom und Onanie[37] bedeutet etwas Spezielleres, bedeutet, daß die Triebabwehr, die das Zwangssymptom speist, sich speziell gegen die Exekutive richtet, diese angreift, während sie eigentlich die begleitenden Phantasien meint. Eine Bestätigung dafür sieht Freud im Zeitpunkt des ersten Auftretens der Zwangssymptome: Es ist die Latenzzeit, in der die Forderung nach „Verzicht auf den Ödipuskomplex" sich real als Forderung nach Aufgabe der Onanie geltend macht. (Die hysterischen Symptome treten im allgemeinen früher auf.) Die Beobachtung Freuds, der die Onanie abwehrende Junge produziere Zwangssymptome, speziell Zeremoniells,[37] ist in der männlichen Pubertät leicht zu bestätigen, da sich oft auch bei sonst nicht zwangsneurotischen Jungen der bewußte Onanieabwehrkampf mit leichten Zwangssymptomen verbindet: Nur unter gewissen Bedingungen, bei Einhaltung gewisser Zeremoniells (z. B. zeitlicher Art) darf onaniert werden. Die Formen sind mannigfaltig und werden durch die besprochene für die Zwangsneurose so charakteristische Sexualisierung der Sexualabwehr kompliziert. Der Zusammenhang zwischen Zwangszeremoniells und Onanie ist ein so inniger, daß Radó mit Recht von den Zeremoniells als von „Zerrformen der Onanie" gesprochen hat.[38]

---

35) Alexander: Psychoanalyse der Gesamtpersönlichkeit. S. 101.
36) Radó: Eine ängstliche Mutter. Int. Z. f. Ps.-A. XIII (1927).
37) Freud: Hemmung, Symptom und Angst (Ges. Schr. Bd. XI. S. 55).
38) Radó: Vortrag in der deutschen psychoanalytischen Gesellschaft 1931.

In dem zur Illustrierung der „Isolierung" beschriebenen Fall war das Zwangssymptom direkter Ausdruck der Onanie-Abwehr und wurde im Laufe der Entwicklung schließlich wieder zum Onanie-Äquivalent. Die Entwicklungsrichtung von der Bußbedeutung des Symptoms zu der Befriedigungsbedeutung war hier ganz besonders deutlich. Die Verknüpfung unsympathischer Elemente mit den mütterlichen Frauen als Kern des Symptoms ließ über den Ödipuscharakter der Onaniephantasien keinen Zweifel. Die Regression zur anal-sadistischen Organisationsstufe imponiert in diesem Fall von Zwangsneurose viel weniger als der Zusammenhang mit dem phallischen Ödipuskomplex und seinem Ausdruck in der Pubertätsonanie.

Ein anderes Beispiel eines onanieabwehrenden Zwangssymptoms, das allmählich zum Onanie-Äquivalent wurde: In einer komplizierten Neurose, in der aber die Zwangssymptome überwogen, konnte die nach der Onanie auftretende Angst durch ein Muskelanspannen in den Beinen vertrieben werden. Dieses Muskelanspannen wurde dann durch ein rhythmisches Beklopfen der Beine, schließlich durch einen neuerlichen Onanieakt ersetzt.[39] Hier war auch das regressive Moment sehr deutlich. Das Muskelanspannen verriet sich in der Analyse als ein verschobener Krampf der analen Sphinkteren, und als Vorläufer der phallischen Pubertätsonanie erwies sich die anale Onanie des kleinen Jungen durch Herumrutschen auf dem Stuhl.

Ein anderer Patient empfand Gewissensbisse, wenn er geturnt hatte. Die Analyse wies nach, daß das Turnen die phallische Onanie vertrat. (Regressive Verschiebung des Penisnarzißmus auf den ganzen Körper.[40]) Diese Gewissensbisse, mit denen er sich in zwangsneurotischer Art auseinandersetzte, befahlen ihm schließlich: Onaniere jetzt, um dich ganz zugrunde zu richten! Und er mußte mehrmals hintereinander ohne Genuß onanieren.[41]

Wahrscheinlich handelt es sich bei der zwanghaften Onanie ohne Genuß häufig darum: Sie ersetzt in sexualisierter Form ein onanieabwehrendes oder -bestrafendes Zwangssymptom. So entsteht dann das paradoxe Bild: Nicht das Zwangssymptom scheint die Onanie abzuwehren, sondern die Onanie das Zwangssymptom. Es ist nicht so selten, daß sich Zwangsneurotiker ihren Grübeleien und Zweifeln endlich durch Onanie entziehen. Die Onanie erscheint dann als inadäquater Versuch, durch die neurotische Libidostauung entstandene als unerträglich empfundene innere Spannungen genital abzuführen. Manifest ist dann die sekundäre Sexualbefriedigung der Sexualabwehr deutlicher erkennbar als die Strafbedeutung der Onanie, ihr latenter Sinn als Selbstschädigung oder als larvierter Selbstmord (Selbstkastration).[42] Viele Zwangssymptome zeigen den Zusammenhang mit der Onanie in ihrem Inhalt. Manche Skrupel, die Angst, man hätte etwas nicht ordentlich gemacht, gelegentlich auch der regressiv gefärbte Selbstvorwurf, man hätte sich oder andere durch Unachtsamkeiten

---

39) Fenichel: Über organlibidinöse Begleiterscheinungen der Triebabwehr. Int. Z. f. Ps.-A. XIV (1928).

40) Hárnik: Schicksale des Narzißmus bei Mann u. Frau. Int. Z. f. Ps.-A. IX (1923).

41) Fenichel: Zur Klinik des Strafbedürfnisses. Int. Z. f. Ps.-A. XI (1925).

42) Näheres über „Zwangsonanie" und damit zusammenhängende Probleme im Kapitel „Perversionsverwandte Neurosen" meines Buches „Perversionen, Psychosen, Charakterstörungen".

geschädigt, krank oder vor allem häßlich gemacht, entpuppen sich in der Analyse als Selbstvorwürfe wegen Onanie.

Ein Patient z. B. hatte Angst, er könnte ein entlehntes Buch beschmutzt haben. Das bedeutete, man könnte in ihm Spermaspuren entdecken und auch regressiv — er pflegte, wie viele Zwangsneurotiker, im Klosett ein Buch zu lesen —, er könnte das Buch im Klosett beschmutzt haben. Zur Angst, etwas liegen gelassen zu haben, wies die Analyse in demselben Falle nach, daß der Patient zur komplizierten Onanietechnik seiner Pubertät verschiedene Gegenstände gebraucht hatte; einer davon konnte liegen gelassen worden sein und ihn so verraten. Schließlich bedeuteten liegengelassene Gegenstände das Sperma selbst, die Spuren der Onanie, die entdeckt werden könnten.

Gelegentlich stellt sich bei Zwangssymptomen, bei denen man es nicht erwartet, noch eine überraschende Beziehung zur Onanie heraus.

Eine Frau mußte, so oft sie an einer Wasserleitung vorüberging oder eine solche in Funktion setzte, bis fünf oder sechs zählen. Da es sich um eine Patientin handelte, die völlig unter der Herrschaft des Penisneides stand, war es selbstverständlich, daß ein an der Wasserleitung hängendes Symptom mit diesem Penisneid zusammenhängen müsse. Da sie sich erinnerte, daß die Mutter ihr anläßlich eines eitrigen Fingers Angst vor dem Fingerabschneiden gemacht hatte, so lag es nahe, das Zeremoniell so zu deuten: Der Anblick einer Wasserleitung — eines Penis — zwingt die Patientin, sich zu überzeugen, daß sie nicht bloß vier, sondern fünf oder sogar sechs Finger hat. Später aber stellte sich doch auch hier ein enger Zusammenhang mit der Onanie heraus: Die Patientin pflegte so zu onanieren, daß sie den Finger penisartig vor ihr Genitale hielt und den Urin darüberlaufen ließ.

Da der Kastrationskomplex dieser Patientin nach dem Rachetypus konstruiert war und stark sadistischen Charakter trug, können wir zwar in diesem sadistischen Moment die Wirkung der pathogenen Regression erkennen, aber das anale Moment tritt hier gegenüber dem urethralen in den Hintergrund. Dagegen scheint der Zählzwang, dessen Analyse uns Hárnik gegeben hat,[43] ein spezifisches Abwehrmittel gegen die anale Onanie zu sein und sich ontogenetisch zuerst am Kot gezeigt zu haben.

Man täte allerdings Unrecht, glaubte man mit dieser Formel das seltsame Phänomen des Zählzwanges schon erschöpft zu haben. Es ist reichlich überdeterminiert. Es dient vielleicht in tiefster Schicht dazu, Todeswünsche abzuwehren, da das Feststellen der Zahl von Gegenständen darüber vergewissert, daß keiner fehlt. Allerdings dringt das Abgewehrte in die Abwehr ein — und Zählen erhält dann selbst die unbewußte Bedeutung von Töten und muß seinerseits abgewehrt werden.[44] Das wird durch den Umstand erleichtert, daß dem Zählen a priori auch die Bedeutung des In-Besitz-Nehmens, des Bemächtigens zukommt. Wir erwähnten schon, daß inhaltsloses Zählen

---

43) Hárnik: Der Zählzwang und seine Bedeutung für die Psychologie der Zahlenvorstellung. Vortrag auf dem VIII. intern. ps.-a. Kongreß. Autoreferat. Int. Z. f. Ps.-A. X (1924).

44) Ein besonders eindrucksvolles Beispiel für die Beziehung von Zählzwang und triebhafter Aggressivität gibt Berta Bornstein in: Zur Psychogenese der Pseudodebilität. Int. Z. f. Ps.-A. XVI (1930).

auch ein Zeitmessen bedeutet und als Maßnahme zur Sicherung einer Isolierung zwischen zwei Tätigkeiten eingeschaltet werden muß. Endlich ergibt sich das zwanghafte Zählen auch als Abwehr bzw. Resultat des wiederholten Durchführens von Handlungen, das seinerseits wieder dem Bestreben nach Ungeschehenmachen entspringt.

Eine Abwehr der analen Onanie ist wohl auch die wesentliche Absicht des Waschzwanges. Die anale Onanie verrät sich ja leicht durch beschmutzte oder riechende Finger.

Das Waschen macht die geschehene Onanie unbemerkbar, wirkt also als Rationalisierung des irrationalen Mechanismus des Ungeschehenmachens. Gelegentlich können zwangsneurotische Patienten alle Skrupel durch ein Bad und nachheriges Anlegen von frischer Wäsche zum Verschwinden bringen. (Siehe die Bedeutung des rituellen Bades als Mittel des Sündenabwaschens, — ebenfalls eine Erscheinung des „Ungeschehenmachens".) Das ist wohl die Ursache, warum in der Latenzzeit Zeremoniells sich so oft an das Waschen anheften. Auch bei den Entkleidungs- und Schlafzeremoniells muß man wohl an einen Zusammenhang mit der Onanieversuchung denken.

Es bleiben noch zwei genannte Besonderheiten der Zwangsneurose zu besprechen: Die Rolle des Über-Ichs und die Veränderung von Denken und Charakter. Auch das hysterische Symptom nahm seinen Ursprung von einem vom Ich ausgehenden Einspruch gegen die Triebkräfte. Jedoch schien dieser Einspruch zwar widerwillig, der äußeren Not (Kastrationsdrohung, Liebesentzug) gehorchend, vollzogen, aber doch vom Ich im großen und ganzen nunmehr, da an die äußere Not geglaubt wird, bejaht zu werden. Der Eindruck, daß eine innere, dem Ich entgegengesetzte oder feindliche Instanz die Triebunterdrückung mit aller Gewalt fordere und gegen das Ich durchzusetzen suche, den man bei der Hysterie nur selten gewinnt, scheint für die Zwangsneurose charakteristisch zu sein. Was Freud im „Ich und Es" über die gleichzeitige Abhängigkeit des Ichs von Es und Über-Ich und über die Schwierigkeiten der Versöhnung dieser mehrfachen Abhängigkeit sagte,[45] das alles wird erst bei der Analyse der Zwangsneurose deutlich. Wenn auch die Idee der Identifizierung mit der triebverbietenden Außenperson, ihrer Introjektion, an der Melancholie gewonnen wurde, so ist doch die Zwangsneurose in diesem Punkte bereits der Melancholie ähnlich, und die Analyse zeigt uns, daß das Ich sich mit einem solchen versagenden Teil seiner eigenen Psyche ebenso feindlich resp. ambivalent auseinandersetzt, wie es dies seinerzeit mit dem Vater oder seinen Vertretern getan hat. Die genetische Analyse des zwangsneurotischen Schuldgefühls ist der Beweis für die Abstammung der Gewissensangst von der Kastrationsangst. Die größere Rolle, die das Über-Ich im ganzen in der Zwangsneurose spielt, das, was wir die „Verinnerlichung" nannten, scheint eine Folge des späteren Auftretens der Zwangs-

45) Freud: Das Ich und das Es (Ges. Schr. Bd. VI. S. 393 ff.).

neurose zu sein, die erst beginnt, nachdem eben die Entwicklung der Kastrationsangst zur Gewissensangst, die Introjektion der versagenden Außenwelt bereits vor sich gegangen ist. Zur Erklärung der archaischen Natur dieses Wirkens des Über-Ichs müssen wir allerdings noch einen anderen Faktor heranziehen.

Die Einstellung, mit der das zwangsneurotische Ich seinem Über-Ich entgegentritt, ist die eines schlimmen Kindes zu einem strengen autoritativen Erzieher. Dieses Verhältnis beherrscht so sehr das Krankheitsbild, daß sich oft auf den ersten Blick nur der Gegensatz des Ichs zum Über-Ich zeigt, während es sich mit dem Es fast zu decken scheint. Solche Patienten machen den manifesten Eindruck einer „Spaltung". Sie benehmen sich abwechselnd wie ein schlimmes Kind und wie ein strenger, strafender Erzieher.

Ein Patient durfte sich zwangsweise nicht die Zähne putzen u. dgl. Nachdem er dies öfter unterlassen hatte, gab er sich Ohrfeigen und hielt sich Schimpfreden. — Ein anderer Patient trug stets ein Notizbuch bei sich, in dem er sich selbst — je nach seinem Verhalten — einen Lob- oder Tadelstrich eintrug.

Aber diese vom Über-Ich geforderte „Moral" ist nicht nur eine autoritative und starre, sondern auch eine automatisierte, und zwar eine Scheinmoral, deren merkwürdig-archaische Züge, die für die Symptomatik der Zwangsneurose so bedeutungsvoll sind, Alexander unter der Bezeichnung „Bestechlichkeit des Über-Ichs" zusammengefaßt hat.[46]

Daß das Ich sich zu seinem Über-Ich wie zu einer autoritativen Person einstellt, ist aus seiner Entstehungsgeschichte begreiflich. Es verhält sich eben zu ihm wie es sich zu seinem Vater verhalten hat, übrigens nicht nur im Gehorsam, sondern auch in der Auflehnung und im seltsamen kindlichen Gemisch von Gehorsam und Auflehnung, das den zwangsneurotischen Charakter kennzeichnet. So erweisen sich die zahlreichen Absurditäten der Zwangsgrübeleien als Fortsetzung der seinerzeitigen Spottgelüste gegen den Vater.[47] Aber nicht jeder Vater eines Zwangsneurotikers ist unmenschlich grausam und gleichzeitig so bestechlich und buchstabengläubig gewesen wie das zwangsneurotische Über-Ich. Diese Eigenschaften müssen anderswie erklärt werden. Und da kann uns ein Moment nicht entgehen: Der Regression zur analsadistischen Organisationsstufe der Libido, die ja so viele Eigenheiten der Zwangsneurose erklären konnte, entging ja auch nicht das Über-Ich. Um den gleichen Grad, um den die Triebwünsche des Ichs der Außenwelt gegenüber sadistischer wurden, wurde auch das Verhalten des Über-Ichs dem Ich gegenüber sadistischer. Dabei scheint dieser Sadismus des Über-Ichs umso

---

46) Alexander: Psychoanalyse der Gesamtpersönlichkeit. S. 45 ff. u. S. 100.

47) Freud: Bemerkungen über einen Fall von Zwangsneurose (Ges. Schr. Bd. VIII. S. 324).

größer zu werden, je mehr sich das Ich der tatsächlichen Aggression gegen außen enthält. Freud hat uns verständlich gemacht, daß es sich diesbezüglich nicht so verhält, wie man gewöhnlich annimmt, sondern geradezu umgekehrt. Man meint, daß ein Mensch, der an sich selbst strenge Forderungen richtet, sich auch der Aggressionen nach außen enthalte. In Wirklichkeit ist es umgekehrt. Die Aggressionsneigung wechselt ihre Richtung. Wenn sie nicht mehr gegen Objekte gerichtet werden kann, wendet sie sich statt dessen nach innen und wütet in der Funktion des Über-Ichs gegen das Ich weiter.[48] Man sieht so, daß der Sadismus des Über-Ichs aus zwei verschiedenen Quellen fließt: Erstens aus der Aggression (den Verboten) der Erzieherpersonen gegen das Ich, die nach der Introjektion in gleicher Weise vom Über-Ich exekutiert wird; sodann aber aus der vom Ich gegen die Objektwelt gerichteten Aggression, die die Reaktion auf die von außen kommende Versagung darstellt und die sich durch die Regression so besonders verstärkt hat und nach innen gewendet worden ist. Diese zweite Quelle erklärt den Umstand, daß das Über-Ich bei den Zwangsneurotikern um so viel grausamer ist als es die realen Erzieherpersonen gewesen waren. In ähnlicher Weise spiegeln sich in den Selbstvorwürfen der Depressiven vom introjizierten Objekt ausgehende und gegen das introjizierte Objekt gerichtete Vorwürfe wider.

Wie reagiert nun das zwangsneurotische Ich auf dieses durch Regression und Wendung nach innen verstärkte Über-Ich? Widerspruchsvoll, wie sich auch ein Kind einem strengen Erzieher gegenüber widerspruchsvoll benimmt. Es sucht seine Forderungen, so gut es kann, zu erfüllen, aber gleichzeitig sich, wenn es nur irgendwie dazu Gelegenheit findet, solchen Forderungen zu entziehen. Man muß beachten, daß eine solche Stellungnahme des Ichs ja nicht eine einmalige Angelegenheit etwa zur Zeit der Neurosenentstehung ist, sondern daß sie, (ebenso wie die Stellungnahme zu den anstößigen durch Regression erniedrigten Triebregungen des Es) einen Daueraufwand darstellt. Theoretisch müssen wir bei der Zwangsneurose von einer doppelten Gegenbesetzung, einer gegen das Es und einer gegen das Über-Ich gerichteten, sprechen. Dieses dauernde Ausgleichen zwischen den widersprechenden Ansprüchen des Es und des Über-Ichs, das uns den Eindruck machte, dem wir bei Betrachtung des Zwangssymptoms zu allererst Ausdruck verliehen, daß der Kranke fortwährend zwischen „Schlimmsein“ und „Bravsein“ schwanke, spielt sich, dank den beschriebenen archaïschen Eigenschaften des Über-Ichs, auf einem merkwürdigen, magischen Niveau ab, so daß man das Verhalten des zwangsneurotischen Ichs wieder als eine Karikatur der Funktion des normalen Ichs bezeichnen kann, die ja ebenfalls darin besteht, widersprechende

48) Freud: Das ökonomische Problem des Masochismus (Ges. Schr. Bd. V. S. 386).

Ansprüche miteinander in Einklang zu bringen. Gibt das Ich einer Triebregung nach, so entstehen neue Bußforderungen; hat es Buße geleistet, so nützt es ihm nichts, weil der Trieb dennoch weiterwirkt, ja, das Ich nach dem Grundsatz der „Bestechlichkeit des Über-Ichs" in jeder vollzogenen Buße einen Freibrief für neues verbotenes Tun erblickt.[49]

Diese deskriptiv sicher richtige Darstellung von Alexander wird erst ganz verständlich, wenn man die ökonomischen Zusammenhänge in Betracht zieht, die Radó an der „Idealisierung" beschrieben hat, d. h. den Umstand, daß das Ich durch vorangegangene Idealerfüllung („Befriedigung des Über-Ichs") einen so hohen narzißtischen Lustgewinn erhält, daß es im Befriedigungsrausch passagèr in seiner triebzensurierenden Tätigkeit nachläßt.[50]

Die allgemeinste Formel des zwangsneurotischen Zweifels lautet: Soll ich dem Trieb nachgeben oder mich kastrieren, soll ich dem Es oder dem Über-Ich folgen? Bekanntlich können schwere Fälle von Zwangsneurose in praktisch einer Psychose gleichende Endzustände übergehen, in denen das bewußte Ich als wirkender Faktor vollkommen ausgeschaltet und in der sogenannten „Willenslähmung" ein Spielball der widersprechenden Regungen des Es und des Über-Ichs geworden ist. Bei der Hysterie schon sagten wir, daß im sekundären Abwehrkampf das Ich sich gegenüber den schon ausgebildeten Symptomen widerspruchsvoll benimmt, einmal sie als Abkömmlinge verdrängter Triebe selbst zu verdrängen sucht, dann wieder sich bemüht, sich mit ihnen auszusöhnen und möglichsten Nutzen (sekundären Gewinn) aus ihnen zu ziehen. Man wird nach dem Gesagten verstehen, daß solch widerspruchsvolles Verhalten bei der Zwangsneurose noch viel deutlicher wird. Die weitere Abwehr der einmal gebildeten Zwangssymptome erfolgt wieder auf regressiv erniedrigtem magischen, zwanghaften Niveau. Man denke z. B. an die gegen Zwangsimpulse gerichteten „Abwehrformeln", über die noch die Rede sein wird. Die Einordnung der Symptome in das Ich kann sich besonders der erwähnten bleibenden Reaktionsbildungen bedienen, die große sekundäre narzißtische Gewinne geben können (etwa im Gefühl, besonders gut und edel oder besonders intelligent zu sein), die bei der analytischen Behandlung häufig als die am schwersten zu überwindenden Widerstände des Zwangsneurotikers erscheinen.

Daß das Aufsichnehmen der Über-Ich-Forderungen zunächst Unlust mit sich bringen muß, scheint so selbstverständlich, daß darüber wenig zu sagen ist. Problematischer ist, warum das Ich sich dennoch für solche Unlust zugänglich

---

49) Siehe Alexander: Psychoanalyse der Gesamtpersönlichkeit und Reik: Geständniszwang und Strafbedürfnis.

50) Radó: Eine ängstliche Mutter. Int. Z. f. Ps.-A. XIII (1927). Vgl. das Kapitel: „Charakterstörungen" meines Buches „Perversionen, Psychosen, Charakterstörungen".

zeigt, ja in manchen Fällen sie in verhängnisvoller Weise anzustreben scheint, was wie eine Perversion imponiert. Eine solche Bereitschaft des Ichs, die vom Über-Ich verhängten Strafen, Bußen und Grausamkeiten auf sich zu nehmen, ein solcher moralischer „Masochismus des Ichs", scheint das Gegenstück des vorhin erwähnten „Sadismus des Über-Ichs" zu sein.[51] Er schöpft seine Energie aus zwei verschiedenen, praktisch wohl schwer von einander unterscheidbaren Quellen: Einmal vermag das Über-Ich, wenn seine Forderungen nicht erfüllt werden, über das Ich eine noch größere Unlust zu verhängen. Die innere Spannung, als die sich dem Ich eine Forderung des Über-Ichs bekannt gibt und die nicht bewußt zu sein braucht, die man — je nachdem — Angst vor dem Über-Ich, Schuldgefühl, Reue, Strafbedürfnis nennt, muß das eine Motiv des Ichs sein, Unlust auf sich zu nehmen. (Bei der Hysterie, die unter Symptomen mit Strafbedeutung leidet, ist es ja prinzipiell dasselbe; da aber die Zwangsneurose das gefürchtete äußere Objekt viel mehr durch ein gefürchtetes Über-Ich ersetzt hat, spielt dieser Mechanismus hier eine viel entscheidendere Rolle; die aus der „Bestechlichkeit des Über-Ichs" stammenden Hoffnungen des Ichs, durch Aufsichnehmen von Unlust Triebfreiheit zu gewinnen, gehören natürlich ebenfalls hierher.) Das zweite Motiv ist echt masochistischer Natur. Wir haben davon gesprochen, daß und warum eine bisexuelle Konstitution Voraussetzung oder wenigstens Begleiterscheinung jeder Zwangsneurose ist. In regressiv erniedrigter Form muß ja der feminine Sexualwunsch des Mannes, vom Vater koïtiert zu werden, die Form des Wunsches annehmen, vom Vater geschlagen, gequält zu werden. Dieser Wunsch sucht bei vielen Zwangsneurotikern auf narzißtischer Stufe im Verhältnis zum eigenen Über-Ich Befriedigung. Wir sprachen davon, daß die ganze Ambivalenz, die dem Vater galt, sich im Verhältnis zum Über-Ich (etwa in Absurditäten der Zwangszweifel) widerspiegle. Die passiv-feminine Einstellung ist ein Teil der Ambivalenz. In der Folge erleidet der „moralische Masochist" beim Erdulden von Schicksalsschlägen (von Schlägen, die der Vater = das Schicksal ihm verabreicht) wirkliche sexuelle Lust. Hier ist nach den Worten Freuds die Moral besonders „sexualisiert" worden. Sie, die aus dem Ödipuskomplex entstanden ist, ist hier wieder zum Ödipuskomplex regrediert.[52]

Die ersterwähnte Motivierung, also der besondere unbewußte Gehorsam des Ichs gegenüber seinem Über-Ich ohne Mitspielen der feminin-masochistischen Hingabe, bedarf noch eines kurzen terminologischen Exkurses. Freud, der

51) Siehe Freud: Das ökonomische Problem des Masochismus (Ges. Schr. Bd. V. S. 386).

52) Freud: Das ökonomische Problem des Masochismus (Ges. Schr. Bd. V. S. 385). — Näheres über die Beziehungen zwischen Zwangsneurose und Masochismus siehe im Kapitel: „Perversionen" meines Buches „Perversionen, Psychosen, Charakterstörungen".

ursprünglich die Ausdrücke „unbewußtes Schuldgefühl" und „Strafbedürfnis" als synonym verwandte, — beides ist eine topisch spezifizierte Angst: Angst des Ichs vor dem Über-Ich[53] — hat unlängst folgenden Vorschlag zur Unterscheidung gemacht: „Das Schuldgefühl", schreibt er, „... ist die dem Ich zugeteilte Wahrnehmung, daß es (vom Über-Ich) überwacht wird, die Abschätzung der Spannung zwischen seinen Strebungen und den Forderungen des Über-Ichs, und die der ganzen Beziehung zugrundeliegende Angst vor dieser kritischen Instanz". Dieser vortrefflichen Definition muß man selbstverständlich voll beipflichten. Das „Strafbedürfnis" aber „ist eine Triebäußerung des Ichs, das unter dem Einfluß des sadistischen Über-Ichs masochistisch geworden ist".[54] Freud will also das Strafbedürfnis aus unserer „ersten Motivierung" ausnehmen und mit dem Trieb des moralischen Masochisten zusammenfallen lassen. Es scheint uns aber sicher, daß ein Ich auch aus bloßen „Schuldgefühlen", also ohne Mitwirkung des erotischen Moments, Strafe aufsucht. Und uns scheint dieses Verhalten gerade für die Psychologie der Zwangsneurose bedeutungsvoll. Allerdings tragen diese aufgesuchten Strafen oft den Charakter prophylaktischer Maßnahmen: Ich füge mir dies oder das zu, damit ich Schwererem entgehe. Ich erleide Geld- oder Erfolgsverluste, damit ich mir dafür meinen Penis erhalte.

Der Versuch von Radó, die Äußerungen des Gewissens als die eines Triebes, wenn auch des phylogenetisch jüngsten, dessen Entstehung durch Introjektion äußeren Zwanges wir heute noch beobachten können, genau so wie andere Triebansprüche zu betrachten, die ja nach Freud alle Niederschläge ehemals äußerer Not sind,[55] scheint uns hier weiter zu führen.[56] Nach der obigen Definition wäre dieser Auffassung das Schuldgefühl der Triebreiz des Gewissenstriebes; „Strafbedürfnis" wäre dann offenbar ein spezieller Versuch des Ichs, die Triebspannung loszuwerden, eine Intention zur Triebhandlung, deren es aber verschiedene geben kann, unabhängig davon, ob der „Gewissenstrieb" sich mit einem passiv-erotischen Trieb legiert hat oder nicht. Die Strafe ist ein Mittel, Schuldgefühle zu tilgen, aber sicher nicht das einzige, wahrscheinlich nicht einmal das ursprünglichste; denken wir an jene Zeiten, da anstelle des Gewissens noch äußere Gewalt, an Stelle der Gewissensangst noch Kastrations- oder Liebesentzugsangst war. Wieso wurde damals die Strafe geeignetes Mittel zur Überwindung der Angst? Durch die Erfahrung, daß nach vollzogener Strafe alles Schlimme „ungeschehen ge-

53) Freud: Das ökonomische Problem des Masochismus (Ges. Schr. Bd. V. S. 382).
54) Freud: Das Unbehagen in der Kultur. S. 121.
55) Freud: Triebe und Triebschicksale (Ges. Schr. Bd. V).
56) Radó: Die psychischen Wirkungen der Rauschgifte. Int. Z. f. Ps.-A. XII (1926).

macht", die Liebe der Eltern nicht mehr entzogen war. Die Strafe wird nicht an sich gewollt, sondern als Mittel hingenommen, die durch die Tat verlorene Liebe der Eltern wiederzugewinnen.[57] Gelänge es aber, die verlorene Liebe auch ohne Erduldung von Strafe wiederzuerlangen, so wäre das eine Art von Schuldtilgung, die dem Kinde natürlich viel angenehmer sein müßte als die Strafe. Wir sehen: Die Verzeihung ist das eigentlich Angestrebte, die Strafe ein Mittel dazu neben anderen. Das „Strafbedürfnis" ist einem „Absolutionsbedürfnis" ko- bzw. subordiniert..

Ein Patient produziert nach onanistischen Akten Zwangsskrupel und hypochondrische Beschwerden. Beide Arten von Symptomen bereiten große Qualen. Die Analyse konnte deutlich zeigen, daß die verschiedenen gefürchteten Krankheiten — Kastrationsbedeutung hatten. Der schlechte Zustand, in den der Patient geriet, mußte als Selbstbestrafung aufgefaßt werden, ihr Produzieren also als Anzeichen eines Strafbedürfnisses. Dieser Patient erfand nun eines Tages eine Methode, sich die Hypochondrie und Skrupel gänzlich zu ersparen. Er begab sich so bald als möglich nach jedem onanistischen Akt zum Arzt und ließ sich gründlich untersuchen und versichern, daß ihm nichts fehle. Die Analyse ergab: Der Arzt war der Kastrator; seine Versicherungen, daß dem Patienten nichts fehle, entsprachen einem Verzicht auf das ihm zustehende Recht der Kastration. So bedeutete das freiwillige Aufsuchen des Arztes die Unterwerfung des Patienten gegenüber den Eltern resp. dem Über-Ich; die Gesundheitserklärung aber eine Absolution. Diese Absolution brachte die Beruhigung des Gewissensanspruches, und damit erübrigten sich andere Mittel solcher Beruhigung, nämlich die Selbstbestrafung. Das Strafbedürfnis wurde überflüssig, weil eine andere Methode der Gewissensbefriedigung an seine Stelle getreten war.

Obwohl es bekannt ist, daß Hypochonder auf Zuspruch und Aufklärung wenig reagieren, findet man doch Hypochonder, die nach beruhigenden Versicherungen des Arztes für einige Zeit Ruhe haben, bis dann die Beschwerden wiederkommen, die auf neuerliche Beruhigung wieder schwinden. Offenbar holen sich solche Patienten immer vom Arzt die Absolution, die die selbstbestrafenden Hypochondrien überflüssig macht, bis die Gewissensspannung wieder mehr angewachsen ist und neuerliche Selbstbestrafung notwendig macht, was dann wieder durch neuerliche Absolution kompensiert werden kann. Daß solches „Absolutionholen" ebenso sexualisiert sein kann wie jedes Selbstbestrafungssystem, indem z. B. die ärztliche Untersuchung als homosexueller Akt perzipiert wird, ist selbstverständlich. Solches „Absolutionholen", d. h. die Abhängigkeit des Selbstgefühls von der Versicherung anderer, daß sie den Patienten nicht fallen lassen, ist für die gesamte soziale Haltung vieler Zwangsneurotiker charakteristisch. Wie es für den „Verbrecher aus Schuldgefühl" eine Erleichterung bedeutet, wenn er sein präexistentes Schuldgefühl an eine sekundäre Realität anheften kann,[58] so ist es offenbar für viele

57) Radó: Das Problem der Melancholie. Int. Z. f. Ps.-A. XIII (1927).
58) Freud: Die Verbrecher aus Schuldbewußtsein (Ges. Schr. Bd. X.).

von Schuldgefühlen geplagte Zwangsneurotiker (und Depressive) eine Erleichterung, wenn sie spüren, daß sie von realen Personen nicht für ebenso schuldig befunden werden wie von sich selbst. Dabei wird die Über-Ich-Angst wieder in eine Art soziale Angst umgewandelt. In größerem Ausmaße ist solches „Rückprojizieren" des Über-Ichs in die Realität, aus der es seinerzeit introjiziert wurde, zwar mehr ein paranoïscher Mechanismus, der für paranoïde Erkrankungen und Charakterstörungen bezeichnend ist, deren Beziehung zur Außenwelt viel mehr von sozialer Angst als von Haß und Liebe regiert wird, während der typische unter Schuldgefühlen leidende Zwangsneurotiker ja von den Unsinnigkeiten seiner Schuldgefühle überzeugt ist. Immerhin findet man auch in der Analyse der Zwangsneurotiker recht häufig, daß auch sie durch soziale Angst, die ihr lastendes Schuldgefühl lindern soll, in ihrem Selbstgefühl von den Reaktionen der Außenwelt abhängiger sind als sie wissen und gerne zugeben wollen. Natürlich spielt auch hiebei wieder die feminine Sexualisierung eine bedeutende Rolle. Häufig deckt solche unbewußte soziale Angst die in noch tieferer Schicht unbewußte Homosexualität. Auch darf man nicht übersehen, daß derjenige, dessen Unbewußtes von aggressiven Neigungen gegen die Außenwelt erfüllt ist, ja allen Grund hat, diese Außenwelt zu fürchten. Je „verinnerlichter", je echter eine Zwangsneurose ist, umso weniger werden sich die Gewissensansprüche durch äußere Maßnahmen beseitigen lassen.[59]

Die tiefe Angst vor seinem Über-Ich treibt den Zwangsneurotiker immer wieder in den aussichtslosen Kampf gegen seine infantilen Triebe. Die Analyse läßt in dieser Angst das Entwicklungsprodukt der Kastrationsangst erkennen. Was in der Kindheit vom Vater gefürchtet wurde, wird jetzt vom Über-Ich erwartet, und wie es die tiefste und primitivste Angst des kleinen Kindes war, vom Erwachsenen verlassen zu werden, so könnte es jetzt in gleicher Weise von seinem eigenen Über-Ich im Stich gelassen, nicht mehr geliebt werden. Wir erwähnten anläßlich der „Organneurosen" einen Fall, der uns diese Angst drastisch demonstrierte, und besprachen ihre Wirksamkeit bei den traumatischen Neurosen. Freilich müßte man nun fragen: Wenn diese Angst bzw. das wirkliche Eintreten dessen, was in dieser Angst gefürchtet wird, der Hauptfaktor für die Ätiologie des Selbstmordes ist, warum ist der Selbstmord bei der typischen Zwangsneurose ein so überaus seltenes Ereignis? Die Antwort Freuds auf diese Frage lautet: Weil bei der Zwangsneurose nicht wie bei der Melancholie der gesamte Libidogehalt des Individuums auf diesen Kampf zwischen Ich und Über-Ich konzentriert ist, sondern weil ein gutes Stück erhaltener Objektbeziehungen und vielleicht gerade die aggressive Natur dieser

59) Näheres über die soziale Angst siehe im Kapitel „Charakterstörungen" meines Buches: „Perversionen, Psychosen, Charakterstörungen."

erhaltenen Beziehungen vor dem gänzlichen Verfall in diese narzißtische Angst schützt.[60] Freilich zwingt diese Angst dennoch auch dem Zwangsneurotiker genug Leid auf. Der Kranke gerät in den immer wachsenden Kreis: Reue, Bußhandlung, neue Tat, neue Bußhandlung — bis zur Willenslähmung. Die Entwicklungstendenz der Zwangsneurose geht dabei, wie erwähnt, auf eine immer weitergehende Verschiebung, auf ein Wachstum des Umfanges des Symptombereichs (analog dem „phobischen Vorbau") und endlich auf ein immer deutlicheres Hervortreten der Befriedigungsbedeutung der Symptome auf Kosten der Bußbedeutung. Gewiß müssen nicht alle Zwangsneurosen einen so verhängnisvollen Verlauf nehmen, sondern es können Zwangsneurosen wie Phobien in bestimmten Stadien der Entwicklung stationär werden. Das ist dann die Folge bestimmter ökonomischer Konstellationen, die die Analyse für den einzelnen Fall aufdecken kann.

Vieles, was zur Veränderung der Denkart und des Charakters des Zwangsneurotikers gehört, ist im Vorhergehenden bereits besprochen worden. Schon der auffallendste Zug, nämlich das Erlebnis des Zwanges überhaupt, ist ein Symptom für die merkwürdige Spaltung in der Seele des Zwangsneurotikers, über die noch einiges zu sagen ist. Im hysterischen Symptom wird das Ich gleichsam überrumpelt; die Motilität wird in Funktion gesetzt, ohne daß das Ich der eigenen Mitwirkung gewahr würde. Beim wahnhaften Handeln wiederum ist das Ich so vollständig mit in den Krankheitsprozeß einbezogen, daß es, scheinbar unverändert die Herrschaft über die Motilität ausübend, mit seiner ganzen Kraft die Motilität unzweckmäßig in Funktion setzt; beim Perversen oder triebhaft Handelnden erscheint das Ich dazu bestochen, einem objektiv unzweckmäßig erscheinenden Motiv seine Hilfe zu leihen. Beim Zwangserleben findet etwas anderes statt. Weder ist das Ich in seiner Rolle als Beherrscher der Motilität abgesetzt oder geschwächt wie bei der Hysterie, noch ist sein objektives Urteil gefälscht wie beim Wahn. Der Zwangskranke erlebt die Ausführung einer Zwangshandlung weder als etwas, das ihm passiv zuströmt, noch als sein eigentliches Wollen, dem er, wie etwa der Perverse, schließlich nachzugeben sich entschließt; sondern es ist ein sonderbares Zwischending. Das Ich, der bewußte Anteil der Persönlichkeit, führt Handlungen aus, die es nicht will. Es wird gleichsam zum Wollen gezwungen von einem anderen mächtigeren Faktor. Diese gleiche Spaltung ist es, auf die wir schon einmal stießen, als wir davon sprachen, daß und wie der Zwangsneurotiker „abergläubisch" sei. Der Zwangsneurotiker erwartet Orakel, „schließt" mit Gott „Wetten" ab, wirkt magisch durch Worte und Gesten, fürchtet die magische Wirkung von Worten anderer am eigenen Körper, glaubt an Gespenster, Dämonen u. dgl. m.

60) Freud: Das Ich und das Es (Ges. Schr. Bd. VI. S. 399).

und ist dabei ein intelligenter Mensch, der sehr genau weiß, daß das alles Unsinn ist. Dabei ist dieser Widerspruch keineswegs genügend erfaßt, wenn man sagt, der Zwangsneurotiker sei eben bewußt aufgeklärt, im Unbewußten denke er animistisch-magisch. Denn er erlebt ja einen Teil des animistisch-magischen Denkens bewußt; äußert, er müsse jetzt so denken und danach handeln, obwohl er nicht daran glaube. So kann man sagen: Ein Teil des Ichs des Zwangsneurotikers ist von der Krankheit mitergriffen, ist regrediert auf die animistisch-magischen Vorstufen des Denkens. Ein anderer Teil, von diesem isoliert, ist intakt geblieben. Dem „regredierten" Ich entspricht es z. B. auch, daß die Abwehr, die das Ich gegen schon ausgebildete Zwangssymptome „sekundär" ins Werk setzt, nicht vernünftig ist, sondern selbst wieder Zwangscharakter trägt, z. B. indem Zwangsimpulse durch magische Zauberformeln gebannt werden.

Gelingt es erst einmal, die Aufmerksamkeit eines Zwangsneurotikers auf die während seines Denkens und Sprechens in seinem Bewußtsein leise ablaufenden unauffälligeren Prozesse zu lenken, so ist man überrascht, wie das Erleben auch des „leichten Falles" erfüllt ist von allerhand kleinen, schwer wiederzugebenden, selbst wieder entstellten, die „Allmacht der Gedanken" benutzenden magischen Gedanken, Gedankenbruchstücken und Impulsen. Auch sie haben teils befriedigenden, teils büßend-asketischen Charakter, oft beides zugleich.[61]

Dieses Herabsinken eines Teiles der Denkfunktion auf archaische Formen wird überkompensiert durch ein besonderes Betonen des Intellekts und der Begriffswelt, also der Denktätigkeit des restlichen Teils des Ichs. Da die „Isolierung" der typische Abwehrmechanismus der Zwangsneurose ist, also Affekte und Gefühle in Verbindung mit den zugehörigen Vorstellungen nicht zugelassen werden, wird es uns nicht überraschen zu hören, daß die meisten Zwangsneurosen den „affektlahmen Charakteren" entsprechen, von denen wir im Kapitel „Hemmungen" handelten: Viele haben sich aus der Welt der Gefühle in die Welt der Begriffe, ja selbst noch aus dieser in die Welt der Worte zurückgezogen. (Da die psychoanalytische Kur mit Hilfe von Worten Gefühle beeinflussen will, so wird man verstehen, welche Gefahr bei der Behandlung von Zwangsneurotikern gerade an dieser Stelle gelegen ist; nämlich die, daß die Worte, die zwischen Arzt und Patient gewechselt werden, innerhalb der Wort- und Begriffssphäre isoliert bleiben könnten.) Diese Begriffs- und Wortsphäre wird dann natürlich aus Kompensationsgründen (ebenso wie die ethische) ganz besonders entwickelt.

Aber wie bei der Zwangsneurose der Trieb schließlich immer dort besonders in Erscheinung tritt, wo zuerst die Abwehr etabliert wurde, so auch

---

61) Vgl. hiezu Tausk: Über eine besondere Form von Zwangsphantasien. Int. Z. f. Ps.-A. (1916).

hier. Gerade auf dieses Gebiet des Intellekts und der Denkfunktion folgt der Trieb nach, und hier tobt der heißeste Kampf. Der Zwangsneurotiker will in der Begriffs- und Wortwelt dem Triebkampf entgehen. Die Triebe besetzen gerade die Begriffs- und Wortwelt, die dadurch einen seltsamen Charakter gewinnt, — eine Wertigkeit erhält, die beim Gesunden eben der Trieb- und nicht der Denkwelt zukommt. Die „Überbesetzung", die „Sexualisierung" des Denkens ist der Mechanismus, der uns die verschiedenen Denkeigenheiten, die uns an der Zwangsneurose auffielen, erklärt. Jetzt erst verstehen wir den früher nur beschriebenen Faktor, daß der sekundäre Abwehrkampf gegen die Zwangssymptome sich selbst wieder in Zwangsform abspielt: Wieder hat sich in die Abwehr das Abgewehrte selbst hineingedrängt; an der gegen das Symptom gerichteten „Formel" sind Triebabwehr und Trieb gleichermaßen beteiligt. Wir haben ferner in der „Verschiebung auf ein Kleinstes" einen für die Zwangsneurose charakteristischen Zug kennen gelernt, der uns erklärt, daß ein Zwangssymptom erst durch die historische Zurückführung auf das zugehörige „Große" verständlich gemacht werden kann; die Verschiebung des psychischen Gewichtes von einem oder vielen Triebimpulsen auf die zugehörige Vorstellung, schließlich auf einen Begriff oder ein Wort, die Ersetzung der Triebkonflikte durch Begriff- und Wortprobleme, ist der bedeutungsvollste Spezialfall dieser „Verschiebung auf ein Kleinstes". Dieser Mechanismus liegt dem Grübelzwang zugrunde. (Woraus sich ohne weiteres der therapeutische Rat ergibt, mit Grübelsüchtigen nicht über ihre philosophischen Probleme zu diskutieren, da sie ja, über Philosophie denkend und redend, etwas anderes meinen, und es therapeutisch nur auf dieses „Andere" ankommt.)

Werden die Spaltungen und Gegensätze, die das Triebleben des Zwangsneurotikers durchziehen, auf diese dem Grübelzwang zugrundeliegenden sexualisierten Denkprobleme verschoben, so entsteht die „Zweifelsucht". Zweifel ist der auf das Intellektuelle verschobene Triebkonflikt. Da die Abwehrform der Isolierung, die bei der Zwangsneurose ihre ursprüngliche Funktion zur Unterdrückung anstößiger infantiler Triebregungen voll behalten hat, in gewandelter Funktion die Voraussetzung des normalen Denkens ist, mutet das zwangsneurotische Denken und insbesondere der Zwangszweifel wie eine Karikatur des normalen Denkens und des methodischen Zweifels des Forschers an. Die wahren Inhalte der Zweifelsucht können also genau so mannigfaltig sein wie die ursprünglich einer Zwangsneurose zugrundeliegenden Konflikte; ebenso wie man diese mannigfaltigen Konflikte mit einem gewissen Recht auf die allgemeine Formel reduzieren kann: Es stehe in ihnen Männlichkeit gegen Weiblichkeit (Bisexualität), Liebe gegen Haß (Ambivalenz) und vor allem unerläßlich und pathognomonisch der Gegensatz von Es (Triebanspruch) und Über-Ich (Gewissensanspruch), hat es auch seine Richtigkeit zu behaupten, die gleichen Konflikte lägen der Zweifelsucht zugrunde, so daß die Zwangszweifler in irgendwie spezialisierter Form letzten Endes immer nur in drei Dingen zweifeln: Ob sie sich männlich einstellen sollen oder weiblich, ob sie lieben sollen oder hassen, ob sie „brav" sein sollen oder „schlimm".

Bisexualität und Ambivalenz sind dabei, wie wir hörten, (Voraussetzung und) Folgen der verhängnisvollen Regression auf prägenitale Organisationsstufen der Libido. Ein Traum wie der, man müsse sich zwischen einer Kindertrompete und einem Kinderpfeifchen entscheiden, wobei die Analyse die Trompete als Symbol des Anus, damit der Femininität, das Pfeifchen als Symbol des Penis, damit der Maskulinität entlarvt, sind bei Zwangszweiflern keine Seltenheit.

Die gefürchteten Endzustände der „Willenslähmung" sind extrem fortgeschrittene Zweifelsformen. Ein Patient, der schwankte, ob er zur Analysenstunde kommen oder eine in entgegengesetzter Richtung wohnende Freundin besuchen sollte, fuhr buchstäblich eine Stunde lang auf der Untergrundbahn immer eine Station abwechselnd hin und wieder zurück.

Ein Versuch zur Abwehr von Zweifeln sind auch die großartigen Isolierungsleistungen mancher Zwangsneurotiker, die ihr ganzes Leben als Provisorium auffassen, weil sie die Entscheidung hinausschieben, erst „später einmal" vollziehen wollen, und in allen Angelegenheiten vor lauter Vorbereitungen nicht zur Sache selbst kommen. Als eine häufige unbewußte Bedingung des „neuen Lebens", das die Zukunft bringen soll, weist die Analyse etwa den erwarteten Tod der Eltern nach — also wieder eine Beziehung zur verstärkten Ambivalenz; der eventuelle reale Tod der Eltern kann aber ebenfalls — natürlich infolge der entstehenden Schuldgefühle — keine Entscheidung bringen, der Kampf des Es ist ja schon lange nicht mehr gegen den realen kastrationsdrohenden Vater, sondern gegen das introjizierte Über-Ich gerichtet.

In Zweifelsnöten greifen viele Zwangsneurotiker zur (oft phantasielosen) Onanie. Wir sagten bereits, daß bei so ausgelöster Zwangsonanie zweierlei vorliegt: Ein inadäquater Versuch, nicht mehr genitale Konflikte, z. B. Gewissenskämpfe, genital abzuführen, um sich zu entspannen, und das Sich-dennoch-Durchsetzen des im ursprünglichen Zwangssymptom bekämpften Triebes, oft mit verändertem Vorzeichen, so daß er nunmehr nicht nur Befriedigung, sondern auch strafende Selbstvernichtung bringen soll. Es ist wieder der Begriff der „Libidostauung", der solche Zustände verständlich machen kann.

Mit der Zweifelsucht eng zusammen hängt das Phänomen, das Graber „neurotische Typisierung" genannt hat,[62] die Neigung der Zwangsneurotiker zu falschen Verallgemeinerungen, zur Ordnung aller Vorstellungen nach bestimmten kontradiktorischen und vorschnell nach Merkmalen bestimmten Kategorien, über deren Natur und Bewertung dann Zweifelskämpfe ausbrechen können. Häufig sieht man dabei auf den ersten Blick, daß der logische Fehler dadurch entsteht, daß Zusammengehöriges voneinander isoliert gehalten wird.

---

62) Graber: Über neurotische Typisierung. Vortrag in der deutschen ps.-a. Ges. 1930.

So verbrachte ein zwangsneurotischer Schachspieler Stunden mit dem Zweifel, ob er beim Spiel mehr Strategie oder Taktik anwenden solle, selbstverständlich generell und abstrakt gedacht, nicht etwa in einer konkreten Schachsituation. Dahinter verbarg sich der unbewußte Zweifel, ob er den Gegner besiegen oder sich besiegen lassen solle, ob er die männliche oder weibliche Haltung einnehmen solle.

Man erkennt an dieser Karikatur des begrifflich-logischen Denkens, daß die analerotische Neigung zur Systematisierung auf der fortwährenden Anwendung der Triebabwehr der Isolierung beruht. Wie der Zwangsneurotiker nicht frei assoziieren kann, weil er immer dafür sorgen muß, daß nicht ursprünglich Zusammengehöriges wieder in Berührung miteinander gerate, so kann er auch nicht frei wahrnehmen, sondern muß das Wahrgenommene sofort in Kategorien stecken. Was ihn dazu treibt, ist die alte Angst vor der Gefahr, die ein Triebdurchbruch bedeuten würde, sowohl — nach der Verinnerlichung — die Angst vor der eigenen Innenwelt (in Kategorien gesteckte Gedanken sind gleichsam vom Ich schon erfaßt und unschädlich gemacht), als auch äußere Kastrationsangst, denn „typisierte" Menschen erscheinen weniger gefährlich als solche, von denen man vorher nicht ahnt, was sie tun oder sagen werden.

Die mit der Sexualisierung des Denkens Hand in Hand gehende Sexualisierung des Redens und der Sprache zeigt sich vielleicht am deutlichsten in den zwangsneurotischen „Abwehrformeln". Hier haben Wörter ihre volle ursprüngliche magische Bedeutung wiedererlangt. Auf die Beziehung zu den Zaubersprüchen der Primitiven ist wiederholt hingewiesen worden.

Die krasse Absurdität mancher Scheinprobleme, an denen sich zwangsneurotisches Grübeln und Zweifeln abspielt, entspricht, genau so wie Absurdität im Traume Spott und Hohn bedeutet, — einer spöttisch-höhnischen Einstellung gegenüber dem eigenen Über-Ich (in der analytischen Kur oft: gegenüber dem Analytiker), also letzten Endes wieder der feindseligen Einstellung gegenüber dem Vater.

Ein Patient, der die Zwangsbefürchtung hatte, der Analytiker könnte während der Stunde sterben, muß sich deshalb zwangsweise nach ihm umsehen und folgende Beruhigungsformel aussprechen: „Der lebendige Doktor sitzt in Abstand hinter mir" (in Abstand = Einhaltung des Tabus der Berührung).

Gerade aus der Art, wie Gedanken und Worte von den Zwangsneurotikern behandelt werden, kann man, diese Behandlung als Regression auffassend, auf die ursprüngliche magische Bedeutung der Gedanken und Worte Rückschlüsse ziehen. Im Unbewußten der Zwangsneurotiker können Worte töten und lebendig machen, Wunder wirken und die Zeit zurücklaufen lassen. Durch das Aussprechen eines Sachverhaltes glaubt das Unbewußte des Zwangsneurotikers, die Wirklichkeit zu zwingen, so zu verlaufen, wie es ausgesprochen wurde. Ferenczi machte darauf aufmerksam, wie diese Zauberwirkung der Worte, die aus der Zeit stammt, in der das kleine Kind reden lernte („Periode der

Allmacht der Worte“), sich am ehesten erhalten hat in den „obszönen Worten“, die es vermögen, Sprecher und Hörer zu veranlassen, das Gemeinte wie leibhaftig zu erleben. Die Scheu, obszöne Worte auszusprechen, ist die Abwehr eines besonderen Triebes, dies zu tun; dieser, auch als selbständige Perversion (Koprolalie) auftretend, ist bei Zwangsneurotikern häufig und hat den unbewußten Sinn, den Hörer magisch zu sexuellem Erleben zu zwingen.[63] Daß darin ein sadistisches Moment liegt, ist ebenso deutlich, wie etwa daß das Aussprechen analer Wörter anal-, die Sprachlust überhaupt oral-libidinösen Gewinn bringt. Die Koprolalie ist deshalb Sache „regredierter Libido“ und zur Zwangsneurose passend.

Der besondere Genuß an Pornographie geht ebenfalls auf die halluzinatorische Kraft obszöner Worte, also auf ihre magische Gewalt zurück. Die Zusammenhänge mit der Analerotik zeigen sich z. B. in dem häufigen Zwang, im Klosett zu lesen, orale Züge weist die Analyse der „Leseleidenschaft“ regelmäßig auf, indem Aufnehmen gelesener Worte und Aufnehmen von Essen unbewußt gleichgesetzt werden.[64] Das sadistische Moment scheint wegzufallen; doch wird gerade von Pornographielesern häufig ein „unschuldiger“ Zuhörer hinzuphantasiert.[64a] Bekanntlich war es auch der Punkt der magischen Denkweise, an dem Freud zum ersten Male auf „einige Übereinstimmungen im Seelenleben der Wilden und der Neurotiker“ hinweisen konnte.[65] Ihre Basis ist die Verstärkung des Narzißmus, die beim Zwangsneurotiker eben im Glauben an die „Allmacht der Gedanken“ zu Tage tritt.

Ein Zwangsneurotiker findet besondere Freude am Spiel mit einem kleinen Papierblumenstrauß, der durch Schütteln kaleidoskopartig neue Formen annimmt. Die Analyse ergibt, daß er „lieber Gott“ spielt und auf magische Weise neue Welten schafft. Ein anderer Zwangsneurotiker, durch die Analyse in Selbstbeobachtungen geschärft, ertappt sich bei dem Gedanken, daß es ihn wundere, daß er, wenn er durch eine Tür gehe, sie öffnen müsse. Eigentlich erwartet er, daß sein Wunsch genügen müsse, um die Tür von selbst sich öffnen zu lassen. Nur die Stellungnahme der höheren Anteile des Ichs unterscheidet solchen Allmachtsglauben vom Größenwahn.

Der narzißtisch begründeten „Allmacht der Gedanken“ entspricht auch die Möglichkeit, ein unerwünschtes Stück der Realität „wegzuwünschen“, also die seltsame Fähigkeit zur wenigstens partiellen Leugnung der Realität, wo sie mit Triebwünschen in Konflikt steht. Im vollen Umfang ist ja ein solcher Verlust der Fähigkeit der Realitätsprüfung ein Charakteristikum der Psychose,

---

63) Ferenczi: Über obszöne Worte. Zentralbl. f. Ps.-A. I (1911).

64) Näheres darüber im Kapitel „Charakterstörungen“ meines Buches „Perversionen, Psychosen, Charakterstörungen“.

64a) Auch in der Lyrik hat die Sprache magische, zur halluzinatorischen Anschauung zwingende Kraft.

65) Freud: Totem und Tabu (Ges. Schr. Bd. X).

bei welcher Halluzination und Wahnideen den wirklichen Bruch mit der realen Außenwelt bezeugen. Für die Neurose ist als „Abwendung von der Realität", wie wir hörten, die Introversion charakteristisch; also zwar die Abwendung von wirklichen Objekten und die Zuwendung zu denen der Phantasie, die die Vertreter der infantilen Objekte sind, aber nicht die wirkliche Aufhebung der Objektbesetzungen. Aber die Zwangsneurose steht auch auf diesem Gebiet der Psychose, dank ihrer „Allmacht der Gedanken", um einen Schritt näher als die Hysterie. So wie ein Teil der Persönlichkeit auf die magische Gedankenwelt zurückgreift, während — im Gegensatz zur Psychose — der höhere Anteil des Ichs seine Kritik bewahrt, kann auch jener tiefere Teil des Ichs die Realität, der Gedankenallmacht entsprechend, leugnen und ändern, während die bewußte Persönlichkeit gleichzeitig um die Wahrheit weiß.

Ein Patient mit geographischen Zwängen ist durch seinen „Ordnungszwang" von künstlichen Grenzen bedrückt. Er möchte, daß es nur Länder geben soll, die gleichzeitig geographische Einheiten sind. Deshalb nennt er z. B. die ganze Pyrenäenhalbinsel „Spanien" und anerkennt nicht die Existenz Portugals. Eines Tages lernt er einen Ausländer kennen. Der Patient fragt ihn, was er für ein Landsmann sei. Der Mann antwortet: Ein Portugiese. Was nun im Patienten vor sich ging, beschreibt er mit folgenden Worten: „Ich habe mir gedacht: Es wird ein Spanier sein. Er sagt, Portugiese."

Bekanntlich suchen die Kinder, durch die Realität von der Nichtberechtigung des Glaubens an ihre eigene Allmacht überzeugt, so lange wie möglich wenigstens an die Allmacht der Erwachsenen zu glauben.

Eine Patientin war von der Allmacht der Erwachsenen überzeugt, weil sie ihr anzusehen vermochten, wenn sie als Kind den Stuhldrang zurückhielt.

Auch davon finden sich beim Zwangsneurotiker viele Spuren. Später geht die Eigenschaft der Allmacht von den Eltern bekanntlich auf Gott über und um diese letzte allmächtige Elternfigur toben bekanntlich in Zwangsneurosen die heftigsten Ambivalenzkämpfe. Kaum eine Zwangsneurose, in der nicht „religiöse" Symptome, Zwangskämpfe zwischen Glauben und blasphemischen Impulsen, existierten, oft gerade bei den bewußt Ungläubigsten. Der Religiöse selbst schwankt, wie die psychoanalytische Religionspsychologie gezeigt hat, ebenso wie der Zwangsneurotiker zwischen Unterwerfung unter die Vaterfigur und Empörung gegen sie, wobei beides, Unterwerfung und Empörung, sexualisiert ist. Freilich bestehen trotz der von Freud[66] und besonders Reik[67] herausgearbeiteten Übereinstimmung zwischen Zwangsneurotiker und Religiösem ebenso auch wichtige Differenzen wie zwischen Zwangssymptom und Ritual.

66) Freud: Zwangshandlungen und Religionsübungen (Ges. Schr. Bd. X).
67) Reik: Das Ritual. Der eigene und der fremde Gott. Endphasen des religiösen und des zwangsneurotischen Glaubens. Imago XVI (1930) und anderes.

Die Psychologie der Religion endlich ist noch ein ganz anderes Forschungsgebiet als die Psychologie der Religiösen.

Freud hat darauf aufmerksam gemacht, daß dem Glauben an die Allmacht der Gedanken, also an die äußere Wirksamkeit von Liebe und Haß, bei dem Zwangsneurotiker auch eine Realität entspricht: Zwar nicht nach außen hin, aber innerlich haben ja die Gedanken solche Macht, da sie eine Neurose entstehen lassen konnten. In dieser inneren Wirksamkeit unterschätzt der Zwangsneurotiker seine Gedanken ebenso wie er ihre äußere Wirksamkeit überschätzt.[68] Kein Wunder, daß das Über-Ich des Zwangsneurotikers ihn für seine für so wirkungsvoll gehaltenen Gedanken, Vorstellungen und Worte ebenso verantwortlich macht wie für Handlungen. Das ist der Sinn der Freudschen Formel: „Gedanken, die regressiv Taten vertreten".[69]

Die Sexualisierung der Denkfunktionen scheint dazu zu stimmen, daß die Zwangsneurose typischerweise in der Latenzzeit beginnt. Denn die Latenzzeit ist das Alter, in dem auch normalerweise die Libido vom Triebziel zu Sublimierungszwecken abgelenkt wird, und in dem die intellektuellen Fähigkeiten erstarken. Es entspricht ferner durchaus dem Fund, daß die in der Zwangsneurose bekämpfte Libido auf die anal-sadistische Stufe zurückgekehrt ist, daß die im normalen und vor allen Dingen im pathologischen Denken verwendete Libido analen Charakters zu sein scheint. Wir haben diesen Umstand bereits bei der Besprechung der „Denkhemmungen" und auch vorhin bei Koprolalie und Pornographie erwähnt. Die unbewußte Gleichsetzung von Gedanken (Kopfinhalt) und Kot (Darminhalt), die dem mit der Psychoanalyse nicht Vertrauten wohl besonders unglaubwürdig klingt, ist eine analytisch alltägliche Erfahrung. Das Produzieren oder Nicht-Produzieren von Einfällen in der analytischen Kur z. B. wird vom Zwangsneurotiker unbewußt ganz regelmäßig dem Produzieren von Stuhl gleichgesetzt. Nicht nur so grobe Dinge wie Zurückhalten und schließliches Hervorsprudeln der Gedanken und Worte, sondern viel feinere Details der Denk- und Sprechart kann die Analyse häufig als Wiederholung entsprechender Details in den infantilen Klosettgewohnheiten nachweisen. Die Allmachtsphantasien, die sich, wie wir hörten, mit den Gedanken und Worten der Zwangsneurotiker verbinden, erweisen sich als Wiederholungen der von Abraham nachgewiesenen infantil-narzißtischen Überschätzung der Exkretionsfunktionen[70] (ein Befund, der auch für die Erforschung der Phylogenie der Sprache von Bedeutung sein dürfte). Auch

---

68) Freud: Bemerkungen über einen Fall von Zwangsneurose (Ges. Schr. Bd. VIII, S. 339).

69) Freud, ebenda S. 347 ff.

70) Abraham: Zur narzißtischen Bewertung der Exkretionsfunktionen in Traum und Neurose. Int. Z. f. Ps.-A. VI (1920).

organneurotische Erscheinungen im Bereiche der Kopf- und Sprechwerkzeuge zeigen analytisch die gleiche Abhängigkeit von der analen Erotik und ihren Erscheinungsweisen. Besonders auf die unbewußte Gleichsetzung von Sprache (und im Zusammenhang damit auch Atmung) und Analfunktion und ihre Bedeutung für die Neurosenlehre ist wiederholt hingewiesen worden. Daß andrerseits die Sprache so oft auch phallische, die Sprechfähigkeit Potenzbedeutung hat (Jones[71], Flügel[72]), steht nicht im Widerspruch zu diesem Befund. Wir müssen nur daran denken, daß wir auch sonst als Grundlage zwangsneurotischer Symptome anale und phallische Tendenzen fanden, was sich durch die Annahme der Regression erklären ließ. Wir werden hören, daß für Neurosen wie Stottern und Asthma bronchiale, d. h. für die Sprach- und Atemneurosen, damit auch für die Sprach- und Atemerotik, aber auch für Organneurosen des Kopfes wie Migräne, ein solcher Zusammenhang mit der Analerotik sich typisch nachweisen läßt. (Vielleicht gehört der erwähnte noch nicht erforschte Zusammenhang zwischen Epilepsie, die wir als eine „Organneurose des Gehirns" bezeichnet haben, und Sadismus in dasselbe Kapitel.) Als genetisch bedeutsam für einen solchen Zusammenhang muß man an das zeitliche Zusammentreffen von Intellektausbildung und Entstehung von Reaktionsbildungen gegen Analerotik und Sadismus denken, aber wohl auch darüber hinaus an die physiologische Relation der Blutfülle von Kopf und Bauchorganen.

Für die analerotische Perzeption der Kopfvorgänge nur ein Beispiel für viele: Ein sonst zwangsneurotischer Patient leidet u. a. an chronischen Kopfschmerzen. Er bezeichnet das als: „Die Nerven tun mir weh". Unter „Nerven" stellt er sich kleine weiße bis rosafarbene, fadenartige, bewegliche Gebilde vor, zu welcher Vorstellung er beim Zahnarzt gekommen ist, der ihm den „Nerv" eines Zahnes gezeigt hatte. Er träumt einmal vom „nervus vagus", d. i. der „herumschweifende" Nerv. Er meint einen weißen Faden, der von unten her in seinen Kopf eindringt, dort herumschweift und ihn zwickt. Als das infantile Vorbild dieser Vorstellung erwiesen sich schließlich die Oxyuren, die ihm heute im Kopf ebenso viel Beschwerden machen wie als Kind im After.

Die Sexualisierung des Denkens und ihre Folgeerscheinungen, einerseits die Allmacht der Gedanken, die Magie, die Besetzung der Wortvorstellungen, andrerseits das Sich-Zurückziehen in die Begriffs- und Wortwelt und die Neigung zum Grübeln und Zweifeln sind nicht die einzigen chronischen Veränderungen der Persönlichkeit des Zwangsneurotikers, die neben den eigentlichen Symptomen für ihn charakteristisch sind. Wir haben die Veränderungen des Charakters durch „Reaktionsbildungen" erwähnt und müssen sie hier nur der systematischen Übersicht wegen wiederholen. Wir wissen, charakteristisch

71) Jones: Essays in applied Psycho-Analysis. Kap. VIII.

72) Flügel: A Note on the Phallic Significance of the Tongue and of Speech. Int. Journal of Ps.-A. VI (1925).

für sie ist: erstens daß sie fast nie vollständig gelingen, sondern daß die Seele des Zwangsneurotikers von ewigem Kampf zwischen Trieben und Reaktionsbildungen erfüllt ist; zweitens daß gerade die charakterlichen Reaktionsbildungen geeignet sind, hohe narzißtische Befriedigungen zu gewähren, die der analytischen Behandlung der Zwangsneurose die größten Schwierigkeiten entgegensetzen.

Die diesbezüglichen charakterlichen Veränderungen der Zwangsneurose fallen zusammen mit den Eigenheiten des sogenannten analen Charakters, der ja vortreffliche literarische Schilderung gefunden hat.[73] Nur ein Punkt sei seiner praktischen Wichtigkeit wegen noch besonders hervorgehoben: Die merkwürdige irrationale Beziehung aller Zwangsneurotiker zu Geld und Zeit. Die in ihrem Wesen nicht leicht durchschaubaren Beziehungen zwischen Zeit und Analerotik, die Hárnik ausführlich dargestellt hat,[74] brauchen hier nicht referiert zu werden. Für die Zwangsneurose wesentlich ist die Existenz dieses Zusammenhanges, ist die Tatsache, daß die Beziehung des Kranken zur Zeit ebenso wie die zum Geld der Schauplatz der wildesten Triebkonflikte und ihrer Abwehr durch Zwangssymptome geworden ist, daß dieser Zusammenhang genetisch auf die Regression, d. h. auf die analerotische Natur der zwangsneurotischen Triebregungen zurückzuführen ist, und daß die Irrationalität — Überpünktlichkeit und Unpünktlichkeit — ebenfalls ein Moment ist, das die Schwierigkeiten der praktischen Analyse der Zwangsneurose erhöht. Man geht vielleicht oft fehl, wenn man allzuviel nach verborgenen objektlibidinösen Konflikten in solchem irrationalen Benehmen sucht. Es stellt ja vielfach eine Art von Autoerotik dar. Viele Zwangsneurotiker kommen immer zu spät, nicht um die anderen durch Wartenlassen zu ärgern, sondern um durch das maximale Verschieben der Aktion die gleiche autoerotische Spannungslust zu genießen wie als Kind durch die anale Retention.[75]

Überlegen wir uns nun, wie weit die Aufklärung der Differenzen der Zwangsneurose gegenüber der Hysterie, die wir uns zum Ziel gesetzt haben, von uns geleistet werden konnte.

Die charakteristische Triebabwehr der Regression auf die analsadistische Organisationsstufe der Libido erwies sich als der Angelpunkt, von dem aus diese Differenzen geklärt werden können. Der Widerspruch, daß sich als unterdrückte Triebregungen sowohl die Tendenzen des phallischen Ödipus-

73) Freud: Charakter und Analerotik (Ges. Schr. Bd. V), Über Triebumsetzungen insbesondere der Analerotik (Ges. Schr. Bd. V). Jones: Über analerotische Charakterzüge. Int. Z. f. Ps.-A. V (1919). Abraham: Psychoanalytische Studien zur Charakterbildung.

74) Hárnik: Die triebhaft-affektiven Momente im Zeitgefühl. Imago XI (1925).

75) Auch darüber Näheres im Charakter-Kapitel meines Buches „Perversionen, Psychosen, Charakterstörungen".

komplexes als auch anal-sadistische Regungen herausstellten, ist dadurch erklärt, daß die Abwehr zunächst den phallischen Ödipuskomplex trifft und ihn regressiv durch Anal-Sadismus ersetzt, daß aber dann gegen diesen der eigentliche zur Zwangsneurose führende Abwehrkampf weitergeht. Offenbar werden aber gegen diese anal-sadistischen Regungen andere Abwehrarten ins Werk gesetzt als bei der Hysterie gegen die genital gebliebenen Ödipusstrebungen, nämlich neben Verdrängung auch Reaktionsbildung, Isolierung, Ungeschehenmachen, Ausweichen in die Begriffs- und Wortwelt (was als spezieller Fall der Isolierung aufgefaßt werden kann). Das macht die Verschiedenheit des Bewußtseinsumfangs, das partielle Bewußtwerden pathogener Triebregungen bei der Zwangsneurose, erklärlich. Dem regressiven Moment entspricht das relativ spätere Einsetzen der Zwangsneurose, was, da inzwischen der kastrationsdrohende Vater durch Introjektion zum Über-Ich wurde, die Differenzen der „Verinnerlichung", des Überwiegens der Bedeutung des Über-Ichs und damit die des relativen Überwiegens der Straf- und Bußsymptome über die Befriedigungssymptome erklärt. Regression und „Verinnerlichung" sind weiter für die besondere Über-Ich-Strenge verantwortlich, da sich ja auch die libidinöse Besetzung des Über-Ichs der zum Sadismus ziehenden Regression nicht erwehren konnte. Auch die weit mehr als bei der Hysterie über die Symptombildung hinausgreifende Wirkung der Krankheit auf die Persönlichkeit des Kranken (Sexualisierung des Denkens, Zweifel- und Grübelsucht, Reaktionsbildungen im Charakter) konnten wir in Zusammenhang mit dem Grundphänomen der Regression bringen. Es läßt sich nicht leugnen, daß die psychoanalytische Durchforschung der Zwangsneurose noch viel ungeklärter ist als die der Hysterie und viele wesentliche Probleme ungelöst läßt. Immerhin ist uns schon vieles verständlich und der Forschungsweg für noch Unverständliches geebnet. Jedenfalls ist die Zwangsneurose ein Gebiet, dem die nichtpsychoanalytische Psychologie völlig hilf- und verständnislos gegenüberstehen mußte.

Wie steht es nun mit der analytischen Therapie der Zwangsneurose? Die Zwangsneurose gilt als zweiter Grundtyp der sogenannten „Übertragungsneurosen", im allgemeinen als das zweite große Indikationsgebiet der Psychoanalyse. Immerhin zeigt die einfachste Überlegung über die spezifisch zwangsneurotischen Mechanismen, um wie viel schwieriger sich eine solche Analyse stellen muß als die einer Hysterie. Die Schwierigkeiten sind so groß, daß wir gut daran tun, bei schweren Fällen, die schon eine langjährige Entwicklung der Krankheit hinter sich haben, mit schnellen Heilungsversprechen vorsichtig zu sein. Wir werden uns oft mit Besserungen begnügen müssen. Ob die sogenannten „Endzustände" mit Willenslähmung analytisch überhaupt angreifbar sind, muß dahingestellt bleiben.

Welcher Art sind nun die erwähnten Schwierigkeiten? Darüber muß im Interesse der Stellung der Prognose für den einzelnen Fall möglichste Klarheit herrschen.

Es sind nicht weniger als fünf der erwähnten Punkte, durch die sich die Zwangsneurose von der Hysterie unterscheidet, die gleichzeitig bewirken, daß die Analyse der Zwangsneurose kompliziert wird:

1) Die Zwangsneurose ist eine Übertragungsneurose. Aber was überträgt sie? Ihr Triebleben ist ganz oder teilweise auf die anal-sadistische Stufe zurückgeworfen worden. Wo sie eine intensive Objektbeziehung entwickelt, trägt diese sadistische, objektfeindliche Züge. Mit dieser archaischen Einstellung der Libido ist, wie wir hörten, eine Erhöhung der Ambivalenz und der Bisexualität verbunden. Der Analytiker sieht sich also einer Gefühlswelt gegenüber, in die ihm die Einfühlung nicht so leicht gelingt wie in die Affektstürme der Liebe und des Hasses eines Hysterikers. Das Gefühlsgemenge des Zwangsneurotikers seinem Analytiker gegenüber wird sich darin dokumentieren, daß er sich gegen ihn auflehnt und sich ihm wollüstig zu unterwerfen sucht. Der Ambivalenz und Bisexualität entsprechend wird jede Regung irgendwie auch von ihrem direkten Gegenpart begleitet sein. Im Prinzip steht dem Analytiker zur Beherrschung einer solchen Übertragung und gegen die sich aus ihr entwickelnden Widerstände nur dasselbe zur Verfügung wie bei der Behandlung der Hysterie: Die Übertragungsdeutung. Sie wird beim ambivalenten Verhalten der Kranken sowohl inhaltlich schwieriger sein (die Hauptaufgabe wird da die ökonomisch richtige Abschätzung der relativen Anteilnahme der beiden Komponenten der Ambivalenz bilden) als auch formal, da man des richtigen Verständnisses des Patienten weniger sicher sein kann; er zeigt größere Neigung zum vollen Versinken in die Übertragungssituation, was ihm das distanzierte Durcharbeiten einer Deutung erschwert.

2) Der Hysteriker empfindet seine Symptome als durchaus ichfremd. Sein Ich verbündet sich mit dem Arzte zum Kampf gegen die fremden Elemente der Neurose. Beim Zwangsneurotiker liegt dieser Punkt niemals so ideal. Sein Ich ist „gespalten". Auf einen Teil desselben kann der Analytiker sich gewiß als auf seinen Mithelfer verlassen. Der restliche Teil denkt magisch statt logisch, hält praktisch die Seite des Widerstandes und erzwingt, daß die ganze Analyse in Perioden, in denen dieser Teil die Persönlichkeit stärker beherrscht, der Analyse einer Psychose ähnlicher wird. Ja, die Spaltung macht die Sache gelegentlich noch unangenehmer als bei der Psychose: Der bewußte Anteil der Persönlichkeit arbeitet ja mit. Aber insofern er vom unbewußten magischen Teil „isoliert" ist, wirken die noch so gut verstandenen Deutungen nicht, wenn die Isolierung nicht aufgehoben wird, und sie können

dann gewiß dem Kranken, der vor seiner Gefühlswelt in die Schattenwelt der Begriffe und Worte geflüchtet ist, unter Umständen statt einer Heilung nur einen Symptomwechsel bringen, indem er etwa statt in philosophischer, nunmehr in psychoanalytischer Nomenklatur grübelt und statt in der Kur zu erleben, über seine Krankheit Theorien aufzustellen beginnt. Diese Gefahr muß der Analytiker eines Zwangsneurotikers immer vor Augen haben, um auf den Wert des Erlebens, auf die Überbrückung der verhängnisvollen Isolierung sein Hauptaugenmerk zu richten.

3) Wir hörten, daß neben dieser Isolierung von Gefühl und Verstand eine bestimmte Art der Gegenbesetzung für die Zwangsneurose besonders charakteristisch ist, die ihr die Erfüllung der wesentlichen technischen Bedingungen der Analyse sehr erschwert oder ganz unmöglich macht: Es ist die fortwährende, auf sich selbst gerichtete zensurierende Aufmerksamkeit, die den Patienten keinen Moment verläßt, ihn zwingt, fortwährend zu isolieren und sich vor der Programmlosigkeit der wirklichen freien Assoziation in feste, verstandesmäßige Gedanken zu flüchten. Statt in der Analysenstunde laut zu erleben, gibt der Patient sozusagen ein unvollständiges Inhaltsverzeichnis oder Titelangaben seiner Erlebnisse. Dabei werden Versuche, den Patienten über das, was eigentlich von ihm gefordert wird, zu belehren, sehr häufig selbst wieder zum Gegenstand von Grübeleien gemacht. Der Patient will in seiner kompensierenden Übergewissenhaftigkeit alles, was von ihm gefordert wird, erfüllen und wendet, da ihm das unmöglich ist, seinen Fleiß an falscher Stelle an. Den Weg zu finden, um den Patienten erleben zu lassen, was mit „freier Assoziation“ gemeint ist, und sich dennoch davor zu hüten, theoretische Gespräche zu führen und Grübelmaterial zu liefern, ist vielleicht die technische Hauptaufgabe der Analyse der Zwangsneurose.

4) Das Denken und Reden des Zwangsneurotikers ist sexualisiert. Denken und Sprechen sind aber die Methoden der Psychoanalyse. Es verhält sich also beim Zwangsneurotiker so, daß die Funktion, mit deren Hilfe er von einer Krankheit geheilt werden soll, selbst von der Krankheit ergriffen ist. Ein Patient hat dafür den treffenden Vergleich gefunden: Er sei, ein Handtuch in der Hand haltend, ins Wasser gefallen, und man versuche nun, ihn mit diesem Handtuch zu trocknen. Dieses Dilemma scheint unlösbar. Praktisch wird es dadurch dennoch lösbar, daß — im Gleichnis gesprochen — das Handtuch ja noch einige trockene Stellen behalten hat, d. h.: Soweit die bewußte Persönlichkeit des Patienten, im Gegensatz zur Psychose, die Irrationalität seines ganzen Benehmens beurteilen kann, kann man dieses Stück intakten Ichs benutzen, um ein erstes Stück Analyse zu machen, in der Hoffnung, dadurch wieder ein Stück weiterer Analysierfähig-

keit herzustellen. Dies mag der Grund sein für die Unangreifbarkeit der Endzustände, bei denen das intakte Ich völlig ausgeschaltet ist.

5) „Sekundäre Gewinne“ hatten wir bei der Hysterie ebenfalls. Aber sie waren nicht so prinzipiell mit der Persönlichkeit verbunden wie etwa die narzißtischen Gewinne aus den charakterlichen Reaktionsbildungen. Manche Analyse einer Zwangsneurose scheitert daran, daß der Analytiker es nicht fertig bringt, den „guten“ Patienten davon zu überzeugen, daß es vorteilhafter wäre, sich von der Analyse partiell „verderben“ zu lassen. Der Analytiker wird nicht nur gelegentlich Vertreter des Über-Ichs, sondern bei dem, der für seine Triebunterdrückung durch sein Über-Ich hohen, narzißtisch-sekundären Gewinn erhält, auch zum Verführer, zum Vertreter des gefürchteten Es, gegen den er sich von vornherein sträubt.

Alle diese Schwierigkeiten sind nicht unüberwindbar, sie dürfen aber auch nicht geringgeschätzt werden. Ihretwegen ist jede Analyse einer Zwangsneurose ein schwieriges und langdauerndes Unternehmen. An Analysenzeit erfordern Zwangsneurosen im allgemeinen ein Vielfaches von dem, was Hysterien benötigen. Natürlich gibt es gelegentlich auch akute Zwangsneurosen, die bei bis dahin gesunden Personen aus äußeren Anlässen im späteren Lebensalter plötzlich ausbrechen und die relativ leicht zu beheben sind. Wir denken hier aber besonders an die Fälle, die der Analytiker häufiger sieht, die die Zwangsneurose aus ihrer Latenzzeit mitbringen. Das sind die Fälle, die jene berüchtigt langen Behandlungszeiten benötigen. Aber es muß gesagt werden, daß häufig diese lange Behandlung und große Mühe wirklich lohnt und volle Heilung auch schon bei veralteten Fällen wiederholt erzielt wurde.

Nur der Gang der Analyse selbst kann einen Eindruck darüber vermitteln, welche relative Stärke den fünf erwähnten Schwierigkeiten im gegebenen Falle zukommt, und den Analytiker dadurch die Prognose abschätzen lehren. Frische Fälle sind am günstigsten, Endzustände und Übergänge zur Schizophrenie am schlechtesten. Bei der Hilflosigkeit jeder anderen Therapie wird man im allgemeinen jedem Fall von Zwangsneurose, soweit es äußere Umstände erlauben, zumindest zu einem Analysenversuch raten.

Über das Problem der Neurosenwahl der Zwangsneurose brauchen wir nicht weiter zu sprechen. Da die Regression zur anal-sadistischen Stufe uns der Angelpunkt der zwangsneurotischen Entwicklung schien, fallen die Gründe, die an Zwangsneurose erkranken lassen, mit denen zusammen, die dafür verantwortlich zu machen sind, daß der Ödipuskomplex durch Regression und nicht anders abgewehrt wird. Und welche Gründe das sind, haben wir bei der Besprechung der Regression bereits auseinandergesetzt.

V. KAPITEL

Prägenitale Konversionsneurosen

a) Stottern

Wir haben besprochen, daß das Gebiet der Organneurosen von dem der Hysterie bis zu dem der Hypochondrie reicht, daß also unter diesem Namen sowohl monosymptomatische Konversionshysterien als auch echte narzißtische Neurosen mit den Mechanismen der Hypochondrie, meist aber Gebilde verstanden werden, die zwischen beiden liegen. Auf diesem Zwischenstück der organneurotischen Strecke gibt es nun, wie wir auch bereits erwähnten, Krankheitsformen, die man als „prägenitale Konversionsneurosen“ zusammenfassen muß. Wir wollen darunter Neurosen verstehen, deren Symptome zwar wie die konversionshysterischen einen psychischen Konflikt zwischen infantilen, auf das Objekt gerichteten Sexualwünschen und gegen diese gerichteten Abwehrtendenzen ausdrücken; aber im Gegensatz zur Konversionshysterie sind die auf das Objekt gerichteten Sexualwünsche prägenital — anal- oder oral-sadistisch — und zielen auf Einverleibung des Objektes; auch scheint die ganze Neurose narzißtischer unterbaut als die Hysterie. Die Symptomatik hat also zwar Konversionscharakter, aber das ganze übrige Benehmen der Patienten entspricht mehr dem einer Zwangsneurose als dem einer Hysterie. Die prägenitale Natur ihrer Sexualität prägt sich nicht nur im unbewußten Inhalt ihrer Symptome aus, sondern die Kranken zeigen auch in ihrem sonstigen Verhalten alle die Eigenschaften, die wir bei der Zwangsneurose als Konsequenzen der echten Regression erkannt haben: die Erhöhung der Ambivalenz und der Bisexualität, die Sexualisierung des Denkens und Redens, die partielle Regression zum magisch-animistischen Denken. Oft läßt sich die regressive Natur der prägenitalen Tendenzen, ihre Funktion, die anstößigen Ödipusregungen zu ersetzen, in der Analyse mit denselben Mitteln wie bei der Zwangsneurose nachweisen, so daß solche Fälle bis auf den Konversionscharakter ihrer Symptome in Inhalt und Mechanismen der Zwangsneurose vollkommen gleichen. Manchmal — sicher seltener — gelingt das nicht, und man muß die Frage offen lassen, ob nicht eine Entwicklungsstörung vorliegt, die den Patienten primär prägenital fixierte und überhaupt nicht bis zum phallischen Ödipuskomplex kommen ließ. In nicht ganz korrekter, aber eindringlicher Weise könnte man also sagen: Es handelt sich im Grunde um Zwangsneurosen mit allen ihren psychischen Inhalten und Mechanismen — nur die Symptomatik sieht hysterisch aus. So muß sich uns vor allem hier das Problem ergeben, wovon es abhängt, ob sich eine Zwangsneurose oder eine solche prägenitale Konversionsneurose entwickelt. Da diese äußerlich wie eine Hysterie aussieht, konnten erst praktische analytische Erfahrungen lehren, daß sie innerlich anders gebaut ist.

Theoretisch müßten wir erwarten, daß sich ein solcher prägenitaler Inhalt am ehesten bei solchen Konversionssymptomen zeigen wird, die sich direkt an den prägenitalen erogenen Zonen abspielen. So wird man zunächst einen analerotischen Gehalt bei den Organneurosen des Darmes erwarten. Zweifellos wird diese Erwartung auch bis zu einem gewissen Grade erfüllt. In der Anamnese von Zwangsneurotikern findet man oft infantile Darmerkrankungen mehrminder psychogener Natur, die gelegentlich im Verlauf der Analyse als passagère Konversionssymptome reaktiviert werden und von Freud als „das Stückchen Hysterie" bezeichnet wurden, „das regelmäßig zu Grunde einer Zwangsneurose gefunden wird."[1] Reste solcher infantilen Störungen finden sich bei manchen Zwangsneurosen auch spontan, z. B. psychogene Verstopfungen und Diarrhöen. Wir erinnern uns weiter, daß zum Bilde der chronischen Neurasthenie, dieser exquisit prägenitalen Krankheit, ebenfalls chronische Verstopfung und Meteorismus gehörte.[2] Alle diese Darmsymptome sind direkte neurotische Überreste der infantilen Analerotik. Trotzdem kann man nicht sagen, daß alle Darmkonversionen diesen Charakter hätten und tiefer oder narzißtischer wären als anderswo lokalisierte Hysterien. Wir erwähnten ja, daß das regressive Moment bei Konversionshysterien sich eben nur auf die Wahl des Symptomorgans beschränken kann. Organneurosen des Darmes können ebenso wie solche irgend eines anderen Organsystems an allen Stellen der von der Hysterie zur Hypochondrie reichenden Reihe gelegen sein.

Merkwürdigerweise kann man das von einer anderen Neurose nicht sagen, deren funktionsbeeinträchtigende Symptomatik sich am oralen Pol abspielt. Die funktionellen Sprachstörungen, soweit sie den Charakter der bloßen Hem-

1) Freud: Aus der Geschichte einer infantilen Neurose (Ges. Schr., Bd. VIII, S. 517).

2) Siehe Reich: Über die chronische hypochondrische Neurasthenie mit genitaler Asthenie. Int. Z. f. Ps.-A. XII (1926) und: Die Funktion des Orgasmus.

mung überschreiten, erweisen sich als typische Vertreter unserer Gruppe. Diese Erkenntnis ist zunächst eine rein empirische. Erst nachträglich fällt es dann nicht schwer, auch theoretisch zu erkennen, welches gemeinsame Moment das Stottern von vornherein in die Nähe der Zwangsneurose rücken mußte: die Sexualisierung der Sprache.

Im Symptom des Stotterns ist deutlicher noch als in anderen Konversionssymptomen auf den ersten Blick der Konflikt gegeneinander wirkender Tendenzen zu erkennen: Der Patient will etwas sagen und er will es nicht sagen. Von den dreierlei Motiven, die das Ich zur Hemmung einer Funktion bewegen können, fällt die „allgemeine ökonomische Verarmung" hier weg, denn sie könnte nicht die spezifische Beschränkung auf die Sprachfunktion erklären; eine Redehemmung um einer Über-Ich-Forderung zu genügen, kommt natürlich in Betracht; da wir aber vom Stottern als einer Neurose wesentlich erst dann sprechen, wenn im Symptom in verhüllter Form die mit dem Reden unterdrückte Tendenz sich dennoch durchsetzt, so wird wohl die vorangegangene Sexualisierung des Sprechens das Hauptmotiv der Sprachstörung sein. Das bestätigt auch tatsächlich die Analyse der Stotterer.

Wir haben bei der Zwangsneurose ausgeführt, unter welchen Voraussetzungen eine Sexualisierung der Sprachfunktion erfolgt, und welche Folgen sie hat. Alles dort Ausgeführte gilt in noch erhöhtem Maße für den Stotterer.

Der Stotterer will sprechen und gleichzeitig nicht sprechen, etwas geheim halten. Warum? Weil „sprechen" für ihn etwas anderes bedeutet, etwas, was sein Trieb verlangt und was sein Ich abwehrt, ein Stück infantiler Sexualität. Die Analyse zeigt, daß dieses Stück infantiler Sexualität in hervorragendem Maße die anal-sadistische Wunschwelt ist. Der Sprachfunktion kommt typischerweise beim Stotterer eine zweifache Bedeutung zu. Sprechen heißt erstens obszöne, besonders anale Wörter sprechen, und heißt zweitens aggressiv sein, letzten Endes töten. Die analerotische Natur des Redens erweist die Analyse, wenn sie z. B. die Einzelsituationen, in denen Stottern auftritt oder sich verstärkt, als anale Versuchungssituationen erkennen läßt. In einer tiefen Schicht ist das Reden überhaupt oder das Reden in bestimmten Situationen dem Defäzieren einfach gleichgesetzt. Das „Herauslassen" der Wörter aus dem Mund hat den gleichen Lustcharakter und unterliegt den gleichen unbewußten Einflüssen wie das Defäzieren. Dem Stottern liegt eine Lust zugrunde, mit den Wörtern zu „spielen", die sich vielfach als eine nach oben verlegte Fortsetzung des infantilen Spielens mit dem Kot erweist. Wenn in solchen Fällen das Reden gehemmt wird, so handelt es sich dann um ein Wiederauftauchen der Abwehrtendenzen, die sich seinerzeit gegen das Kotspielen gerichtet hatten. Im Stottern endlich kehrt gegen solches Verbot „das Verdrängte aus der Verdrängung" wieder, indem jetzt die Wörter erst recht „zurückgehalten" werden, so wie seinerzeit der Kot zur Erzielung autoerotischer Lust zurückgehalten worden ist. Man kann geradezu von einer „Verlegung" der Funktion der Analsphinkteren „nach oben" beim Stottern sprechen.[3]

Welche typische Affinität zwischen Redefunktion und analer Libido besteht, haben wir uns bereits bei der Psychologie der Zwangsneurose klar gemacht. Auch der sadistische Nebensinn des Redens ist von allgemeiner Bedeutung und läßt sich im gesellschaftlichen Leben überall nachweisen. Er ist nur beim Stotterer quantitativ gesteigert, und zwar weil er bei ihm der verdichtete Vertreter der gesamten anstößigen infantilen Sexualität, besonders des regressiv entstellten Ödipuskomplexes geworden ist.

Dieser sadistischen Bedeutung des Redens entsprechen zwei der häufigsten Bedingungen für das Eintreten oder die Verschlimmerung des Stotterns: Häufig geschieht dies bei Debatten und sonstigen Situationen, in denen dem Kranken besonders daran gelegen ist, zu zeigen, daß er im Recht ist; hinter diesem scheinbaren Ehrgeiz versteckt sich dann die feindselige oder sadistische Tendenz, durch seine Worte alle Gegner und Zuhörer zu töten. — Noch häufiger tritt das Stottern auf oder verschlimmert sich Vorgesetzten, Respektspersonen, Vaterersatzfiguren gegenüber, also bei Personen, denen gegenüber die Ambivalenz und die verdrängten aggressiven Regungen besonders stark sind. Eine Stotternde, die Garma beobachtete, litt außer an Stottern an der Angst, jemanden zu beschädigen. Insbesonders war das Mädchen der Ansicht, die Frau könnte beim Sexualverkehr den Mann beschädigen. Außerdem hatte sie die verschiedensten Tagträume, wie sie durch ihren Blick die ganze Welt, alle Männer bannen und töten könnte. — Aus der Traumanalyse wissen wir, daß die Sprache auch als Symbol des Lebens, Stummsein als Symbol des Totseins auftritt. Dieselbe Symbolik gilt auch für den Stotterer. Wenn er nicht reden kann, so drückt er häufig damit nur die unter dem Einfluß des Über-Ichs gegen das eigene Ich gerichtete Tendenz zum Töten aus.

Es leuchtet ein, daß mit dieser anal-sadistischen Libidinisierung des Sprechens ein Wiederaufflackern der infantilen Periode der „Allmacht der Worte"[4] gegeben ist. Daß und inwiefern die Freude am Aussprechen von Obszönitäten von magisch-narzißtischer Natur ist und den Hörer zwingt oder zwingen will, die ausgesprochenen Gegenstände mit halluzinatorischer Deutlichkeit vorzustellen, insofern eben den obszönen Wörtern noch ein Stück der magischen Wirksamkeit verblieben ist, die einst die Sprache überhaupt hatte, wurde bereits erwähnt.[5] Und daß der Gedanke, man könnte durch Wörter töten, einer magischen Überschätzung der Sprache entspricht, ist klar. Der anal-sadistischen Bedeutung der Symptome entspricht auch der typischerweise anal-sadistische Charakter des Stotterers überhaupt. Die verhängnisvolle Regression (oder Ent-

3) Vgl. hiezu Graber: Redehemmung und Analerotik. Z. f. ps.-a. Päd. III (1928) und Schneider: Über das Stottern, Bern 1922, aber auch die sonstige psychoanalytische Kasuistik über Stottern.

4) Ferenczi: Entwicklungsstufen des Wirklichkeitssinnes. Int. Z. f. Ps.-A. I (1913).

5) Siehe Ferenczi· Über obszöne Worte. Bausteine zur Ps.-A., Bd. 1, S. 171 ff.

wicklungsstörung) ist nicht auf einen kleinen Symptomenbereich beschränkt geblieben; die Erfahrung lehrt, daß die Stotterer, wie wir es von den „prägenitalen Konversionsneurosen" im allgemeinen sagten, einen typischen Zwangscharakter aufweisen.

Wir haben zunächst die anal-sadistische Natur der unbewußten Sexualität des Stotterers eingehend besprochen, weil ihr nach dem übereinstimmenden Urteil aller Autoren die führende Rolle zukommt. Damit ist aber keineswegs gesagt, daß nicht auch andere Erotismen und Partialtriebe ihren Anteil an der Sexualisierung des Redens haben. Es ist wie bei allen neurotischen Symptomen auch hier so, daß es überhaupt keine infantile Sexualregung gibt, die nicht im Symptom neben den das Wesen des verdrängten Inhalts ausmachenden Regungen akzessorisch auch Ausdruck finden könnte. Wir wollen dreierlei solche Inhalte herausgreifen, die für das Stottern charakteristisch scheinen, phallische, orale und exhibitionistische Tendenzen.

Bei der Untersuchung der zwangsneurotischen Symptome widerfuhr es uns, daß wir nebeneinander Tendenzen aus dem phallischen Ödipuskomplex und anal-sadistische Triebwünsche aufdeckten; dieser Widerspruch löste sich durch die Entdeckung der Regression, d. h. des Umstandes, daß phallische Ödipuswünsche zunächst in anal-sadistische verwandelt und erst in dieser verwandelten Form durch das Zwangssymptom abgewehrt wurden. Insofern die Verwandlung keine vollständige war, konnte die Analyse neben anal-sadistischen Regungen auch noch Ödipus- und Kastrationskomplex und überhaupt phallische Tendenzen nachweisen. Genau dasselbe gilt für den Stotterer. Die Hervorhebung des anal-sadistischen Moments geschah, weil es uns an dieser Stelle wichtig schien, die Differenz gegenüber der Hysterie hervorzuheben. Jetzt müssen wir nachtragen, daß die Rolle, die Ödipus- und Kastrationskomplex im Unbewußten des Stotterers spielen, hinter der bei der Hysterie nicht zurücksteht, und daß diesbezüglich das Stottern — wie die prägenitalen Konversionsneurosen überhaupt — der Zwangsneurose gleicht. In manchen Fällen gelingt der Analyse wie dort der volle historische Nachweis der stattgehabten Regression.

Alfhild Tamm berichtet z. B. von einem Jungen, der erst genital onanierte, dann diese Praktik durch anale Onanie ersetzte und erst nach deren Unterdrückung an Stottern erkrankte.[6]

Erwähnenswert ist, daß der Sprachfunktion auch von dieser Seite her eine symbolische Bedeutung zukommt, die besonders Jones[7] und Flügel[8]

6) Alfhild Tamm: Zwei Fälle von Stottern. Z. f. ps.-a. Päd. II (1928).

7) Jones: Essays in Applied Psychoanalysis. Kap. VIII.

8) Flügel: A Note of the Phallic Significance of the Tongue and of Speech. Int. Journ. of Ps.-A. VI (1925). Siehe dazu auch Bryan: Speech and Castration. Int. Journ. of Ps.-A. VI (1925).

herausgearbeitet haben. Die Sprachfunktion wird im Unbewußten häufig der Genitalfunktion gleichgesetzt, besonders von beiden Geschlechtern der männlichen Genitalfunktion. Reden können bedeutet dann potent sein, das Versagen der Sprache kastriert sein. Knaben lassen in einem besonderen Redeehrgeiz typischerweise einen Konkurrenzkampf erkennen (kann ich ebenso gut reden wie der Vater?), der sich in der Analyse als phallische Konkurrenz erkennen läßt. Mädchen mit einem entsprechenden Ehrgeiz haben dann typischerweise ihren Penisneid „nach oben verlegt" und wollen unbewußt ebenso genital funktionieren wie Männer. Die gleiche phallische Symbolik des Redens findet sich auch im Unbewußten der Stotterer. Alle Konflikte, die zwischen den Ideen des Potentseins und des Kastriertseins möglich sind, können so im Symptom des Stotterns Ausdruck finden, nur typischerweise in regressiv entstellter Form. Es sei in diesem Zusammenhang an das häufige Märchen- und Mythenmotiv des „Zungeherausschneidens" erinnert, in dem die Zunge = die Redefähigkeit als phallisches Symbol erscheint. Verschiedene Autoren sind dem diesbezüglichen Material in Ethnologie und Sprachwissenschaft nachgegangen.[9]

Die Sprachfunktion ist eine — im weiteren Sinne des Wortes — orale. An ihren Störungen können die Schicksale der oralen Libido nicht unbeteiligt sein. Allerdings könnte ihre Beteiligung auf derselben Stufe stehen wie etwa in einer Hysterie mit oralen Symptomen, d. h. sich darauf beschränken, die Lokalisation der Funktionsstörung zu bestimmen, während die eigentliche pathogene Regression selbst nur bis zu einer anal-sadistischen Stufe erfolgt ist. Oft hat man aber auch den Eindruck, daß sie dort nicht haltgemacht hat, sondern daß im Symptom außer dem bisher Besprochenen auch eigentlich orale Wünsche und Haltungen ausgedrückt werden, daß die anstößigen Wunschregungen des Ödipuskomplexes bis in die Form oraler Einverleibungswünsche entstellt wurden, um die dann der neurotische Kampf im Stottern tobt. So kann man ganz allgemein auch eine besondere orale Fixierung als eine weitere Voraussetzung dieser Neurose erkennen (Coriat[10]). Die Schwere des Falles wird davon abhängen, welches relative Gewicht dieser oralen Komponente zukommt. Je mehr sie sich darauf beschränkt, nur die Lokalisation des Symptoms zu bestimmen, umsomehr wird der Fall objektlibidinös gehalten und umso leichter wird er beeinflußbar sein; je stärker hinter der regelmäßig vorhandenen analen die orale Komponente wirksam ist, um so ambivalenter, ja eigentlich narzißtischer und psychosenäher wird der Fall sein, und tatsächlich gibt es Fälle von Stottern, die einen fließenden Übergang zu den oral fixierten manisch-depressiven Erkrankungen darstellen.

---

9) Siehe Rank: Psychoanalytische Beiträge zur Mythenforschung.

10) Coriat: The Oral-Erotic Components of Stammering. Int. Journ. of Ps.-A. VIII (1927) und: Stammering. New York und Washington 1928.

Die vorhin erwähnte Verschiebung des genitalen Konkurrenzkampfes auf das Redegebiet, die Entwicklung eines besonderen Redeehrgeizes samt der mit ihr verbundenen Gefahr der Sprachstörung, wird dementsprechend dort erleichtert sein, wo Konstitution oder fixierendes Erleben in der frühen Kindheit eine besondere orale Sexualauffassung gesetzt haben. Infantile Tendenzen, so laut schreien zu können wie Erwachsene, meist in Verbindung mit ähnlichen analen Tendenzen (Flatusehrgeiz[11]) sind bei Stotterern meist in grotesken Formen nachweisbar. Ihre eigentliche orale Form lautet: Ich will so viel fressen können wie die Erwachsenen, und ist häufig eine Abwehr der entgegengesetzten passiven Angst: Ich möchte vom Erwachsenen nicht gefressen werden. Natürlich sind das alles in der Regel regressive Entstellungen für Ödipus- und Kastrationsgedanken. Nicht nur im Äußern, auch im Aufnehmen von „Worten" ist sehr oft die orale Komponente deutlich.[12]

Man darf nicht übersehen, daß der oralen Libidinisierung der Redefunktion ein physiologisches Moment zugrundeliegt. Ihre „Sexualisierung" überhaupt wird nur dort möglich sein, wo die Funktion als solche schon einen größeren (oralen) libidinösen Zuschuß liefert. In diesem Sinne ist der für das Stottern erforderliche orale Fixierungspunkt, von dem wir sprachen, die Zeit des Sprechenlernens. Bevor die Sprache praktisches Verständigungsmittel war, hatte die Innervation der Sprachwerkzeuge rein libidinöse Funktion; in diese Zeit fällt ja auch die schon erwähnte „Allmacht der Sprache". Die Entwicklung vom autoerotischen Lallen oder Schreien über die magische Beeinflussung der Umwelt durch die Sprachwerkzeuge und den allmählichen Gewinn des Wortverständnisses bis zur Verwendung der Sprache als zweckmäßigen Verständigungsmittels ist eine recht komplizierte, die an verschiedenen Stellen fixierende Störungen erleiden kann. Leider ist dieser Entwicklungsgang, der offenbar die wichtigste Sublimierung der oralen Libido darstellt, im einzelnen noch allzuwenig erforscht. Versuche dazu liegen von Sabine Spielrein[13] und Mary Chadwick[14] vor. Vielleicht wird hier die Analyse der pathologischen Verzerrungen, also der Stotterer, uns noch mehr über den normalen Ablauf lehren; von hier aus können vielleicht auch die noch so weitgehend ungelösten Probleme der Phylogenie der Sprache durch die Analyse Förderung erfahren. Bei den erwähnten schwersten Formen des Stotterns liegen, ihrer oralen Fixierung und der Natur der oralen Wunschregungen entsprechend, dem Symptom noch andere und tiefere Determinationen zugrunde als die bisher besprochenen. Die Störungen der Sprach-

---

11) Ferenczi: Der Flatus, ein Vorrecht der Erwachsenen. Int. Z. f. Ps.-A. I (1913). [Auch in: Bausteine zur Psychoanalyse. Bd. II. S. 27 f.]

12) Über das „Verschlingen" gehörter oder gelesener Worte vgl. das Kapitel „Charakterstörungen" meines gleichzeitig erscheinenden Buches „Perversionen, Psychosen, Charakterstörungen".

13) Spielrein: Zur Frage der Entstehung und Entwicklung der Lautsprache. Int. Z. f. Ps.-A. VI (1920).

14) Chadwick: Die Unterscheidung zwischen Ton und Sprache in der frühen Kindheit. Z. f. ps.-a. Päd. II (1928).

funktion bedeuten dann nicht nur mit der Störung des Verständigungsmittels eine schwere Störung der Objektbeziehungen überhaupt, sondern die Worte, die ausgesprochen und nicht ausgesprochen werden sollen, erhalten hinter der erwähnten phallischen und analen Bedeutung noch die Bedeutung eines introjizierten Objektes, die dargestellten Konflikte sind Einverleibungskonflikte, und ein ursprünglich zwischen Patient und Objekten spielender Konflikt spielt nunmehr, wie wir es für narzißtische Typen der Organneurosen überhaupt beschrieben haben, zwischen dem Ich und seinen Sprachwerkzeugen, resp. seinen Sprachprodukten.

Zu den bereits erwähnten und erklärten typischen Bedingungen, die bei Stotterern das Auftreten der Symptome hervorrufen oder beschleunigen, kommt noch eine typische hinzu: Die Bedingung des öffentlichen Redens. Diese Bedingung weist uns hin auf die starke Beteiligung einer unbewußten exhibitionistischen Tendenz, die mit dem Symptom gehemmt wird.[15] Fälle, bei denen das Stottern überhaupt nur unter dieser Bedingung auftritt, rücken in die Nähe anderer Neurosenformen, bei denen die unbewußte Exhibitionslust wesentlich beteiligt ist, der Erythrophobie und der „chronischen Schüchternheit". Wenn ein Schauspieler im Lampenfieber nicht nur die Rolle vergißt, sondern zu stottern beginnt, so wird gewiß auch für diesen Fall die Bedingung der „Sexualisierung der Redefunktion" mit ihren besprochenen Begleit- und Folgeerscheinungen, und zwar in Verbindung mit einer besonderen exhibitionistischen Tendenz, zu sehen sein. Dennoch wird man das Gesamtbild weniger der speziellen Neurosenform „Stottern" als eben der Angsthysterie zurechnen und das dort Gesagte zum Verständnis heranziehen müssen.

Wir haben bei der bisherigen Besprechung des Stottersymptoms besonders das aus der Verdrängung wiederkehrende Verdrängte dargestellt. Wir müssen nachtragen, daß das, was für alle neurotischen Symptome gilt, hier besonders ausgeprägt ist: das Symptom trägt auch den verdrängenden Mächten Rechnung. Wie bei der Zwangsneurose läßt sich bei dem ihr den Mechanismen nach so nahestehenden Stottern die Wirksamkeit eines besonders starken Über-Ichs nachweisen. Viele Stotterer produzieren ihr Symptom überhaupt nur dann, wenn sie sich dadurch in irgend einen Nachteil setzen. So erhalten wir verhältnismäßig leicht den Eindruck, daß viele Stotterer sich mit ihrem Symptom selbst bestrafen, um den Forderungen eines strengen Über-Ichs Genüge zu tun, ev. um nach den Grundsätzen der „Bestechlichkeit" sich für neue Triebhandlungen freizukaufen. Manche Formen von Stottern sind in dieser Beziehung den erwähnten „Berufsneurosen" gleichzuachten und ebenso schwer zu beeinflussen wie

15) Einen eindrucksvollen Fall, bei dem das Stottern überhaupt fast ausschließlich den Kampf um die Exhibition widerspiegelte, schilderte Ada Müller-Braunschweig: Zur Psychoanalyse des stotternden Kindes. Neue Erziehung. X (1928).

diese. Wenn man gerade Autoritäten gegenüber nicht sprechen kann, so hemmt man ja damit nicht nur seine Aggression, sondern pflegt sich auch auf verschiedene Weise zu schädigen, da es ja meist darauf ankommt, gerade in dieser Situation gut zu sprechen.

Von den sekundären Gewinnen des Stotterns, die natürlich ebenso mannigfaltig sein können wie sekundäre Gewinne überhaupt, scheinen zwei besonders charakteristisch: In oberflächlicher Schicht fordert der Stotternde, so sehr er andrerseits auch lächerlich wirkt, das Mitleid heraus, was sich in verschiedenem Sinne ausnutzen läßt. In tieferer Schicht bietet das Stottern Gelegenheit zur ausgiebigen Trotzbefriedigung (was dem analen Charakter der Stotterer entspricht) und damit zu einem Stück realer Äußerung der im Symptom latent enthaltenen Aggression.

Oft tritt das Symptom nur bei ganz bestimmten Buchstaben oder ganz bestimmten Wortbildern hervor. Die Analyse weist dann — ganz wie wir es bei den Hemmungen besprochen haben — die assoziative Verbindung des veranlassenden Moments mit den wichtigsten Konflikten der infantilen Sexualität nach.[16]

Aus dem Gesagten geht hervor, daß die Prognose beim Stottern nicht leicht zu stellen ist, weil sehr verschieden tiefe neurotische Strukturen hinter demselben stecken können. Gelegentlich wird von sehr raschen und leichten therapeutischen Erfolgen bei Stottereranalysen berichtet. Es dürfte sich dann um Fälle handeln, die mehr den „Hemmungen" nahestehen und in deren Krankengeschichte dem aktuellen Moment eine relativ große Bedeutung zukommt. Im allgemeinen muß man die Prognose ernster stellen als bei einer Konversionshysterie, da ja die Regression mit ihren Folgeerscheinungen das Bild kompliziert. Für schwerere, seit der Kindheit bestehende Formen des Stotterns gilt, entsprechend der Ähnlichkeit ihrer Struktur mit der Zwangsneurose, auch prognostisch alles, was für die Zwangsneurose gilt. Die noch tiefer regredierten oralen Formen sind ihrer narzißtischen Natur wegen ebenso schwer zugänglich wie andere narzißtische Organneurosen. Dagegen scheinen die Stotterer merkwürdigerweise verhältnismäßig nicht so sehr an ihrem speziellen Symptom zu hängen, und es mag oft gelingen, das Stottern selbst zu heilen, ohne daß der zur Neurose disponierende prägenitale Charakter wirklich beeinflußt würde. Da dem Patienten damit sehr gedient ist und häufig nicht mehr zu erreichen sein wird, wird man im allgemeinen zur psychoanalytischen Behandlung raten, allerdings bei der Probeanalyse dieselbe Vorsicht wie bei Zwangsneurosen und Organneurosen walten lassen.

---

16) Siehe Eder: Das Stottern — eine Psychoneurose und seine Behandlung durch Psychoanalyse. Int. Z. f. Ps.-A. I (1913).

b) Asthma bronchiale

Wir haben beim Stottern die Sprachfunktion eine orale genannt und nachgewiesen, daß sie zum Schauplatz von nach oben verlegten analen Tendenzen wird. Wir haben dabei vernachlässigt, daß das Sprechen ja eine Funktion nicht nur der Mundwerkzeuge, sondern vor allem des Respirationstraktus ist. Gerade die Analyse der analen Zuschüsse der Sprachfunktion erweist, daß die bei ihr nötige Atemregulierung das Moment ist, das mit den analen Funktionen unbewußt analogisiert wird. Vom Standpunkt der Libidotheorie aus muß man fragen, ob der respiratorische Anteil der Sprachfunktion erst durch die beim Stottern nachgewiesenen analen Zuschüsse libidinöse Bedeutung erhält oder ob es eine autonome „respiratorische Erotik" gibt. Wenn wir diese Frage bejahen, so müssen wir ergänzen: Das Stottern beruht nicht nur auf einer anal-oralen, sondern auf einer anal-oral-respiratorischen Fixierung. Schon diese Verbindung muß uns zu der Annahme führen, daß die respiratorische Erotik, wenn sie existiert, einen prägenitalen, den frühen Organisationsstufen der Libido zugehörenden Charakter haben muß. Dieser Verdacht wird durch die klinische Erfahrung außerordentlich verstärkt, daß die Organneurosen des Atemsystems sich als dem Stottern sehr verwandt, als von der Konversionshysterie deutlich unterschieden, als typische „prägenitale Konversionsneurosen" erweisen. Die Sonderstellung des Asthma bronchiale in einem System der Neurosen ist zwar bisher noch nicht ausdrücklich formuliert worden. Dennoch findet man, wenn man die betreffende Literatur durchsieht, daß sich alle Autoren darin einig sind, daß das Asthma keine Konversionshysterie ist. Der Asthmakranke benimmt sich außerhalb seiner Symptomatik wie ein Zwangsneurotiker oder gar wie eine narzißtische Neurose (Ambivalenz, Bisexualität, Denk- und Sprachsexualisierung, Charakter). Die Analyse weist auch — in gleicher Weise wie bei Zwangsneurose und Stottern — eine Regression nach, die sich zwischen Ödipuskomplex und Konversion einschiebt, immer bis zur anal-sadistischen Stufe geht, gelegentlich aber darüber hinaus bis zum Narzißmus, so daß dann zwischen dem Patienten und seinen Atmungsorganen auf narzißtischer Basis die einst zwischen ihm und dem Realobjekt spielenden Konflikte ausgetragen werden.[17]

Daß es eine autonome respiratorische Erotik gibt, ist sehr wahrscheinlich, ja

---

17) Nach Weiss ist der Asthmaanfall letzten Endes eine Reaktion auf eine Trennung von der Mutter, ein Sehnsuchtsschrei nach der Mutter. Es ist wahrscheinlich, daß das auch in seinem Falle eigentlich hieß: Eine Reaktion auf ihren Verlust durch narzißtische Identifizierung mit ihr. Siehe Weiss: Analyse eines Falles von nervösem Asthma. Int. Z. f. Ps.-A. VIII (1922).

im Grunde eine Annahme, die sich selbstverständlich aus der Freudschen Lehre von den erogenen Zonen ergibt, nach der ja jede Körperfunktion Quelle libidinöser Erregung werden kann. Beim Normalen scheint ihre Bedeutung keine besonders hervorragende zu sein, sie beherrscht keine Libidophase, sondern ist nur anderen Erotismen beigeordnet. Daß das die archaischen Erotismen der Analität und Oralität sind, ergibt sich aus der Analyse der analen und oralen Struktur der Asthmakranken, sowie aus dem reichlichen ethnologischen Material, das über Sexualisierung des Atems vorliegt.[18] Sie ist aufs innigste verbunden mit der Riechlust, da die Funktion des Riechens (Schnüffelns) und Atmens im Unbewußten überhaupt nicht unterschieden scheinen. Auch die Riechlust hat man nach ihrem hervorragenden infantilen Objekt meist der Analerotik zugerechnet, ebenso wie man in der Sexualisierung der Atemfunktion bei Asthma vor allem die anale Komponente betont hat. Es mag sein, daß die respiratorische Erotik erst durch anale Zuschüsse symptombildende Gewalt erhält. Sicher ist, daß sie zu solchen prägenitalen Zuschüssen eine besondere Affinität aufweist, was auf ihren eigenen prägenital archaischen Charakter weist, und wir haben keinen Grund, ihren autonomen Kern zu bezweifeln.

Das Asthma bronchiale ist die Neurose der Atemfunktion wie das Stottern die der Sprachfunktion. Ihre Voraussetzung ist wie dort die Sexualisierung dieser Funktion, die durch regressive Veränderung der Ödipusregungen entstanden ist, wodurch die diesen geltenden Abwehrkräfte gegen sie gerichtet wurden. Das Asthma gleicht auch darin dem Stottern, daß es in leichteren Fällen Auseinandersetzungen mit anal-sadistischen Vertretern des Ödipuskomplexes darstellt, in schweren darüber hinaus um die durch tiefere Regression wiedergeweckten Tendenzen nach Einverleibung der Objekte und ihre Abwehr kämpft. Denn auch darin erweist sich die respiratorische Erotik der oralen verwandt, daß ihre objektlibidinöse Komponente das Ziel der Einverleibung der Objekte oder ihrer Teile hat, die respiratorische Introjektion durch Einatmung oder Geruch. Diese archaische Tendenz tritt mit oralen Einverleibungswünschen verdichtet auf. Es stellen sich ihr wie dieser unter Umständen Angst und Abwehrkräfte entgegen, und sie kann in der spezifischen Form restierender Identifizierungen auch noch in der Zeit des Genitalprimats ihren Ausdruck finden. Gelegentlich kann man sie in besonderer Ausprägung nicht nur bei Asthmakranken, sondern auch bei tief regredierten narzißtischen Neurosen, z. B. bei Hypochondrien, die die Nase oder die tieferen Atmungsorgane betreffen, nachweisen. Ihre Verankerung verdanken solche Phantasien ihrer Legierung mit der Geruchserotik. Es ist oft gesagt worden, daß die „niederen Sinne“

18) Vgl. Jones: Die Empfängnis der Jungfrau Maria durch das Ohr. Jahrb. f. ps.-a. u. psychopath. Forschgn. VI (1914), Rank: Der Doppelgänger. Imago III (1914) und Róheim: Das Selbst. Imago VII (1921).

eine nähere Affinität zu prägenitalen Erotismen zeigen als die höheren,[19] was sich schon dadurch zeigen läßt, daß Geruchswahrnehmungen, -erinnerungen und -assoziationen in der prägenitalen Entwicklungsperiode der Kindheit unvergleichlich mehr im Vordergrunde stehen als beim Erwachsenen. Es ist der Verdrängungsschub, der die Prägenitalität überhaupt trifft, der auch den Geruchssinn des durchschnittlichen Erwachsenen so viel stumpfer macht als er in der Kindheit gewesen war. Freud nimmt an, daß diese gegen den Geruch gerichtete Verdrängungsneigung einer Erscheinung des biogenetischen Grundgesetzes entspricht, eine ontogenetische Wiederholung einer „biologischen Verdrängung" des Menschengeschlechts sei.[20] Wie dem auch sei: Diese untergegangene Geruchserotik wird bei Regressionen zur anal-sadistischen, resp. der schon der oralen verwandten respiratorischen Erotik neu belebt. Die respiratorischen Introjektionsphantasien beruhen ja letzten Endes auf einer physiologischen Wahrheit, indem beim Geruchsakt realiter Partikel der Außenwelt in den Körper aufgenommen werden. Das wesentliche Objekt der kindlichen Riechlust ist der Kot — und dieser Umstand ist dafür verantwortlich, daß wir in der Praxis Geruchs- und Analerotik, die aus ganz verschiedenen erogenen Quellen stammen, so nahe beieinander finden. (Allerdings kann die Analyse wie bei vielen von ihr aufgedeckten analerotischen Triebwünschen auch bei Erscheinungen der Riechlust recht häufig den regressiven Charakter ihres analen Objektes nachweisen: eine anale Riechlust kann regressiver Ausdruck sein für genitale Riechlust, die z. B. dem Menstrualgeruch gilt.) Wir erwähnten schon, daß diese Sexualisierung von Geruch und Atem sich über die anale Periode hinaus bis in die orale verfolgen läßt. Aber es scheint uns nicht gerechtfertigt, das „Schnüffeln" als ein „Äquivalent" des Saugens zu betrachten, wie es Oberndorf getan hat.[21] Es ist vielmehr etwas, was während des Saugens neben diesem auch geschieht, allerdings sicher weniger Interesse des Säuglings auf sich konzentriert als die orale Aufnahme. Aber man denke auch an die physiologische Auskunft, daß vieles von dem, was wir „Geschmackswahrnehmung" nennen, in Wahrheit Geruchswahrnehmung ist.[22] Prinzipiell kann das Asthma auf die Formel gebracht werden: Besondere Sexualisierung der Atemfunktion, Verdrängung und Dennoch-Durchbrechen der damit entstehenden Sexualwünsche. Diese selbst entsprechen sehr mannigfaltigen Phantasien, vor allem oral-analen, die regressiver Ausdruck des Ödipuskomplexes sind.

Bei der Ähnlichkeit der Struktur von Stottern und Asthma werden wir ver-

19) Vgl. Hermann: Sinnesmodalität und Denkformen. Imago XV (1929).

20) Freud: Das Unbehagen in der Kultur.

21) Oberndorf: Submucous Resection as a Castration Symbol. Int. Journal of Ps.-A. X (1929).

22) Zu diesen ganzen Ausführungen vgl. Fenichel: Über respiratorische Introjektion. Int. Z. f. Ps.-A. XVII (1931).

stehen, daß genau so wie dort das Sprechen so hier das Atmen magische Bedeutung angenommen hat und Allmachtsphantasien Ausdruck verleiht. Es paßt auch zur libidotheoretischen Deutung der Atemneurosen, daß sich bei Zwangsneurotikern so oft auf die Atemtätigkeit bezügliche Zeremoniells, Gebote und Verbote finden, die dann ebenfalls Ausdruck der mit dem Atem verbundenen Allmachtsphantasien sind.[23] Die hierher gehörigen, bei echten Zwangsneurotikern nicht seltener als bei Asthmatikern vorzufindenden Phantasien finden ihre Parallele in den oft beschriebenen ausgiebigen Maßnahmen des Atemzaubers bei Primitiven und gegenwärtigen Sekten. Die bekannte allgemein magische Bedeutung des Atems ist sicher nicht nur daraus zu erklären, daß die Atemfunktion die einzige ist, bei der dem Menschen eine willkürliche Einflußnahme auf das Vegetativsystem ohne weiteres möglich ist. Es gibt keine narzißtisch-animistische Weltanschauung, in der nicht der Atem als das Leben an sich narzißtisch besetzt wäre.

In seiner Arbeit „Das Selbst" faßte Róheim alle magisch-narzißtischen Handlungen, die sich auf das eigene Ich beziehen, systematisch zusammen[24] — und dabei spielt die Atmung keine geringe Rolle. Freilich neigt auch er dazu, den Atemzauber, seine Autonomie unterschätzend, nur für eine besondere Erscheinungsform des oralen Zaubers zu halten, so wenn er schreibt, der „Hauchzauber" sei „eine reduzierte, weniger sinnfällige, halb symbolische und daher auch mehr sublimationsfähige Form des Spuckens".[25] Wichtiger für uns sind seine Ausführungen über den „Seelen-Stoff", in denen er die allgemeine Verbreitung der sogenannten „Hauch-Seele" studiert. Die Zusammenfassung, „in unserem Sinne" sei „die Hauchseele als eine Hypostasierung der oralen Erogeneität des Hauchenden und der Hauterogeneität des Angehauchten zu betrachten",[26] zeigt die nahe Verwandtschaft mit der oralen und der Hauterotik, unterschlägt aber wieder die Respirationsnatur des Hauchens. Das Material dafür, daß der Tote der Seele und diese wieder einerseits Kot, andrerseits Luft oder Atem gleichgesetzt wird, erstreckt sich bei Róheim über viele Seiten und entspricht dem unbewußten Denken von Patienten, denen tote Angehörige unbewußt Kot und damit Ateminhalt geworden sind. Die Atemvorstellungen machen zwar nur einen Teil des magisch-animistischen Denkens aus, aber scheinbar doch keinen geringen, so daß eine besondere Hervorhebung derselben besonders im Vergleich mit klinischem Material sehr lohnen würde.

Auch für Dalys Fund von der erotischen Bedeutung des Menstrualgeruchs,

---

23) Vgl. Helene Deutsch: Zur Psychogenese eines Tic-Falles. Int. Z. f. Ps.-A. XI (1925).

24) Róheim: Das Selbst, Imago VII (1921).

25) Róheim: Das Selbst, Imago VII (1921), S. 5.

26) Róheim: ebendort, S 145.

dessen Einverleibung durch die damit verbundene Gefahr der Identifizierung mit dem „kastrierten“ weiblichen Geschlecht gefürchtet wird,[27] finden sich klinische Parallelen bei Patienten mit regressiv gesteigerter Neigung zur respiratorischen Introjektion; ich konnte einen sochen Fall beschreiben.[28]

Die besonders enge Beziehung der Atemfunktion zur Angst kann für den unbewußten Sinn der Asthmasymptome nicht ohne Bedeutung sein. Man kann erwarten, daß eine besondere Angst in Verbindung mit Atemerscheinungen — wie etwa Nasen- und Lungenhypochondrien oder eine besondere Erstickungsangst — der Abwehr einer besonders erhöhten respiratorischen Sexualität gilt, und auch die Befunde der Asthmakranken scheinen diese Erwartung zu bestätigen. Allerdings muß man sie auf besonders ausgesprochene Fälle beschränken. Denn man darf zweierlei nicht übersehen, was Hárnik in einer Arbeit betont hat, in der er die grundlegende archaische Bedeutung und allgemeine Verbreitung der Erstickungsangst nachweist, die also nicht nur auf Fälle von Asthma, Hypochondrie, Atemzwängen oder dgl. beschränkt ist.[29] Wir wollen aus seiner Arbeit zweierlei Momente herausheben, die in unserem Zusammenhang belangvoll erscheinen. Wir können erstens oft hinter einer manifesten Erstickungsangst in der Analyse die verdrängte Kastrationsvorstellung nachweisen, so daß wir die Erstickungsangst für einen entstellten Ausdruck der Kastrationsangst erklären müssen.

So hatte ein Patient die Phantasie, der Analytiker könnte ihm mit einer Schere „die Luft abschneiden“, d. h. eine phantasierte Luftzufuhr, wie sie etwa ein Taucher hat, unterbinden und ihn so ersticken lassen. Das deckte natürlich eine Angst, die Schere könnte seinen Penis abschneiden. Der Mittler zwischen Kastrationsangst und Atemfunktion war eine aus der Latenzzeit stammende Angst, er könnte beim Schlafen unter der Decke ersticken. Unter der Decke pflegte er sich nämlich analen und oralen Phantasien hinzugeben, die regressive Abkömmlinge alter Onaniephantasien waren, das „unter die Decke Kriechen“ war die Fortsetzung des verbotenen frühinfantilen „die Hände unter die Decke Legens“.

Das hindert aber nicht, daß diese Entstellung regressive Bahnen einschlug und die Vorstellung des Erstickens bereits zu einer Zeit angstbesetzt war, in der es noch keine Kastrationsvorstellung gab; dasselbe gilt ja z. B. für die orale Angst vor dem Gefressenwerden.[30] Sodann ergibt sich aus dem zweiten Funde von Hárnik, daß die Angst vor der Erstickung jeder Todesangst zugrunde liegt und eigentlich der archaischeste Angstinhalt überhaupt sei,[31] daß,

27) Daly: Hindu-Mythologie und Kastrationskomplex. Imago XIII (1927) und: Der Menstruationskomplex. Imago XIV (1928).

28) Fenichel: Über respiratorische Introjektion. Int. Z. f. Ps.-A. XVII (1931).

29) Hárnik: Über eine Komponente der frühkindlichen Todesangst. Int. Z. f. Ps.-A. XVI (1930).

30) Vgl. Fenichel: Angst vor dem Gefressenwerden. Int. Z. f. Ps.-A. XIV (1928).

31) Hárnik, a. a. O.

wenn eine mit der Befriedigung infantiler Sexualität verbunden gedachte Gefahr als Ersticken perzipiert wird, diese Sexualität selbst keineswegs respiratorischen Charakter haben muß. Atemangst muß nicht immer Abwehr von Atemerotik sein, sondern das Atemmoment könnte durch die Qualität der Angst erst dazu gekommen sein. Wahrscheinlich ist das nur bei Nasen- und Lungenhypochondrie und bei Fällen, bei denen die Vorstellung des Erstickens eine ganz besondere Rolle spielt, anders. Eine solche hervorragende Betonung des Atemmoments auf der Angstseite darf auch als Indiz einer besonderen Sexualisierung des Atems aufgefaßt werden. Sonst aber hat Hárnik gezeigt, wie oft der Säugling und das kleine Kind Erstickungserlebnisse haben müssen, durch die jedes gefährliche Erlebnis in tiefster Schicht mit der Idee der Erstickung verbunden bleibt.[31] Eine nähere Erwägung der Freudschen Angsttheorie[32] macht auch theoretisch klar, daß es so sein muß: Ateminnervierungen gehören eben zu dem Wesen der Angst. Sie waren im Vorbild jeder traumatischen Situation, dem Geburtsakte, vorhanden, und alle späteren Ängste sind ja ein partielles Wiedererleben dieser Situation. Diese Verbindung von Angst und Atem ist eine so wesentliche und innige, daß man sogar daran denken muß, daß umgekehrt oft eine besondere Sexualisierung der Atemfunktion auf eine primäre Sexualisierung der Angst zurückgehen könnte.[33] Jedenfalls tut man gut, bei pathologischen Erscheinungen im Bereiche der Atemfunktion an die Angst zu denken, und so glaube ich, Hárniks schöne Arbeit zu ergänzen, wenn ich noch ein allzuwenig beachtetes Symptom im Bereiche des Normalen mit der Erstickungsgefahr in Beziehung bringe:

Mit dem Atem verhält es sich nicht anders wie mit den anderen Muskelfunktionen. Sie alle werden vom Durchschnittsmenschen nicht optimal durchgeführt, sondern zeigen die merkwürdigen Erscheinungen von Hemmungscharakter, die ich als „Dystonus“ bezeichnet habe.[34] Änderungen des Atemrhythmus, vor allem vorübergehender Atemstillstand, variable ungleichmäßige Beteiligung einzelner Thoraxanteile an der Atmung, sind die Wege, auf denen die kontinuierlichen, kleinen psychischen Alterationen ihren unzweckmäßigen Einfluß auf die Atemfunktion geltend machen. Besonders deutlich wird er bei der Intendierung einer neuen Handlung, bei jeder Bewegung, bei jeder Änderung der Aufmerksamkeitsrichtung. Man kann sich leicht durch Selbstbeobachtung von dem Umfang dieser Störungen überzeugen. Ihre Beziehung zur Aufmerksamkeit ist besonders deutlich. Hollós nahm an, daß solche Atemstörungen

---

32) Freud: Hemmung, Symptom und Angst (Ges. Schr. Bd. XI).

33) Diese Ansicht ist schon vertreten bei Marcinowski: Heilung eines schweren Falles von Asthma durch Psychoanalyse. Jbch. f. ps.-a. u. psychopath. Forschgn. V (1913).

34) Fenichel: Über organlibidinöse Begleiterscheinungen der Triebabwehr. Int. Z. f. Ps.-A. XIV (1928).

einer Störung der rhythmischen Abwechslung der Aufmerksamkeitsrichtung nach außen oder innen entspricht,[35] nach Heyer liegen darüber auch experimentelle Untersuchungen vor.[36] Ich will mich bei diesen nicht lange aufhalten, sondern nur Suter zitieren, der so weit geht, zu sagen, „vollständige Atmungshemmung" sei das „theoretische Optimum der Aufmerksamkeitsleistung".[37] Aber diese Störungen erweisen sich als durch Übung leicht korrigierbar; man überzeugt sich leicht, daß sie vom Ich, dem bewußtseinsnahen, triebabwehrenden Teil der Persönlichkeit, ins Werk gesetzt werden, denn man kann sie bis zu einem gewissen Grade unterlassen, wenn man sich darauf einstellt. Es handelt sich also um die Hemmung einer Ichfunktion. Die enge Beziehung von Angst und Atmung läßt es nun als wahrscheinlich erscheinen, daß den fortwährenden Atmungsschwankungen eine fortwährende unbewußte Angstbereitschaft zugrundeliegt. Vorübergehenden Atemstillstand bei Steigerung der Kastrationsangst kann der Analytiker täglich beobachten. Zwerchfellkrämpfe werden auch von Nichtanalytikern als Angstanzeichen gewertet. Die Atemsymptome wären eben „Angstsignale" geringen Ausmaßes. Es macht den Eindruck, als ob das Ich mit der Atemhemmung bei Intendierung einer neuen Handlung, bei einer neuen Wahrnehmung, bei jeder Veränderung der Aufmerksamkeit probieren, abtasten möchte, ob es sich fürchten soll oder nicht. Zwar ist nicht jedes Erlebnis eine Gefahr, das durch Angstsignal angezeigt werden müßte, aber es könnte eine sein, so daß eine Art „Vorsignal" in der Atemhemmung dem Ich angezeigt erscheint.[38]

Mit diesen Ausführungen sind wir scheinbar vom Problem des Asthmas schon recht weit abgekommen; wir glauben aber, daß ein genaueres Verständnis auch der normalen Grundlagen der libidinösen und der Angstbedeutung der respiratorischen Funktion das Verständnis ihrer pathologischen Verzerrungen erleichtern muß.

Bezüglich der Therapie des Asthma kann bei der Ähnlichkeit der Struktur vollkommen auf das verwiesen werden, was über das Stottern gesagt wurde. Freilich sind Symptomheilungen hier schwerer zu erzielen; man muß sich schon die radikale Behandlung der zugrundeliegenden prägenitalen Struktur zur Aufgabe machen. Diese dürfte im ganzen nicht leichter und nicht schwerer sein als bei der Zwangsneurose.

---

35) Hollós: Die Phasen des Selbstbewußtseinsaktes. Int. Z. f. Ps.-A. V (1919).

36) Heyer: Das körperlich-seelische Zusammenwirken in den Lebensvorgängen. 1925.

37) Suter: Die Beziehung zwischen Aufmerksamkeit und Atem. Arch. f. d. ges. Psych. 1925.

38) Alle diese Ausführungen wurden schon in meiner Arbeit: Über respiratorische Introjektion. Int. Z. f. Ps.-A. XVII (1931) auseinandergesetzt.

c) Psychogener Tic

Auch die Symptomatologie des psychogenen Tics verdankt einem Konversionsvorgang ihre Entstehung. Wie bei Krampf, Lähmung, Kontraktur oder Anfällen in der Hysterie, so versagt auch hier die willkürliche Muskulatur dem Ich ihren Dienst, um ihre Funktion unabhängig vom Willen zu betätigen. Allerdings sind auch schon im äußeren Bild des Symptoms wesentliche Unterschiede gegenüber der Hysterie deutlich, die ja die Autoren schon lange vor der Psychoanalyse dieses Krankheitsbild von der Hysterie differenzieren ließen. Die Stereotypie der Ticbewegungen scheint sie schon in die Nähe katatoner Erscheinungen zu rücken. Allerdings gibt es auch wieder Fälle, z. B. Schütteltremoren, die, wie wir schon im Kapitel über traumatische Neurosen ausführten, doch auch nur speziell geformte Hysterien sind. Wie wir dort von einer kontinuierlichen Reihe zwischen Hysterie und narzißtischer „traumatischer Neurose“ sprachen, so wird wohl auch unter dem Namen „psychogener Tic“ verschiedenartiges zusammengefaßt, was die Hysterie und die Katatonie kontinuierlich verbindet. Manche Ticformen zeigen auch die größte Ähnlichkeit mit den ja ebenfalls auf dieser Linie einzureihenden Zwangsbewegungen, doch unterscheiden sie sich von diesen phänomenal dadurch, daß der Zwangsneurotiker seine Bewegungen ja willkürlich macht, nur daß er seinen Willen nicht so betätigen kann, wie er möchte, während die Ticbewegung sich unabhängig vom Willen automatisch durchsetzt. Daß beide Phänomene dennoch verwandt sind, zeigt der Umstand, daß lange dauernde Zwangsbewegungen sich allmählich durch Automatisierung in Ticbewegungen verwandeln können.[39]

Erst die nähere Betrachtung des außersymptomatischen Verhaltens der ausgesprochenen Tic-Kranken belehrt darüber, daß ihr Seelenleben auf einer primitiveren Stufe steht als das der Hysterie, daß es sich auch hier um eine „prägenitale Konversion“ handelt. Diese Bezeichnung, die von Abraham stammt,[40] ist sogar für diese Krankheitsform geprägt und erst von uns auf die ganze hier besprochene Gruppe übertragen worden. Die zwei Momente, die im Seelenleben des Tic-Kranken am auffälligsten sind — und darin stimmen sämtliche Autoren, die solche Fälle behandelt haben, überein — sind erstens ein ausgesprochener Analcharakter, zweitens ein besonders ausgeprägter Narzißmus, eine geringe Neigung zur Ausbildung von Objektbeziehungen überhaupt. Die erste Eigenschaft teilt der Tic-Kranke mit dem Stotterer und Asthmatiker, und sie darf hier auch ebenso erklärt werden wie dort: Auch hier ist durch Regression vom Ödipuskomplex her oder durch eine Entwicklungsstörung das prä-

---

39) Vgl. Landauer: Automatismen, Zwangsneurose und Paranoia. Int. Z. f. Ps.-A. XIII (1927).

40) Abraham: Beitrag zur Tic-Diskussion. Int. Z. f. Ps.-A. VII (1921).

genitale, besonders, wie Abraham nachwies,[40] das anal-sadistische Moment in den Vordergrund gerückt und wird vom Ich abgewehrt. Wie die anal-erotischen Zuschüsse beim Stottern die oral-respiratorische Erotik der Sprachfunktion, beim Asthma die eigentliche Respirationserotik in die Höhe trieben, so hier die Muskelerotik, deren konstitutionelle oder akzidentelle Verstärkung die Voraussetzung einer solchen Verschiebung ist.[41] Die narzißtische Haltung ist auch bei den Tic-Kranken in verschieden hohem Grade ausgebildet. In manchen Fällen ist, wieder ganz analog wie bei Stottern und Asthma, zumindest im unbewußten Phantasieleben, noch so viel an tragfähigen Objektbeziehungen vorhanden wie bei einer durchschnittlichen Zwangsneurose. In anderen Fällen — und man erhält den Eindruck, daß das die ausgeprägtesten Typen von psychogenem Tic sind — scheinen die Beziehungen zur Objektwelt in viel höherem Grade gelockert als bei den bisher von uns besprochenen Regressionsneurosen. Man versteht bereits, daß gerade die Tiefe der Regression für die Schwere und Art des Falles den Ausschlag geben wird. Manche sich automatisch stereotyp vollführende Bewegungen ereignen sich als Ausdruck genitaler Objektphantasien ohne Regression — und für solche Fälle gelten die Gesetze der Konversionshysterie. Sie erweisen sich in der Analyse meist als Onanieäquivalente, als ein nach Unterdrückung der genitalen Onanie „nach oben verlegter", sich dennoch durchsetzender Ersatz für sie.[42] Manche wieder waren einst ausgesprochenes Zwangssymptom und dienten der Abwehr oder der Ausführung unbewußter feindseliger oder analer Strebungen; sie wurden nur mit der Zeit „automatisiert" und immer weiter ausgeführt, ohne daß es dazu einer besonderen Aufmerksamkeitsleistung des Patienten mehr bedurfte. Sie entsprechen einer Regression auf die anal-sadistische Stufe und gehorchen den Gesetzen der Zwangsneurose. Wieder andere — und das sind die eigentlichen schweren Tic-Fälle — erweisen durch ihr äußerlich narzißtisches Verhalten und durch den in der Analyse aufdeckbaren weitgehenden unbewußten Objektverlust, daß ihre Regression bis zum Narzißmus vorgeschritten ist. Wieder andere endlich ereignen sich eingestreut in ein psychotisches Krankheitsbild als katatone „Stereotypien".[43]

---

41) Vgl. Sadger: Ein Beitrag zum Verständnis des Tic. Int. Z. f. Ps.-A. II (1914).

42) Vgl. Reich: Der psychogene Tic als Onanieäquivalent. Z. f. Sexualwschft. XI (1925).

43) Wenn also Ferenczi den Objektverlust der Tic-Kranken in den Vordergrund rückt, Helene Deutsch und Melanie Klein dagegen die Objektbeziehungen betonen, die sie fanden, so erklärt sich dieser scheinbare Widerspruch leicht dahin, daß der Grad des Narzißmus des Tics in der besprochenen Weise schwankt. Siehe Ferenczi: Psychoanalytische Betrachtungen über den Tic. Int. Z. f. Ps.-A. VII (1921), [Auch in: Bausteine zur Psychoanalyse. Bd. I. S. 193 ff.], Helene Deutsch: Zur Psychogenese eines Tic-Falles. Int. Z. f. Ps.-A. XI (1925) und Melanie Klein: Zur Genese des Tics. Int. Z. f. Ps.-A. XI (1925).

Soweit wir bis jetzt bereits narzißtische Krankheitsbilder studiert haben — Hypochondrien, narzißtische Organneurosen — sahen wir, wie sich in ihnen die Organe sozusagen selbständig gemacht haben und dem übrigen Ich entgegengetreten sind. Sie erwiesen sich als Repräsentanten introjizierter Objekte, sozusagen als somatisches Über-Ich; der neurotische Konflikt war die intrapsychische Fortsetzung eines ehemaligen Konfliktes mit Objekten der Außenwelt, der ganze Prozeß verwandt dem ebenfalls narzißtischen Konflikt der Melancholie. Bei den narzißtischeren Formen des Tics ist es die Muskulatur, die sich dank einer besonderen „narzißtischen Besetzung" der „Muskelrepräsentanzen" selbständig gemacht hat. Da die Motilität im allgemeinen das Abfuhrorgan des psychischen Apparates ist, werden natürlich auch die Ticbewegungen die Funktion der Abfuhr innerer Spannungen haben. Aber um was für Spannungen handelt es sich da? Ehemals gesetzte und „unerledigt gebliebene" Erregungen sind es, die nun — genau wie bei manchen Folgen der traumatischen Neurosen, die ja häufig genug ticartigen Charakter haben — nachträglich durch automatische Abfuhr „erledigt" werden. Aber diese Erregungen haben nur mehr wenig mit dem objektgerichteten Sexualleben des gesamten psychischen Apparates zu tun. Hier liegt die Differenz gegenüber Affektbewegungen und hysterischen Anfällen. (Höchstens manches unwillkürliche Spiel der mimischen Muskulatur steht als Normalvorbild dem Tic schon näher.) Der Eindruck, den man bei der Analyse gewinnt, ist vielmehr der, als ob die im Tic innervierte Muskulatur bzw. ihre intrapsychische Repräsentanz der körperlibidinösen Hypochondrie verwandte Stauungen zu erledigen suche. Ferenczi, der diese Eigenheit entdeckte,[44] suchte ihr durch eine besondere Nomenklatur Ausdruck zu geben, indem er von Spuren in „Icherinnerungssystemen" sprach, die im Tic „abreagiert" werden. Damit ist gemeint, daß bei diesen Kranken bestimmte Erlebnisse in den narzißtischen Besetzungsgrößen der Organrepräsentanzen — und nicht nur in den Objektrepräsentanzen — Gedächtnisspuren hinterlassen haben. Solche narzißtische „Icherinnerungsspuren" an alle die Organe betreffenden Erlebnisse sind in den Organrepräsentanzen relativ leicht nachweisbar; das Problem der Ticfälle kann nur sein, was ihre besondere Intensität, ihre Lokalisierung an der Muskulatur und ihre Fähigkeit, ohne Vermittlung des regulierenden Gesamt-Ichs in Funktion zu treten, verursacht. Diese grundlegenden Fragen sind allerdings, wie so viele Probleme im Gebiet der Hypothese der Organlibido, beim heutigen Stande unseres Wissens noch nicht zu beantworten. Wir können nur sagen: Wie sich bei der Hysterie in Objektphantasien Gedächtnisspuren infantiler Erlebnisse gegen den Willen des Ichs durchsetzen, so setzen sich beim narzißtischen Tic gleichzeitig erworbene entsprechende organlibidinös-narziß-

44) Ferenczi: Psychoanalytische Betrachtungen über den Tic. Int. Z. f. Ps.-A. VII (1921). [Auch in: Bausteine für Psychoanalyse. Bd. I. S. 193 ff.]

tische Spuren durch. Alles was die Objektbesetzungen eines Menschen herabzusetzen, seine narzißtischen zu erhöhen geeignet ist, wird auch das Zustandekommen dieses Phänomens erleichtern. Ihre ausgesprochenste Form, die unzentralisierte, automatische Abfuhr der narzißtischen Libidostauung der Muskulatur, dürften die katatonen Stereotypien bei Menschen darstellen, die fast jeden Kontakt mit der Objektwelt durch Regression zum Narzißmus verloren haben. Mischgebilde zwischen diesen dunklen katatonen Mechanismen und den bekannteren Phänomenen der hysterischen und der Zwangsbewegungen sind eben die Tics.

Es stimmt zu diesen nicht sehr klaren Vorstellungen, die einen sehr frühen Fixierungspunkt für den Tic-Kranken erfordern, daß die „traumatischen Erlebnisse", deren narzißtische Spuren der Tic abführen will, sich, soweit ihre Aufdeckung der Analyse überhaupt gelang, auch tatsächlich als frühinfantile prägenitale Erlebnisse herausstellen; sei es, daß sie von Anfang an solch gewaltige traumatische Bedeutung hatten, sei es, daß sie sie nachträglich durch regressive Verschiebung der dem Ödipuskomplex zugehörigen Libido erlangten.

Der interessanteste Fall der Literatur, der von Kulovesi, erwies sich als durch eine in früher Kindheit erlebte Urszene determiniert.[45] Er hatte in seiner damaligen Erregung aus Angst Bewegungsimpulse, vor allem die zu schreien und zu weinen, unterdrückt und holte diese damals nicht ausgeführten Bewegungen in seinem Tic zeitlebens nach. Er war an diese Urszene fixiert geblieben und nach späteren Liebesenttäuschungen wieder voll zu ihr regrediert. Im Tic, als in seiner entstellten Sexualbefriedigung, erlebte er sie immer wieder, allerdings in korrigierter Form ohne Bewegungshemmung. Die automatisierte Bewegung trug dabei den beschriebenen organlibidinösen Charakter. — Dasselbe in gehemmter Form, sozusagen einen negativen Tic, kann man gelegentlich bei schweren narzißtischen, der Hebephrenie nahestehenden Allgemeinhemmungen nachweisen: Ein solcher Patient war an eine wiederholte Urszene narzißtisch fixiert geblieben, in der er sich schlafend gestellt hatte; „er stellte sich" allen Triebsituationen und schließlich dem ganzen Leben gegenüber ebenso „schlafend". — Daß die einem Tic-Fall zugrundeliegende Urszene immer eine akustische sein müsse, wie Melanie Klein annimmt,[46] scheint nicht einleuchtend. — Die übrige Ticliteratur gibt die Bestätigung dafür, daß die Krankheit in die Rubrik „prägenitale Konversionen" zu rechnen ist, indem sie zahlreiche Beweise für den anal-sadistischen und narzißtischen (exhibitionistischen) Gehalt der Phantasien gibt, die im Unbewußten des Patienten den Ödipuskomplex ersetzen. Auch hier ist nicht in allen Fällen klar, ob es sich um eine Regression oder um eine Entwicklungsstörung handelt.[47]

Hier seien einige Bemerkungen über die noch zu wenig beachtete pathogene Bedeutung der Gleichgewichtserotik eingeschaltet, die gerade beim

---

45) Kulovesi: Zur Entstehung des Tics. Int. Z. f. Ps.-A. XV (1929).
46) Melanie Klein: Zur Genese des Tics. Int. Z. f. Ps.-A. XI (1925).
47) Vgl. zu dieser Frage besonders Melanie Klein: Zur Genese des Tics. Int. Z. f. Ps.-A. XI (1925) und Vilma Kovács: Analyse eines Falles von Tic convulsif. Int. Z. f. Ps.-A. XI (1925).

Tic ebenfalls in Erscheinung tritt. Auch ihr kommt oft eine „prägenitale" Bedeutung zu, nicht jeder psychogene Schwindelanfall ist einfach hysterisch. Menschen, bei denen Symptome aus diesem Bereiche eine Konversionsneurose beherrschen, sind oft an eine Urszene fixiert, als deren Gedächtnisrepräsentanz durch Verschiebung eine „Icherinnerungsspur" des Gleichgewichtsapparates zurückblieb. Eine eindrucksvolle Analyse solcher Art hat French durchgeführt.[48] Als Normalvorbild solcher Vorgänge können wir gewisse onanistische Spielereien betrachten, bei denen Gleichgewichtssensationen (meist kombiniert mit Körperentfremdungen, wie sie sich während des Einschlafens einstellen) sekundär sexualisiert erscheinen, die die Reminiszenzen an eine Urszene verdecken. Einschlafphantasien verraten oft nur durch solche sie begleitende Sensationen ihre genetische Herkunft aus infantilen Onaniephantasien.[49]

Die Prognose der psychoanalytischen Behandlung des Tics wird natürlich — abgesehen von der nicht immer leichten Differentialdiagnose gegenüber organischen Fällen, die natürlich vorher gesichert sein muß — von der jeweiligen unbewußten Struktur abhängen. Hysterische und zwangsneurotische Formen sind wie Hysterien oder Zwangsneurosen zu behandeln, katatone werden so schwer zugänglich sein, wie es Katatonien eben sind. Da die charakteristischeren und schwereren Fälle von Tic der Psychose verwandter sind und gerade durch ihren narzißtischen Gehalt pathognomonisch charakterisiert erscheinen, wird die Behandlung jedenfalls eine sehr schwierige und die Prognose eine zweifelhafte sein. Immerhin sind bei genügender Übertragungsfähigkeit und entsprechend langer Dauer der Analyse volle Erfolge erzielt worden.

*

Bevor wir dieses Kapitel verlassen, müssen wir noch einmal daran erinnern, daß die sogenannten „Organneurosen" eine kontinuierliche Reihe von der Hysterie zur Psychose darstellen. Nicht nur im Bereich von Darm, Sprach- und Atemwerkzeugen und Muskulatur, sondern auch in anderen Organsystemen trifft man daher Konversionsneurosen, die in unserem Sinne als „prägenitale", gelegentlich darüber hinaus als ausgesprochen narzißtische, durch Konflikte mit dem Über-Ich charakterisierte zu bezeichnen sind. Hervorhebenswert sind vor allem die vegetativen, vasomotorischen und trophischen Neurosen, die niemals einer einfachen Hysterie gleichwertig sind und häufig mit Hypochondrien, schweren Zyklothymien und echten Psychosen, immer aber mit aktualneurotischen Symptomen (s. das betreffende Kapitel) kombiniert auf-

---

48) French: Beziehungen des Unbewußten zur Funktion der Bogengänge. Int. Z. f. Ps.-A. XVI (1930).

49) Fenichel: Über organlibidinöse Begleiterscheinungen der Triebabwehr. Int. Z. f. Ps.-A. XIV (1928).

treten, ferner ein wahrscheinlich nicht geringer Prozentsatz der psychogenen Erkrankungen der Haut. Ihre analytische Prognose ist daher nie eine einfache, kann aber je nach dem Ausmaß der narzißtischen Komponente eine recht verschiedene und gelegentlich sehr wohl aussichtsreiche sein.

Literaturverzeichnis

Das folgende Literaturverzeichnis umfaßt, nach Kapiteln geordnet: a) alle Arbeiten, auf die im Text der betreffenden Kapitel Bezug genommen wurde, b) alle Arbeiten der engeren psychoanalytischen Schule zur Theorie der betreffenden Neurosenform, c) alle diejenigen kasuistischen psychoanalytischen Mitteilungen, die für das Verständnis der betreffenden Neurosenform etwas Neues brachten. In einem Anhang „sonstige Kasuistik" folgen d) die sonstigen publizierten psychoanalytischen Krankengeschichten. Von der nichtdeutschen Literatur wurde nur die englische berücksichtigt.

Abkürzungen

GS = Sigm. Freud, Gesammelte Schriften, Bd. I—XI. Internationaler PsA. Verlag, Wien

I Journ PsA = International Journal of Psycho-Analysis

I. PsA. V. = Internationaler Psychoanalytischer Verlag, Wien

Jb = Jahrbuch für psychoanalytische und psychopathologische Forschungen, Bd. I—V; Jahrbuch der Psychoanalyse, Bd. VI

Journ Nerv Ment = Journal of Nervous and Mental Diseases

Päd = Zeitschrift für psa. Pädagogik

PsA, psa = Psychoanalyse, psychoanalytisch

PsA. Rev. = Psychoanalytic Review

Z = Internationale Zeitschrift für Psychoanalyse

Zbl = Zentralblatt für Psychoanalyse

I. Kap.: Hysterie

1) Abraham: Über hysterische Traumzustände. Jb II 1910. Enthalten auch in: Abraham: Klinische Beiträge zur Psychoanalyse. I. PsA. V. 1921
2) —: Versuch einer Entwicklungsgeschichte der Libido. I. PsA. V. 1924
3) —: Psychoanalytische Bemerkungen zu Coués Verfahren der Selbstbemeisterung. Z XIV 1926
4) Alexander: Kastrationskomplex und Charakter. Z VIII 1922
5) Baudouin: Ein Fall von Bettnässen. Päd III 1929
6) Breuer u. Freud: Über den psychischen Mechanismus hysterischer Phänomene. Neurol. Zentralbl. 1893. (GS I)
7) —: Studien über Hysterie. Wien 1895. (GS I)
8) Brill: Hysterical Dream States. New York Med. Journ. 1912
9) Coriat: Some Hysterical Mechanisms in Children. Journ. Abnorm. Psych. IX. 1924
10) F. Deutsch: Zur Bildung des Konversionssymptoms. Z X 1924
11) —: Das psychogene Fieber. Med. Klinik 1926

12) Helene Deutsch: Erster Teil: Hysterie. In: Psychoanalyse der Neurosen. I. PsA. V. 1930
13) Eisler: Über hysterische Erscheinungen am Uterus. Z IX 1923
14) Federn: Hysterie und ihre Behandlung. In: PsA Volksbuch, Stuttgart 1926
15) Feigenbaum: A Case of Hysterical Depression. PsA. Rev. XIII 1926
16) Feldmann: Über Erröten. Z VIII 1922
17) Fenichel: Introjektion und Kastrationskomplex. Z XI 1925
18) —: Die Identifizierung. Z XII 1926
19) —: Über organlibidinöse Begleiterscheinungen der Triebabwehr. Z XIV 1928
20) —: Spezialformen des Ödipuskomplexes. Z XVII 1931
21) Ferenczi: Introjektion und Übertragung. Jb I 1909
22) —: Schwindelempfindung nach Schluß der Analysenstunde. Z II 1914
23) —: Psychogene Anomalien der Stimmlage. Z III 1915

Nr. 21), 22), 23) enthalten auch in: Ferenczi, Bausteine zur Psychoanalyse. Bd. I u. II. I. PsA. V. 1927

24) —: Hysterie und Pathoneurosen. I. PsA. V. 1919
25) —: Zur Psychoanalyse von Sexualgewohnheiten. Z XI 1925
26) Anna Freud: Schlagephantasie und Tagtraum. Imago VIII 1922
27) Freud: Zur Ätiologie der Hysterie. GS I
28) —: Über Deckerinnerungen. GS I
29) —: Zur Psychopathologie des Alltagslebens. GS IV
30) —: Drei Abhandlungen zur Sexualtheorie. GS V
31) —: Bruchstück einer Hysterie-Analyse. GS VIII
32) —: Meine Ansichten über die Rolle der Sexualität in der Ätiologie der Neurosen. GS V
33) —: Hysterische Phantasien und ihre Beziehung zur Bisexualität. GS V
34) —: Allgemeines über den hysterischen Anfall. GS V
35) —: Die psychogene Sehstörung in psychoanalytischer Auffassung. GS V
36) —: Die „kulturelle" Sexualmoral und die moderne Nervosität. GS V
37) —: Zur Geschichte der psychoanalytischen Bewegung. GS IV
38) —: Die Verdrängung. GS V
39) —: Das Unbewußte. GS V
40) —: Vorlesungen zur Einführung in die Psychoanalyse. GS VII
41) —: Trauer und Melancholie. GS V
42) —: Jenseits des Lustprinzips. GS VI
43) —: Massenpsychologie und Ich-Analyse. GS VI
44) —: Das Ich und das Es. GS VI
45) —: Die infantile Genitalorganisation. GS V
46) —: Der Untergang des Ödipuskomplexes. GS V
47) —: Einige psychische Folgen des anatomischen Geschlechtsunterschiedes. GS XI
48) —: Hemmung, Symptom und Angst. GS XI
49) Graber: Aus der Analyse eines nachtwandelnden Knaben. Päd IV 1930
50) Heinrich: Ein Fall von Identifizierung in der Zahnheilkunde. Z XIV 1928
51) Herbert: The Psychogenetic Root of Enuresis. PsA. Rev. IX 1922
52) Karen Horney: Zur Genese des weiblichen Kastrationskomplexes. Z IX 1923
53) —: Flucht aus der Weiblichkeit. Z XII 1926
54) Jones: Die erste Entwicklung der weiblichen Sexualität. Z XIV 1928
55) Salomea Kempner: Beitrag zur Oralerotik. Z XI 1925
56) Melanie Klein: Die Rollenbildung im Kinderspiel. Z XV 1929.

57) Landauer: Die Bewußtseinsstörungen. In: PsA Volksbuch, Stuttgart 1926
58) Barbara Lantos: Analyse einer Konversionshysterie im Klimakterium. Z XV 1929
59) Marcus: Psychische Beeinflussung der Menstruation. Zbl II 1912
60) Moxon: Mystic Ecstasy and Hysterical Dream States. Journ. Abnorm. Psych. XV 1920
61) Perepel: On the Physiology of Hysterical Aphonia and Mutism. I Journ PsA XI 1930
62) Pfister: Zur Psychologie des hysterischen Madonnenkultus. Zbl I 1911
63) Helene Piutti: Identifikation eines zehnjährigen Knaben mit der schwangeren Mutter. Päd I 1926
64) Prince: The Psychogenesis of Multiple Personality. Journ. Abnorm. Psych. XIII 1918
65) Radó: Das ökonomische Prinzip der Technik. Z XII 1926
66) Sachs: Über einen Antrieb bei der Bildung des weiblichen Über-Ichs. Z XIV 1928
67) Sadger: Zum Verständnis der Hypnose und des hysterischen Delirs. Zbl I 1911
68) —: Über sexualsymbolische Verwertung des Kopfschmerzes. Zbl II 1912
69) —: Über Nachtwandeln und Mondsucht. Leipzig und Wien 1914
70) Schilder: Psychogene Parästhesien. Dtsch. Z. f. Nervenhkd. 64, 1919
71) N. Searl: Gefahrsituationen des unreifen Ich. Z XVI 1930
72) Stärcke: Der Kastrationskomplex. Z VII 1921
73) Stekel: Die Sprache des Traums. Wiesbaden 1911
74) Vollrath: Anadyrskaja bolj. Z VII 1921
75) Weiß: Zum psychologischen Verständnis des Arc de Cercle. Z X 1924
76) Westerman-Holstijn: Retentio urinae. Z X 1924
77) Wulff: Simulation oder Hysterie? Z II 1914

Sonstige Kasuistik

78) Bilz: Über einen Fall von Globus bei Magenneurose. Z XVI 1930
79) Bryan: Epistaxis in a Man Simulating Menstruation. I Journ PsA VII 1926
80) Eisler: Eine unbewußte Schwangerschaftsphantasie bei einem Manne unter dem Bilde einer traumatischen Hysterie. Z VI 1920
81) Emerson: The Case of Miss A. PsA. Rev. I 1914
82) Anna Freud: Ein hysterisches Symptom bei einem 2¼jährigen Kinde. Imago IX 1923
83) Friedland: Heilung eines hysterischen Symptoms mittels Selbstanalyse. Z I 1913
84) Frink: Report of a Case of Psychogenetic Convulsions. New-York Med. Journ. 1911
85) Herbert: A Case of Pseudo-Epilepsia Hysterica. PsA. Rev. X 1923
86) Hitschmann: Über einen sporadischen Rückfall ins Bettnässen bei einem vierjährigen Kinde. Z V 1919
87) Jones: Simulated Foolishness in Hysteria. Papers on PsA. London 1910
88) Lotte Kirschner: Analyse einer Konversionshysterie im vorgeschrittenen Lebensalter. Z XIV 1928
89) Lampl: Ein Fall von entlehntem Schuldgefühl. Z XI 1925
90) Lehrman: Analysis of a Conversion-Hysteria Superimposed on an Old Diffuse Central Nervous System Lesion. Journ Nerv Ment 1921
91) Liepmann: Deutung und Heilung einer Zwangsneurose und einer hysterischen Neurose durch Psychoanalyse. Z XIII 1927

92) Reich: Eine hysterische Psychose in statu nascendi. Z XI 1925
93) Saaler: Eine Hysterie-Analyse und ihre Lehren. Zbl III 1913
94) Sadger: Ein Fall von Pseudoepilepsia hysterica, psychoanalytisch aufgelöst. Klinische Rundschau 1909
95) —: Ein merkwürdiger Fall von Nachtwandeln und Mondsucht. Z IV 1916
96) Stärcke: Ein einfacher Lach- und Weinkrampf. Z V 1919
97) Wechsler: Hysteria Simulating Brain Tremor. New York Med. Journ. 60, 1919
98) Wholey: A Case of Multiple Personality. PsA. Rev. XIII 1928

II. Kap.: Angsthysterie

99) Abraham: Zur Psychogenese der Straßenangst im Kindesalter. Z I 1913
100) —: Psychische Nachwirkungen der Beobachtung des elterlichen Geschlechtsverkehrs bei einem neunjährigen Kinde. Z I 1913
101) —: Über eine konstitutionelle Grundlage der lokomotorischen Angst. Z II 1914
102) —: Bemerkungen zu Ferenczis Mitteilung über Sonntagsneurosen. Z V 1919
Nr. 99) 100) 101) 102) enthalten auch in: Abraham, Klinische Beiträge zur Psychoanalyse. I. PsA. V. 1921
103) —: Belauschung des elterlichen Geschlechtsverkehrs. Päd III 1928
104) Alexander: Zur Theorie der Zwangsneurose und Phobie. Z XIII 1927
105) —: Psychoanalyse der Gesamtpersönlichkeit. I. PsA. V. 1927
106) Bernfeld und Feitelberg: Der Entropiesatz und der Todestrieb. Imago XVI 1930
107) Blum: Zur Psychologie von Studium und Examen. Z XII 1926
108) Mary Chadwick: Menstruationsangst. Päd V 1931
109) Helene Deutsch: Zur Genese der Platzangst. Z XIV 1928
110) —: II. Teil: Phobie in: Psychoanalyse der Neurosen. I. PsA. V. 1930
111) Feigenbaum: An Introduction to the Study of Psychoanalytic Diagnosis. Structure of a Case of Gamophobia. PsA. Rev. XVII 1930
19) Fenichel: Über organlibidinöse Begleiterscheinungen der Triebabwehr. Z XIV 1928
112) —: Zur Angst vor dem Gefressenwerden. Z XIV 1928
113) Ferenczi: Spektrophobie. Z III 1915
114) —: Sonntagsneurosen. Z V 1919. Auch in: Ferenczi, Bausteine zur Psychoanalyse. Bd. II. I. PsA. V. 1927
115) French: Beziehungen des Unbewußten zur Funktion der Bogengänge. Z XVI 1930
116) Freud: Analyse der Phobie eines fünfjährigen Knaben. GS VIII
117) —: Totem und Tabu. GS X
38) —: Die Verdrängung. GS V
39) —: Das Unbewußte. GS V
40) —: Vorlesungen zur Einführung in die Psychoanalyse. GS VII
118) —: Aus der Geschichte einer infantilen Neurose. GS VII
119) —: Wege der psychoanalytischen Therapie. GS VI
48) —: Hemmung, Symptom und Angst. GS XI
120) Friedjung: Beitrag zum Verständnis der Einschlafstörungen der Kinder. Wiener Med. Woch. 1924
121) —: Akute Psychoneurosen der Kinder. Ztschr. f. Kinderhkde. 1925
122) Hárnik: Über eine Komponente der frühkindlichen Todesangst. Z XVI 1930
123) Hitschmann: Kinderangst und Onanieentwöhnung. Zbl III 1913
124) Jones: The Pathology of Morbid Anxiety. In: Papers of PsA, London 1911
125) —: Die Beziehung zwischen Angstneurose und Angsthysterie. Z I 1913

126) Jones: Angstaffekt und Geburtsakt. Z IX 1923
127) Miller: The Analysis of Agora-Claustrophobia. Brit. Journ. of Medic. Psychol. X 1930
128) „Von einer Mutter": Die Entstehung des Pavor nocturnus bei einem Kinde. Päd I 1927
129) Róheim: Das Selbst. Imago VII 1921
130) Sadger: Über Prüfungsangst und Prüfungsträume. Z VI 1920
131) Seif: Zur Psychopathologie der Angst. Z I 1913
132) Spitz: Angstaffekt und Bedürfnisspannung. Z XVI 1930
133) Stekel: Nervöse Angstzustände und ihre Behandlung
134) Stern: Night Terrors. New York Med. Journ. 60, 1915
135) Wulff: Zur Psychologie der Syphilophobie. Zbl III 1913

Sonstige Kasuistik

136) Binswanger: Analyse einer hysterischen Phobie. Jb III 1911
137) Berta Bornstein: Phobie eines 2½jährigen Kindes. Z XVII 1931
138) Cohn: Analyse eines Falles von Straßenangst. Z XIV 1928
139) Culler: A Phobie Case. Brit. Journ. of Medic. Psychol. X 1930
140) Federn: Ein Fall von Pavor nocturnus mit subjektiven Lichterscheinungen. Z I 1913
141) Ferenczi: Ein kleiner Hahnemann. Z I 1913
142) Friedjung: Ein Beispiel einer kindlichen Phobie. Zbl II 1912
143) Graven: A Case of Smoke Phobia. PsA. Rev. XII 1925
144) Hirsch: Eine Feuerphobie als Folge unterdrückter Onanie. Päd II 1928
145) Jones: A Simple Phobia. In: Papers of PsA, London 1911
146) Landauer: Analyse der Phobie eines achtjährigen Mädchens. Päd I 1927
147) Levy-Suhl: Phobie eines zweijährigen Kindes. Päd II 1927
148) Ada Müller Braunschweig: Ein Fall von Schattenangst und Fragezwang. Päd IV 1930
149) Oberndorf: Analysis of a Claustrophobia. Med. Record 1928
150) Prince: Die Psychopathologie eines Falles von Phobie. Z I 1913
151) Putnam: A Clinic Study of a Case of Phobia. Journ. Abnorm. Psych. VII 1912
152) Reik: Zur lokomotorischen Angst. Z II 1914
153) Sadger: Zum Verständnis infantiler Angstzustände. Z III 1915
154) Sabine Spielrein: Tiersymbolik und Phobie bei einem Knaben. Z II 1914
155) —: Schnellanalyse einer kindlichen Phobie. Z VII 1921
156) Wohlgemuth: The „Synthesis" of an Anxiety Neurosis. Brit. Journ. of Med. Psych. V 1925
157) Wulff: Phobie bei einem anderthalbjährigen Kinde. Z XIII 1927

III. Kap.: Hysteriforme Krankheiten

158) Abraham: Über ejaculatio praecox. Z IV 1916. Auch in: Abraham, Klinische Beiträge zur Psychoanalyse. I. PsA. V. 1921
159) —: Äußerungsformen des weiblichen Kastrationskomplexes. Z VII 1921
160) Aichhorn: Psychoanalytisches Verständnis und Erziehung Dissozialer. In: Das PsA Volksbuch, Stuttgart 1927
161) Bernfeld: Zur Psychologie des Unmusikalischen. Arch. f. d. ges. Psych. 34

162) Berta Bornstein: Zur Psychogenese der Pseudodebilität. Z XVI 1930
163) —: Beziehungen zwischen Sexual- und Intellektentwicklung. Päd IV 1930
164) Brill: Unconscious Insight. Some of its Manifestations. I Journ PsA X 1929
165) Burrow: Die psychologische Analyse der sogenannten Neurasthenie. Z I 1913
166) Edith Buxbaum: Über schwierige, insbesondere faule Schüler. Päd IV 1930
167) Bychowski: Schwierigkeiten in der Schule und ihre Psychotherapie. Päd IV 1930
168) Christoffel: Psychoanalyse und Medizin in ihren Beziehungen zur Angstneurose. Z XVII 1931
169) Clark: Psychologische Studien über Natur und Pathogenese der Epilepsie. Z III 1915
170) Dane: Notes on Psychoanalysis of War Neuroses. I Journ PsA VIII 1927
171) F. Deutsch: Psychoanalyse und Organkrankheiten. Z VIII 1922
172) —: Der gesunde und der kranke Körper in psychoanalytischer Betrachtung. Z XII 1926
173) Helene Deutsch: Zur Psychologie der weiblichen Sexualfunktionen. I. PsA. V. 1925
174) —: Der feminine Masochismus und seine Beziehungen zur Frigidität. Z XVI 1930
175) Eder: War Shock. The Psychoneuroses in War. London 1917
176) Emerson: The Psychoanalytic Treatment of Hystero-Epilepsia. Journ. Abnorm. Psych. X 1915
177) Federn: Einige Variationen des Ichgefühls. Z XII 1926
178) —: Das Ich als Subjekt und Objekt im Narzißmus. Z XV 1929
179) —: The Neurasthenic Core in Hysteria. Med. Rev. of Rev. Psychopath. Numb. 1930
180) —: Psychoanalytische Auffassung der „intellektuellen Hemmung". Päd IV 1930
181) Federn und Meng: Funktionelle Störungen des Geschlechtsaktes. In: Das PsA Volksbuch, Stuttgart 1927
16) Feldmann: Über Erröten. Z VIII 1922
18) Fenichel: Die Identifizierung. Z XII 1926
19) —: Über organlibidinöse Begleiterscheinungen der Triebabwehr. Z XIV 1928
182) —: Über respiratorische Introjektion. Z XVII 1931
183) Ferenczi: Analytische Deutung und Behandlung der psychosexuellen Impotenz des Mannes. Psych.-neur. Wochschr. 1908. Auch in: Ferenczi, Bausteine zur Psychoanalyse. Bd. II. I. PsA. V. 1927
184) —: Über zwei Typen der Kriegsneurose. Z IV 1916
185) —: Denken und Muskelinnervation. Z V 1919. Auch in: Ferenczi, Bausteine zur Psychoanalyse. Bd. I. I. PsA. V. 1927
24) —: Hysterie und Pathoneurosen. I. PsA. V. 1919
186) —: Organneurosen und ihre Behandlung. In: Das PsA Volksbuch, Stuttgart 1927
187) —: Aus der Kindheit eines Proletariermädchens. Päd III 1929
188) Ferenczi und Hollós: Zur Psychoanalyse der paralytischen Geistesstörung. I. PsA. V. 1922
189) Feßler: Psychogene Potenzstörungen nach urologischen Operationen. Z XVII 1931
190) Freud: Über die Berechtigung, von der Neurasthenie einen bestimmten Symptomenkomplex als „Angstneurose" abzutrennen. GS I
191) —: Zur Kritik der „Angstneurose". GS I
192) —: Die Sexualität in der Ätiologie der Neurosen. GS I
30) —: Drei Abhandlungen zur Sexualtheorie. GS V

32) Freud: Meine Ansichten über die Sexualität in der Ätiologie der Neurosen. GS V
193) —: Über neurotische Erkrankungstypen. GS V
194) —: Zur Einführung des Narzißmus. GS VI
195) —: Triebe und Triebschicksale. GS V
38) —: Die Verdrängung. GS V
39) —: Das Unbewußte. GS V
196) —: Die am Erfolge scheitern. GS X
197) —: Die Verbrecher aus Schuldbewußtsein. GS X
198) —: Eine Beziehung zwischen einem Symbol und einem Symptom. GS V
40) —: Vorlesungen zur Einführung in die Psychoanalyse. GS VII
199) —: „Ein Kind wird geschlagen". GS V
200) —: Einleitung zu „Zur Psychoanalyse der Kriegsneurosen". GS XI
42) —: Jenseits des Lustprinzips. GS VI
44) —: Das Ich und das Es. GS VI
201) —: Neurose und Psychose. GS V
202) —: Das ökonomische Problem des Masochismus. GS V
48) —: Hemmung, Symptom und Angst. GS XI
203) —: Dostojewski und die Vatertötung. In: Almanach der Psychoanalyse 1930. I. PsA. V. 1930
204) Else Fuchs: Verweigerte Nahrungsaufnahme. Päd IV 1930
205) Groddeck: Über die Psychoanalyse des Organischen im Menschen. Z VII 1921
206) Hermann: Beiträge zur Psychogenese der zeichnerischen Begabung. Imago VIII 1922
207) —: Organlibido und Begabung. Z IX 1923
208) —: Die Begabung im Lichte der Psychoanalyse. Päd I 1926
209) —: Begabtheit und Unbegabtheit. Päd IV 1930
210) Hollós: Von den Pathoneurosen zur Pathologie der Neurosen. Z IX 1923
211) Jacoby: Muß es Unmusikalische geben? Päd I 1926
212) Jokl: Zur Psychogenese des Schreibkrampfes. Z VIII 1922
125) Jones: Die Beziehung zwischen Angstneurose und Angsthysterie. Z I 1913
213) Melanie Klein: Zur Frühanalyse. Imago IX 1923
214) —: Die Rolle der Schule in der libidinösen Entwicklung des Kindes. Z IX 1923
56) —: Die Rollenbildung im Kinderspiel. Z XV 1929
215) Kulovesi: Zur Entstehung des Tics. Z XV 1929
216) Laforgue: Die Mechanismen der Selbstbestrafung und ihr Einfluß auf den Charakter des Kindes. Päd IV 1930
217) A. Lampl-de Groot: Zur Entwicklungsgeschichte des Ödipuskomplexes der Frau. Z XIII 1927
218) Landauer: Die symptomatische Neurasthenie. Z. f. d. ges. Neur. u. Psych. XIV 1929
219) —: Zur psychosexuellen Genese der Dummheit. Z. f. Sexw. 1929
220) Ruth Mack-Brunswick: Ein Nachtrag zur Freuds Geschichte einer infantilen Neurose. Z XV 1929
221) Maeder: Sexualität und Epilepsie. Jb I 1909
222) Meng: Angstneurose und Sexualleben. D. Ärzt. Ztg. IV 1929
223) Oberndorf: Traumatic Hysteria. New York Med. Journ. 56, 1917
224) „Die Onanie". Diskussion der Wiener Psychoanalytischen Vereinigung, Wiesbaden 1912

225) Pfister: Die verschiedene Psychogenität der Kriegsneurosen. Z V 1919
226) Radó: Eine besondere Äußerungsform der Kastrationsangst. Z V 1919
65) —: Das ökonomische Prinzip der Technik. Z XII 1926
227) Reede: Conversion Epilepsy. PsA. Rev. IX 1922
228) Reich: Trieb- und Libidobegriffe von Forel bis Jung. Z. f. Sexw. IX 1922
229) —: Über Spezifität der Onanieformen. Z VIII 1922
230) —: Zur Triebenergetik. Z. f. Sexw. X 1923
231) —: Über Genitalität. Z X 1924
232) —: Weitere Bemerkungen über die therapeutische Bedeutung der Genitallibido. Z XI 1925
233) —: Über die chronische hypochondrische Neurasthenie mit genitaler Asthenie. Z XII 1926
234) —: Die Funktion des Orgasmus. I. PsA. V. 1927
235) —: Über Charakteranalyse. Z XIV 1928
236) —: Der genitale und der neurotische Charakter. Z XV 1929
237) Reik: Drei psychoanalytische Notizen. Imago XII 1926
238) —: Der Schrecken. I. PsA. V. 1929
239) Riggall: Psycho-Sexual Impotence. Med. Press and Circ. 1920
240) Sadger: Zur sexuellen Anästhesie des Weibes. Fortschr. d. Med. 1914
241) Saussure: Zur psychoanalytischen Auffassung der Intelligenz. Imago XII 1926
242) Schilder: Die Angstneurose. Wiener Med. Woch. 1923
243) —: Das Körperschema. Berlin 1923
244) —: Zur Lehre von der Hypochondrie. Monatsschr. f. Psych. u. Neur. 56, 1924
245) —: Entwurf zu einer Psychiatrie auf psychoanalytischer Grundlage. I. PsA. V. 1925
246) —: Zur Psychologie der progressiven Paralyse. Zeitschr. f. d. ges. Neur. u. Psych. 95, 1925
247) —: The Neurasthenic-Hypochondriac Character. Med. Rev. of Rev. Psychopath. Numb. 1930
248) Wera Schmidt: Die Entwicklung des Wißtriebes bei einem Kinde. Imago XVI 1930
249) Schultz-Hencke: Zur Diskussion der Organneurosen. Nervenarzt I, 11
250) Simmel: Kriegsneurosen und psychische Traumata. München u. Leipzig 1918
251) —: Die psychophysische Bedeutsamkeit des Intestinalorgans für die Urverdrängung. Vortrag a. d. VIII. internat. ps.-a. Kongreß, Autoref. Z X 1924
252) —: Doktorspiel, Kranksein und Arztberuf. Z XII 1926
253) Staudacher: Heilung eines Falles von Kriegsneurose. Z XIV 1928
254) Steiner: Die psychischen Störungen der männlichen Potenz. Wien u. Leipzig 1913
255) —: Die Bedeutung der femininen Identifizierung für die männliche Potenz. Z XVI 1930
256) Stekel: Die psychische Behandlung der Epilepsie. Zbl I 1911
257) —: Die Impotenz des Mannes.
258) —: Die Geschlechtskälte der Frau.
259) Alfhild Tamm: Die angeborene Wortblindheit und verwandte Störungen bei Kindern. Päd I 1927
260) —: Kurze Analysen von Schülern mit Lese- und Schreibstörungen. Päd III 1929
261) Tausk: Bemerkungen zu Abrahams Aufsatz über Ejaculatio praecox, Z IV 1917
262) —: Der Beeinflussungsapparat in der Schizophrenie. Z V 1919
263) Wyrubow: Zur Frage der Genese und Therapie der Angstneurose. Zbl III 1912

264) Zulliger: Psychoanalytische Erfahrungen aus der Volksschulpraxis. Bern 1921
265) —: Aus dem unbewußten Seelenleben unserer Schuljugend. Bern 1923
266) —: Gelöste Fesseln. Dresden 1926
267) —: Versager in der Schule. Päd IV 1930
268) Zur Psychoanalyse der Kriegsneurosen (Freud, Ferenczi, Abraham, Simmel, Jones). I. PsA. V. 1919

Sonstige Kasuistik

269) Therese Benedek: Aus der Analyse eines Falles von Erythrophobie. Z XI 1925
270) Benni: Ein Fall von Intestinalneurose. Zbl II 1912
271) Bowman: Analysis of a Case of War Neurosis. PsA. Rev. VII 1920
272) Eisler: Ein Fall von krankhafter Schamsucht. Z V 1919
273) Flügel: A Case of Affective Inhibition of an Intellectual Process. I Journ PsA IV 1923
274) Hedwig Just-Keri: Lernhemmungen in der Schule. Päd IV 1930
275) Luzenberger: Psychoanalyse in einem Falle von Errötungsangst. Zbl I 1911
276) Marcinowski: Eine kleine Kriegsneurose. Z III 1915
277) Menninger: Psychoanalytic Study of a Case of Organic Epilepsy. PsA. Rev. XIII 1926
278) Read: A Study of Two Epileptoid Cases in Soldiers. Journ. Abnorm. Psych. XIII 1928
279) Rickman: Ein psychologischer Faktor in der Ätiologie von Descensus Uteri, Dammbruch und Vaginismus. Z XII 1926
280) Sadger: Deutung und Heilung paranoider Zustände bei einem Falle von traumatischer Neurose. Neue ärztl. Zentralztg. 1919
281) Schilder: Über eine Psychose nach Staroperation. Z VIII 1922
282) Melitta Schmideberg: Intellektuelle Hemmung und Aggression. Päd IV 1930
283) Stekel: Ein Fall von Schreibstottern. Zbl I 1911
284) Tannenbaum: Über einen durch Analyse geheilten Fall von Dyspareunie. Zbl IV 1914
285) Westerman-Holstijn: Aus der Analyse einer Patientin mit Akzessoriuskrampf. Z VII 1921
286) Zulliger: Hintergründe einer orthographischen Hemmung. Päd IV 1930

IV. Kap.: Zwangsneurose

287) Abraham: Über ein kompliziertes Zeremoniell neurotischer Frauen. Zbl II 1912
288) —: Zur narzißtischen Bewertung der Exkretionsvorgänge in Traum und Neurose. Z VI 1920

Nr. 287) u. 288) auch in: Abraham, Klinische Beiträge zur Psychoanalyse. I. PsA. V. 1921.

2) —: Versuch einer Entwicklungsgeschichte der Libido. I. PsA. V. 1924
289) —: Psychoanalytische Studien zur Charakterbildung. I. PsA. V. 1924
290) Achelis: Das Plattenlaufen. Päd III 1929
4) Alexander: Kastrationskomplex und Charakter. Z VIII 1922
291) —: Über Traumpaare und Traumreihen. Z XI 1925
104) —: Zur Theorie der Zwangsneurose und Phobie. Z XIII 1927
105) —: Psychoanalyse der Gesamtpersönlichkeit. I. PsA. V. 1927

162) Berta Bornstein: Zur Psychogenese der Pseudodebilität. Z XVI 1930
137) —: Phobie eines 2½jährigen Kindes. Z XVII 1931
292) Helene Deutsch: III. Teil: Zwangsneurose. In: Psychoanalyse der Neurosen. I. PsA. V. 1929
293) Federn: Über einen alltäglichen Zwang. Z XV 1929
294) Fenichel: Zur Klinik des Strafbedürfnisses. Z XI 1925
295) —: Zur Isolierung. Z XIV 1928
19) —: Über organlibidinöse Begleiterscheinungen der Triebabwehr. Z XIV 1928
296) —: Zur prägenitalen Vorgeschichte des Ödipuskomplexes. Z XVI 1930
297) Ferenczi: Über obszöne Worte. Zbl I 1911
298) —: Zwangsneurose und Frömmigkeit. Z II 1914

Nr. 297) u. 298) auch in: Ferenczi, Bausteine zur Psychoanalyse. Bd. I u. II. I. PsA. V. 1927

299) —: Waschzwang und Masturbation. Z VIII 1922
300) Flügel: A Note on the Phallic Significance of the Tongue and of Speech. I Journ. PsA VI 1925
27) Freud: Zur Ätiologie der Hysterie. GS I
30) —: Drei Abhandlungen zur Sexualtheorie. GS V
301) —: Zwangshandlungen und Religionsübungen. GS X
302) —: Charakter und Analerotik. GS V
303) —: Bemerkungen über einen Fall von Zwangsneurose. GS VIII
304) —: Beiträge zur Psychologie des Liebeslebens. GS V
117) —: Totem und Tabu. GS X
305) —: Die Disposition zur Zwangsneurose. GS V
195) —: Triebe und Triebschicksale. GS V
197) —: Die Verbrecher aus Schuldbewußtsein. GS X
306) —: Über Triebumsetzungen insbesondere der Analerotik. GS V
307) —: Mythologische Parallele zu einer plastischen Zwangsvorstellung. GS X
40) —: Vorlesungen zur Einführung in die Psychoanalyse. GS VII
118) —: Aus der Geschichte einer infantilen Neurose. GS VIII
44) —: Das Ich und das Es. GS VI
202) —: Das ökonomische Problem des Masochismus. GS V
47) —: Einige psychische Folgen des anatomischen Geschlechtsunterschiedes. GS XI
48) —: Hemmung, Symptom und Angst. GS XI
308) —: Das Unbehagen in der Kultur. I. PsA. V. 1930
309) Graber: Redehemmung und Analerotik. Päd II 1928
310) —: Über neurotische Typisierung. Vortrag i. d. Deutschen PsA Ges. 1930
311) Clara Happel: Onanieersatzbildungen. Z IX 1923
312) Hárnik: Schicksale des Narzißmus bei Mann und Frau. Z IX 1923
313) —: Der Zählzwang und seine Bedeutung für die Psychologie der Zahlenvorstellung. Vortrag a. d. VIII. Int. PsA Kongreß. Autoref. Z X 1924
314) —: Die triebhaft-affektiven Momente im Zeitgefühl. Imago XI 1925
315) Hermann: Die Zwangsneurose und ein historisches Moment in der Über-Ichbildung. Z XV 1929
316) Hitschmann: Urethralerotik und Zwangsneurose. Z VI 1920
317) Jones: Unbewußte Zahlenbehandlung. Zbl II 1912
318) —: Haß- und Analerotik in der Zwangsneurose. Z I 1913
319) —: Über analerotische Charakterzüge. Z V 1919
320) —: Die Theorie der Symbolik. Z V 1919

321) Jones: Essays in applied Psycho-Analysis. 1923
322) Landauer: Automatismen, Zwangsneurose und Paranoia. Z XIII 1927
323) Meng: Zwangsneurose und ihre Behandlung. In: Das PsA Volksbuch, Stuttgart 1927
324) Nunberg: Schuldgefühl und Strafbedürfnis. Z XII 1926
325) Odier: Geld und Neurose. Referat: PsA Bewegung III 1931
326) Radó: Die psychischen Wirkungen der Rauschgifte. Z XII 1926
327) —: Eine ängstliche Mutter. Z XIII 1927
328) —: Das Problem der Melancholie. Z XIII 1927
233) Reich: Über die chronische hypochondrische Neurasthenie mit genitaler Asthenie. Z XII 1926
329) Reik: Eine typische Zwangsbefürchtung. Z II 1914
330) —: Das Ritual. I. PsA. V. 1919
331) —: Der eigene und der fremde Gott. I. PsA. V. 1920
332) —: Geständniszwang und Strafbedürfnis. I. PsA. V. 1925
333) —: Endphasen des religiösen und des zwangsneurotischen Glaubens. Imago XVI 1930
334) Rorschach: Zum Thema: Uhr und Zeit im Leben der Neurotiker. Zbl II 1912
335) Schilder: Zur Kenntnis der Zwangsantriebe. Ztschr. f. d. ges. Neur. u. Psych. 65, 1921
336) Schultz-Hencke: Einführung in die Psychoanalyse. Jena 1927
337) Simmel: Zum Problem von Zwang und Sucht. Ber. ü. d. V. Allg. Ärztl. Kongr. f. Psychotherapie 1930
72) Stärcke: Der Kastrationskomplex. Z VII 1921
338) Stekel: Die Beziehungen des Neurotikers zur Zeit. Zbl II 1912
339) Stern: Compulsion Neurosis. New York Med. Journ. 100 1914
340) Tausk: Über eine besondere Form von Zwangsphantasien. Z IV 1916
341) Wittels: Verdrängung und Zwangsideen in der Kindheit. Päd II 1928
157) Wulff: Phobie bei einem anderthalbjährigen Kinde. Z XVI 1927

Sonstige Kasuistik

342) Eder: A Case of Obsession and Hysteria treated by the Freud Psychoanalytic Method. Brit. Med. Journal 1911
343) Eisler: Analyse eines Zwangssymptoms. Z VIII 1922
344) Fenichel: Infantile Vorstufe eines „affektlosen Trotzes". Z XI 1925
345) Ferenczi: Symmetrischer Berührungszwang. Z IV 1916
346) Frink: A Psychoanalytic Study of a Severe Case of Compulsion Neurosis. PsA. Rev. IV 1917.
347) Furrer: Trotzneurose eines fünfzehnjährigen Mädchens. Päd I 1926
348) Hitschmann: Gesteigertes Triebleben und Zwangsneurose bei einem Kinde. Z I 1913
349) —: Ein Fall von Zwangsbefürchtung vom Tode des gleichgeschlechtlichen Elternteiles. Z III 1915
350) Jones: Einige Fälle von Zwangsneurose. Jb IV u. V 1912 u. 1913
351) Lotte Kirschner: Aus der Analyse einer zwangsneurotischen Arbeitshemmung. Z XIV 1928
352) Landauer: Gedanken bei Analyse einer Folie du doute. Z XI 1925
353) Lehrman: A Compulsion Neurosis in a Child. Arch. Neur. and Ps. IV 1915

91) Liepmann: Deutung und Heilung einer Zwangsneurose und einer hysterischen Neurose durch Psychoanalyse. Z XIII 1927
354) Nepallek: Analyse einer scheinbar sinnlosen infantilen Obsession. Zbl I 1911
355) Reich: Kindliche Tagträume einer späteren Zwangsneurose. Z VII 1921
356) Riklin: Aus der Analyse einer Zwangsneurose. Jb II 1910
357) Eugenia Sokolnicka: Analyse einer infantilen Zwangsneurose. Z VI 1920
358) Stekel: Über ein Zeremoniell vor dem Schlafengehen. Zbl II 1912
359) Sterba: Eine Zwangshandlung aus der Latenzzeit. Päd II 1928

V. Kap.: Prägenitale Konversionsneurosen

360) Abraham: Beitrag zur Tic-Diskussion. Z VII 1921
361) Achelis: Das Stottern. Päd III 1929
362) Bryan: A Note on the Tongue. I Journ PsA III 1922
363) —: Speech and Castration. I Journ PsA VI 1925
364) Mary Chadwick: Die Unterscheidung zwischen Ton und Sprache in der frühen Kindheit. Päd II 1928
365) Coriat: Ein Typus von analerotischem Widerstand. Z XII 1926
366) —: Stammering as a Psychoneurosis. Journ. Abnorm. Psych. IX 1914
367) —: The Oral-Erotic Components of Stammering. I Journ PsA VIII 1927
368) —: Stammering. New York a. Washington 1928
369) —: Die Verhütung des Stotterns. Päd II 1928
370) —: The Oral Libido in Language Formation. I Journ PsA X 1929
371) Daly: Hindu-Mythologie und Kastrationskomplex. Imago XIII 1927
372) —: Der Menstruationskomplex. Imago XIV 1928
373) Helene Deutsch: Zur Psychogenese eines Tic-Falles. Z XI 1925
374) Eder: Das Stottern — eine Psychoneurose und seine Behandlung durch die Psychoanalyse. Z I 1913
19) Fenichel: Über organlibidinöse Begleiterscheinungen der Triebabwehr. Z XIV 1928
112) —: Zur Angst vor dem Gefressenwerden. Z XIV 1928
182) —: Über respiratorische Introjektion. Z XVII 1931
297) Ferenczi: Über obszöne Worte. Zbl I 1911
375) —: Entwicklungsstufen des Wirklichkeitssinnes. Z I 1913
376) —: Der Flatus, ein Vorrecht der Erwachsenen. Z I 1913
23) —: Psychogene Anomalien der Stimmlage. Z III 1915
377) —: Psychoanalytische Betrachtungen über den Tic. Z VII 1921

Nr. 297) 375) 376) 23) 377) auch in: Ferenczi, Bausteine zur Psychoanalyse. Bd. I u. II. I. PsA. V. 1927

378) —: Tic-Diskussion. Z VII 1921
379) Flügel: Some Unconscious Factors in the International Language Movement. I Journ PsA VI 1925
300) —: A Note of the Phallic Significance of the Tongue and of Speech. I Journ PsA VI 1925
115) French: Beziehungen des Unbewußten zur Funktion der Bogengänge. Z XIV 1928
194) Freud: Zur Einführung des Narzißmus. GS VI
118) —: Aus der Geschichte einer infantilen Neurose. GS VIII
48) —: Hemmung, Symptom und Angst. GS XI
308) —: Das Unbehagen in der Kultur. I. PsA. V. 1930
309) Graber: Redehemmung und Analerotik. Päd II 1928

122) Hárnik: Über eine Komponente der frühkindlichen Todesangst. Z XVI 1930
381) Hermann: Sinnesmodalitäten und Denkformen. Imago XV 1929
382) Heyer: Das körperlich-seelische Zusammenwirken in den Lebensvorgängen. 1925
383) Hollós: Die Phasen des Selbstbewußtseinsaktes. Z V 1919
384) Jones: Die Empfängnis der Jungfrau Maria durch das Ohr. Jb VI 1914
321) —: Essays in applied Psycho-Analysis. London 1923
385) Melanie Klein: Zur Genese des Tics. Z XI 1925
386) Vilma Kovács: Analyse eines Falles von Tic convulsif. Z XI 1925
387) Kulovesi: Zur Entstehung des Tics. Z XV 1929
322) Landauer: Automatismen, Zwangsneurose und Paranoia. Z XIII 1927
388) Lewin: Kotschmieren, Menses und weibliches Überich. Z XVI 1930
389) Marcinowski: Die Heilung eines schweren Falles von Asthma durch Psychoanalyse. Jb V 1913
390) Ada Müller-Braunschweig: Zur Psychoanalyse des stotternden Kindes. Neue Erziehung X 1928
391) Oberndorf: Simple Tic Mechanisms. Journ. Amer. Med. Assoc. 1916
392) —: Submucous Resection as a Castration Symbol. I Journ PsA X 1929
393) Ophuijsen: Tic-Diskussion. Z VII 1921
394) Rank: Der Doppelgänger. Imago III 1914
395) —: Psychoanalytische Beiträge zur Mythenforschung. I. PsA. V. 1919
396) Reich: Der psychogene Tic als Onanieäquivalent. Z. f. Sexw. XI 1925
233) —: Über die chronische hypochondrische Neurasthenie mit genitaler Asthenie. Z XII 1926
234) —: Die Funktion des Orgasmus. I. PsA. V. 1927
129) Róheim: Das Selbst. Imago VII 1921
397) Sadger: Ist das Asthma bronchiale eine Sexualneurose? Zbl I 1911
398) —: Ein Beitrag zum Verständnis des Tic. Z II 1914
399) Schneider: Über das Stottern. Bern 1922
400) —: Über den Sinn des Stotterns. Päd II 1928
401) Sabine Spielrein: Zur Frage der Entstehung und Entwicklung der Lautsprache. Autoref. Z VI 1920
402) —: Die Entstehung der kindlichen Worte Papa und Mama. Imago VIII 1922
403) A. Stegmann: Ergebnisse der psychischen Behandlung einiger Fälle von Asthma. Zbl I 1911
404) Suter: Die Beziehungen zwischen Aufmerksamkeit und Atem. Arch. f. d. ges. Psych. 1925
405) Alfhild Tamm: Zwei Fälle von Stottern. Päd II 1928
406) Weiß: Analyse eines Falles von nervösem Asthma. Z VIII 1922
407) Wulff: Zur Psychogeneität des Asthma bronchiale. Zbl III 1913

Sonstige Kasuistik

408) Dattner: Eine psychoanalytische Studie an einem Stotterer. Zbl II 1912
409) Meng: Aus Analysen von stotternden Kindern. Päd II 1928
410) M. N. Searl: Ein Fall von Stottern bei einem Kind. Z. XIII 1927
411) Melitta Schmideberg: Einige Bemerkungen zu dem von Ella Terry beschriebenen Fall. Päd V 1931
412) Ella Terry: Stottern und Stehlen. Päd V 1931

Register